中国劳动关系发展研究报告

RESEARCH REPORT ON THE DEVELOPMENT OF LABOR RELATIONS IN CHINA

2020

编委会主任　韩喜平　隋明利

主编　邵彦敏　郭喜武

学习出版社

图书在版编目（CIP）数据

中国劳动关系发展研究报告．2020 / 邵彦敏，郭喜武主编．－－北京：学习出版社，2022.7
　ISBN 978-7-5147-1159-2

　Ⅰ.①中⋯　Ⅱ.①邵⋯　②郭⋯　Ⅲ.①劳动关系－研究报告－中国－2020　Ⅳ.①F249.26

中国版本图书馆CIP数据核字（2022）第103373号

中国劳动关系发展研究报告（2020）
ZHONGGUO LAODONG GUANXI FAZHAN YANJIU BAOGAO（2020）
邵彦敏　郭喜武　主编

责任编辑：夏　静
技术编辑：刘　硕
装帧设计：和物文化

出版发行：学习出版社
　　　　　北京市崇外大街11号新成文化大厦B座11层（100062）
　　　　　010-66063020　010-66061634　010-66061646
网　　址：http://www.xuexiph.cn
经　　销：新华书店
印　　刷：北京市密东印刷有限公司

开　本：787毫米×1092毫米　1/16
印　张：17.75
字　数：253千字
版次印次：2022年7月第1版　2022年7月第1次印刷
书　号：ISBN 978-7-5147-1159-2
定　价：68.00元

如有印装错误请与本社联系调换，电话：010-67081356

编委会

主　任：韩喜平　隋明利
主　编：邵彦敏　郭喜武
成　员：（按姓氏笔画排序）
　　　　纪　明　邵彦敏　赵新宇　郭喜武
　　　　隋明利　谢英滨　韩喜平　蒋景坤

绪 论

INTRODUCTION

《中国劳动关系发展研究报告（2020）》是在2019年编写《中国劳动关系发展研究报告（1949—2019）》的基础上的第二部，以后准备每年编写一部，汇集每一年关于劳动关系的研究成果，为进一步深入研究劳动关系提供参考与借鉴。

"资本和劳动的关系，是我们全部现代社会体系所围绕转动的轴心。"如果说资本是资本主义社会的最核心概念，那么劳动则应该是社会主义社会最核心的经济学研究课题，劳动关系是社会主义最基本的关系，是现代社会经济生活中最基本、最重要的社会关系。正如习近平总书记指出："劳动关系是最基本的社会关系之一。要最大限度增加和谐因素、最大限度减少不和谐因素，构建和发展和谐劳动关系，促进社会和谐。"但是容易被忽略的是劳动关系的特征与问题从来不是一成不变的，而是伴随着经济发展、所有制变革与技术进步等因素不断变化的。劳动关系变动演化的历史已经展现了从计划经济到市场经济的社会转型中，中国工人的社会身份和社会地位也发生了重大的改变。传统的计划经济体制下单一的所有制经济结构发生了很大变化，以公有制为主体、多种经济成分并存的新格局已经形成。与此相对应，我国的劳动关系也呈现出多样化、复杂化，各种所有制经济的劳动关系相互交错，处在不断变化的过程中。

党的十九大报告明确指出，我国社会主要矛盾已经转化为人民日益增长的美好生活需要和不平衡不充分的发展之间的矛盾。人民美好生活需要日益广泛，不仅对物质文化生活提出了更高要求，而且在民主、法治、公平、正义、安全、环境等方面的要求日益增长。我国社会主要矛盾的变化同样体现在劳动关系领域。构建和谐劳动关系也成了我国新时代劳动关系改革的重要目标。和谐健康的劳动关系是维护个人和企业单位之间的桥梁，而劳动关系的和谐有序作为建设和谐社会的重要组成也是保障和改善民生的重要内容，更是社会达致"善治"的重要标尺。随着经济体制改革和社会经济的发展，中国企业劳动关系的变迁呈现出阶段性推进的特点，即在不同的发展阶段具有不同的内容和形式，也面临着不同的任务。当前，在中国社会主义市场经济体制已经基本建立并逐步发展，经济发展进入高质量发展的背景下，梳理新发展阶段劳动关系发展对于推动实现"两个一百年"奋斗目标和中国梦具有重要的理论和现实意义。

一、理论意义

劳动关系研究一直是学术研究的重要议题，西方不同学派和学者从不同角度、不同问题入手对劳动关系问题进行研究并取得了一定的成果，但劳动关系在中西方经济体系中所呈现出的问题在本质上存在区别。西方对劳动关系的研究焦点集中于劳资双方的利益差异与矛盾对抗性上，而中国的劳动关系研究更重视如何构建和谐的劳动关系。这种差异的背后是所有制结构的不同与意识形态的不同，这导致西方对劳动关系的研究虽然有借鉴意义但是新时代更需要针对中国劳动关系出现的新特点、新问题进行理论创新。同时数字经济时代，企业劳动关系出现了新的特点和问题。诸如平台经济与数字经济的快速发展使生产过程变得更为复杂，也带来了新的生产要素。数据与信息作为新的生产要素进入了生产过程，使新发展阶段的劳动关系既存在旧的商业模式中传统劳动关系冲突，也包括了科技革命带来的平台经济等新经济模式下劳动者面临的新风险。因此，通过对新科技革命的不断发展以及人工智能化、互联网产业化和经济全球化等新形势、新问题的分析，与时俱进地研究劳动关系出现的变化，探索新发展阶段构建和谐劳动关系的路径具有极强的现实意义。因此，本书的具体内容包括以下几个方面。

第一，通过习近平总书记关于工人阶级和工会工作重要论述明确了工会的发展目标。新时代工会工作的理论研究区分了中西方不同体制下工会的差异。在中国，承担劳动关系调节责任的更多是政府、企业，而关于工会在劳动关系协调中应扮演怎样的角色、发挥怎样的作用，学者们研究有限。很多人将其定义为"党政机构"，更多具有政治功能，本书不仅强调工会作为党的群团组织的重要职责，而且具体讨论了工会在新时代劳动关系中如何构建和谐劳动关系。中国工会一直担负着利益调和功能，能够使国家、企业与职工建立联系，协调雇佣关系是工会的核心功能。工会能够为职工民主政治代言，并维护职工利益、协调劳资纠纷、贴心为职工服务等，促进公平分配及有效管理。虽然新时代企业形式的不断发展使工会参与雇佣关系协调遇到了一些无法回避的问题，但随着经济体制改革的不断深化和工会自身的改革及建设，我国工会不断适应社会主义市场经济要求，适应新形势下雇佣关系复杂多样的变化，在雇佣关系协调中发挥了不可替代的作用。

第二，从马克思劳资关系理论的视角阐述了中国特色社会主义劳动关系理论，对中国特色社会主义和谐劳动关系的构建进行了分析。中国特色社会主义劳动关系内生于中国特色社会主义建设的实践中，内生于劳动者分布在不同性质、不同规模和不同发展水平的企业和其他组织中，这是构建新型劳动关系治理模式、发展和谐劳动关系的现实前提。劳动关系的主体因素"雇员—雇主—政府"的三主体模式形成了基本共识，要建立政府、雇主、雇员三方关系的稳定系统，它的目标是与三方都有关系的效率、公平与发言权，雇员的深入研究是不可或缺的。然而，由于企业更关注的是效率，政府则关注的是公平，而与雇员密切相关的发言权的研究却相对较少。员工的发言权是许多公司提升员工敬业度和高绩效工作的体现，进而能够提高竞争力和工作质量。不论是工业民主层面的发言权，还是雇员决策层面的发言权，都缺乏有效实现路径的研究。当前，随着全球化的发展和人工智能等新技术的涌现，企业对技术水平低的工人需求不断降低，或者从国外直接投资来替代国内雇佣，对外贸易也可以极大降低对国内雇员的需求，这些都导致了雇员更容易被替代，极大削弱了雇员谈判力量。本书从异质性的角度多方面分析了中国特色社会主义和谐劳动关系的构建，具有较强的理论意义。

第三，对劳动关系的研究不仅仅局限于劳动关系本身，还对与劳动关系相关的劳动文化与劳动教育进行了梳理与研究。 2018年至2021年，理论界围绕新时代劳动文化的科学内涵、时代价值及实践路径集中进行了学理性解读和阐释，产生了一批有分量的理论研究成果。整体上看，2018年至2021年的研究成果侧重于聚焦历史逻辑、理论逻辑和实践逻辑的有机统一，呈现出阐释深刻性、分析学理性、方法多元性、内容全面性等特点。关于劳动文化与劳动教育的讨论已然成为学术界研究的热点，研究成果不断涌现，进而把劳动问题的研究推向一个新的历史节点。劳动教育是较新的学术热点。习近平总书记正式提出劳动教育的命题，他指出："要在学生中弘扬劳动精神，教育引导学生崇尚劳动、尊重劳动，懂得劳动最光荣、劳动最崇高、劳动最伟大、劳动最美丽的道理，长大后能够辛勤劳动、诚实劳动、创造性劳动。"强调"努力构建德智体美劳全面培养的教育体系""培养德智体美劳全面发展的社会主义建设者和接班人"。此后，劳动教育作为学术热点进入理论研究视野，学术界对劳动教育的研究逐渐升温，出现了一定数量的研究成果。结合新时代中国特色社会主义教育的发展需要，学者们从不同学科领域不断探析劳动教育的科学内涵、时代价值、发展面临的问题和发展的新路径，研究成果丰富。

第四，通过翔实的数据与统计分析对中国劳动关系研究领域学术影响力进行了评价。 现有的企业劳动关系评价指标涵盖保障职工基本权益的评价维度，如劳动报酬、休息休假、劳动安全卫生保护等状况，同时涵盖健全劳动关系协调机制和企业民主管理状况，但对怎样搭建民主管理的架构体系、营造构建和谐劳动关系的良好环境、在企业层面劳动关系管理协调的组织领导等维度的评价关注还不够。在企业劳动关系评价上，要由单环节评价向整合性与体系化评价发展；由仅注重客观指标评价向动态化、个性化评价发展；

新业态的评价指标及工具亟须突破，要研究非标准劳动关系下部分评价指标的替代指标或互补指标。

第五，当前由于互联网行业往往采取更为先进、灵活、便捷的管理方式，且企业用工模式与传统行业也存在较大差别，因此该行业企业中产生的劳动争议纠纷相比传统行业也存在一定差异。 人们意识到，在相对滞后的成文法框架下，如何化解涉互联网企业与从业者纠纷、妥善化解互联网企业从业者争议、切实保护从业者切身利益和现实利益等都面临挑战。本书通过对2018年至2019年政策法规的梳理，从法律实物的角度综述了劳动关系领域法律法规的不断健全与完善，在我国经济社会转型时期劳动关系主体及其利益诉求多元化背景下，有效解决日益凸显、多发的劳动关系矛盾，妥善处理劳动争议案件，切实维护广大职工群众的合法权益发挥的作用。新发展阶段产业结构转型升级，工会工作对象更加多元。随着高质量发展的不断推进，先进制造业、战略性新兴产业、现代服务业、数字经济等产业加快发展，经济体系不断优化升级。与此相适应，我国职工队伍在规模日益扩大的同时，由第二产业向第三产业转移的趋势更加明显，第三产业越来越成为吸纳就业的蓄水池。与2015年相比，2020年第二产业从业人员减少1150万人，第三产业从业人员增加2961万人。特别是在第三产业中，以货车司机、网约车司机、快递员、外卖配送员等为代表的新业态就业群体大量涌现，成为我国职工队伍的新生力量。国家信息中心数据显示，2020年我国共享经济服务提供者约为8400万人。与传统意义上的职工相比，这一群体具有组织方式平台化、工作机会互联网化、工作时间碎片化、就业契约去劳动关系化、流动性强、收入不确定等特点。这对工会整合不同层次职工需求、协调职工队伍内部不同利益群体关系、保障平台网络劳动者合法权益提出了新的课题，具有极强的现实意义。

第六，改革开放以来伴随着所有制结构的变迁，呈现出的中国特色社会主义劳动关系进一步发展，这需要我们不断地总结经验。 非公有制企业的市场主体地位基本明确。国有企业在用人、分配等方面的自主权逐步扩大，已成为劳动关系的一方主体。劳动者拥有了较大的择业自主权，初步成为能够拥有并自主支配自身劳动力的独立主体。在劳动力市场中，劳动者与用人单位通过双向选择来建立劳动关系，劳动关系主体双方的地位和权益受到法律的保护。劳动关系的运行初步实现市场化。劳动就业逐渐从过去的统包统配转向就业市场化和失业公开化，劳动关系逐渐从过去的行政管理方式转向市场调节方式，劳动关系主体的权利和义务主要由主体双方按照市场规则自行决定，市场机制对劳动力资源的基础调节作用开始得到发挥。企业与劳动者之间逐渐形成主体明晰、利益多元的新型劳动关系，企业产权所有者、经营者和劳动者在根本利益一致的前提下，局部利益的矛盾开始出现，劳动争议逐渐增多。

第七，新发展阶段信息革命深入发展，工会组织建设与工作方法手段也出现了新的变化。以人工智能、大数据、物联网、区块链为代表的新一代信息技术加速突破应用，成为推动社会生产方式变革、创造人类生活新空间的重要力量。一方面，生产方式从原来的机械化生产逐步向智能化生产转变，组织方式从原有的工业"流水线"和"格子间"式的集中化、标准化向"在线零工"式的分散化、灵活化转变。与之相适应，劳动者的工作场域从固定的工厂转向开放的社会，工作时间从被动接受转向一定程度的自主决定。另一方面，互联网已经成为人们学习生活的新空间，成为获取信息、沟通交流的大平台。截至2020年年底，我国网民规模已达9.89亿人，其中手机网民规模达9.86亿人，网民群体中职工占69.7%。随着职工生产生活方式日益在线化，传统的线下型、单向型工作方式正面临着严峻挑战，迫切需要与时俱进、改革创新。这就要求加快推进"互联网+"工会建设，推动工作方式线上线下相融合，打造工会工作升级版。信息技术的不断升级创新使生产方式发生了巨大的变化，特别是数字经济的快速发展不仅仅提升了资源配置效率，还提供了大量就业机会，便捷了人民群众生活的同时，并没有避免市场经济环境下传统的劳资关系矛盾，带来了新的劳动关系问题。

第八，新发展阶段国际治理格局加速演进，劳动关系面临的国际环境更加复杂。随着经济全球化、资本国际化的深入发展，劳动关系问题已经超越了一国的界限成为全球治理体系的重要内容。在经济全球化的背景下，世界劳资关系和工人运动的形势及力量对比发生了重大的变化。中国在188个国家和地区设立4.4万家企业，从业员工达374.4万人，其中雇用外方员工226.6万人，我国企业遭遇的跨国劳工纠纷越来越多，职工队伍稳定面临的风险挑战越来越大。世界经济一体化，一方面促进了经济的发展和财富的增长；另一方面也加剧了世界范围内的劳动问题和劳资矛盾。由于社会结构重组中富有者和贫困者的两极分化，以就业为中心主要包括就业、分配、社会保障、劳动安全与卫生的社会劳动问题和劳资矛盾越来越突出。这就要求我们全面深入参与国际劳工标准的研究制定，在维护国家主权、安全、发展利益的同时，为全球劳工治理贡献中国智慧和中国方案。本书主要从"一带一路"沿线国家劳动关系的整体性状和国别研究，以及中美贸易摩擦背景下的劳动关系等两个方面入手，归纳反映学界在劳动关系相关议题上的逻辑分析和理论成果。

总之，和谐劳动关系是规范有序、公正合理、互利共赢、和谐稳定的劳动关系，要如何协调政府各部门之间的关系，中央政府与地方政府的关系，促进平台经济发展与规范用工的关系，保障劳动者基本权益与赋予劳动者行动权利的关系，政府劳动关系治理职能与公共服务职能的关系，平衡政府力量与市场力量的关系是当前继续讨论的问题。在这个科技飞速更迭的时代，劳动关系所呈现出的时代特征越发突出，复杂性与日俱增的速度远超我们规制新事物的速度，现行的有关劳动关系的制度安排已经不能适应当前多样化的就业、分配、劳动纠纷等方方面面的问题。因此，系统整理、分析和总结最新的劳动关系研究成果，从不同的角度对新发展阶段劳动关系出现的新特征、新问题和新形势进行概括和梳理显得尤为迫切。

二、逻辑架构及主要内容

第一章梳理了习近平总书记关于工人阶级和工会工作重要论述研究。 习近平总书记关于工人阶级和工会工作的重要论述，深刻阐明了工会工作的地位作用、目标任务、实践要求，科学回答了工人阶级和工会工作的一系列方向性、根本性、战略性重大问题，贯穿了党的全心全意依靠工人阶级的方针，丰富了马克思主义工人阶级和工运学说，是习近平新时代中国特色社会主义思想的重要组成部分，为新时代工运事业和工会工作创新发展指明了前进方向、提供了根本遵循。对习近平总书记关于工人阶级和工会工作重要论述研究进行了梳理，2018年是中国工会十七大召开之年，这一重要历史节点为习近平总书记关于工人阶级和工会工作重要论述的研究提供了浓郁的时政氛围。随着中国工会十七大的胜利召开与中华全国总工会领导班子的顺利换届，2018年至2019年学界及社会各界紧紧围绕中国工会十七大与习近平总书记同中华全国总工会新一届领导班子成员集体谈话的重要讲话精神，在对习近平总书记关于工人阶级和工会工作重要论述的理论阐释、深入学习习近平总书记关于工人阶级和工会工作重要论述的学习成果等方面形成学术热点，产生了一批高质量、有代表性的研究成果。对习近平总书记关于工人阶级和工会工作重要论述研究的主要特点，从2018年至2019年学界和社会各界研究成果的总体情况来看，呈现出了注重对重要论述的学理性解读、研究视角和理论观点专业性强、研究成果的分布相对集中、理论紧密联系实际、理论研究对现实问题的解释力较强、理论研究彰显"发声"诉求的特点。探讨了习近平总书记关于工人阶级和工会工作重要论述研究的主要论题，包括了习近平总书记关于工人阶级和工会工作重要论述的理论阐释、各级工会深入学习习近平总书记关于工人阶级和工会工作重要论述的学习成果，以及习近平总书记关于工人阶级和工会工作重要论述的权威媒体报道。围绕习近平总书记关于工人阶级和工会工作重要论述的理论特征、指导作用、指导原则与方法论视角就结合具体理论问题对习近平总书记关于工人阶级与工会工作重要论述的认识和思考。全国各级工会深入学习习近平总书记关于工人阶级和工会工作的重要论述，对《工人日报》《中国工运》《中国工人》等国内工会系统的权威报刊的集中报道进行了梳理。对习近平总书记关于工人阶级和工会工作重要论述的研究展望。回顾2018年至2019年学界和社会各界对习近平总书记关于工人阶级和工会工作重要论述研究的主要进展和主要论题，鉴于对习近平总书记关于工人阶级和工会工作重要论述研究的主要特点和存在的不足，今后对选题研究应侧重于从以下几个方面尝试突破和创新：一是，从逻辑和内容上厘清习近平总书记关于工人阶级和工会工作重要论述的发展脉络，重点考察习近平总书记关于工人阶级和工会工作重要论述在党的十九大前后两个时期的发展变化，通过比较研究更为直观地把握新时代我国工运和工会工作新局面"新"在何处；二是，在近期不出现工会理论研究重大时政热点事件的条件下，应紧密结合新冠肺炎疫情等当前影响中国经济社会发展的现实场景，就如何在疫情防控期间深入学习贯彻落实习近平总书记关于工人阶级和工会工作重要论述展开系统研究；三是，对习近平总书记关于工人阶级和工会工作重要论述的舆论报道，应在坚持政治性和专业性的基础上，从宣传方式、题材设计等层面有所突破和创新，以图文并茂、引入动画视频、转换话语风格等方式提升媒体报道的亲和力和感染力。

第二章重点梳理了中国劳动关系领域政策法律法规。长期以来，党和国家始终高度重视和谐劳动关系的构建，先后制定了一系列的法律法规与政策措施，并对相关工作作出了部署。在各级党委和政府认真贯彻落实下，取得了积极的成效。2019年至2020年，尤其在新冠肺炎疫情的特殊时期，我国劳动领域的法律法规与政策措施不断完善，有效地解决了新业态以来日益凸显的劳动关系矛盾，为妥善处理劳动争议案件奠定了制度基础，在切实维护广大群众的合法权益方面，发挥了至关重要的作用。国家鼓励和支持多种方式就业，并在多个方面对创业与就业给予优惠政策，主要对重点人群和退役士兵给予税收和贷款优惠，拓宽大学生和农民工就业创业渠道，促进多种灵活就业创业。为适应企业产业升级和技术进步的要求，进一步健全企业职工管理制度，国家针对企业职工的职业技能考核和提升，加强了制度建设，在职业技能的提升和等级认定以及鉴定机构备案管理，对党政领导干部考核和政府网站与政务新媒体检查指标、监管工作年度考核。劳动保护的目的是为劳动者创造安全、卫生、舒适的劳动工作条件，消除和预防劳动生产过程中可能发生的伤亡、职业病和急性职业中毒，保障劳动者以健康的劳动力参加社会生产，促进劳动生产率的提高，保证社会主义现代化建设顺利进行。国家制定了一系列的劳动保护，切实地保护了劳动者的身心健康，扎实做好安全生产各项工作，协调做好疫情防控期间各项工作，健全职业卫生管理制度，完善市场经济人才流动机制。社会保障政策的有效实施，是实现老有所养、病有所医、伤有所保、失业有救济、残疾有安置、贫困有支援的社会"安全网"。健康运行的社会主义市场经济体制需要一个健全和完善的社会保障制度体系作为支撑。我国在社会保障政策的制定方面取得了巨大的成就。在工资社保方面，对社会保险进行了详细的规定；对建筑工人、非全日制学历研究生、妇女、其他疫情期间特殊保障等不同群体的权益保障。中华全国总工会办公厅对于全国的工会建设，对工会建会的明确规定，推进县级工会建设，乡镇（街道）工会建设。农民工是中国产业大军的主要组成部分，切实提高农民工收入水平对于缩小城乡收入差距、提升产业大军技能素质水平、实现共同富裕都具有必要性和现实可行性。近年来，"新就业形态"愈受瞩目，"灵活就业"的出现，使得农民工成为共享经济平台下规模巨大的新生就业群体，同时也使得农民工作为一支新型劳动大军逐渐成为经济社会发展的重要力量。我国面临着高质量发展与疫情防控的双重考验，这使得农民工权益保障压力巨大。政府农民工权益保障工作的重点在提高农民工收入，国家通过政策与制度，有效地保障了农民工收入权益，保障农民工工资支付，要做好根治拖欠农民工工资有关工作，实施"护薪"行动，全力做好拖欠农民工工资争议处理。

第三章为中国特色社会主义和谐劳动关系构建。中国的国情直接影响或决定了劳动关系的中国特色，此国情包括特定的政治制度和法律制度、特定的经济和社会发展阶段，以及劳资双方特定的构成、意识和组织状况。随着市场经济的发展和改革的深化，中国特色社会主义劳动关系变得更加复杂，其治理体系也正在经历理论上的迭代和扬弃、制度上的创新和重塑，微观层面的企业劳动关系管理和公共管理方面的劳动关系治理的核心问题已逐步演进到人与组织更紧密的结合与平衡，集体化的劳动关系已经发端并正在形成中，地方党组织和企业党组织在劳动关系调整中发挥着不同的作用。因此，本章将从劳动关系理论的发展研究、不同组织中不同群体内劳动关系实践的发展研究、集体协商制度的理论和实践发展研究、制度政策建议的综述共四个方面展开论述。首先，介绍了中国特色社会主义劳动关系理论研究。从马克思劳资关系理论的研究及其现实启示、构建中国特色和谐劳动关系的应然性研究、中国特色社会主义和谐劳动关系的实然性研究3个层面详细梳理了中国特色社会主义劳动关系与马克思劳动关系理论的联系与继承，也凸显了中国特色社会主义劳动关系的必然性与主要特征。其次，梳理了社会主义市场经济不同组织主体内的劳动关系研究。从国有企业中和谐劳动关系的构建研究、民营企业中和谐劳动关系的构建研究、其他类型组织中的和谐劳动关系构建研究以及特定劳动群体中的和谐劳动关系构建研究4个角度分别进行了梳理。中国特色社会主义劳动关系内生于中国特色社会主义建设的实践中，内生于劳动者分布在不同性质、不同规模和不同发展水平的企业和其他组织中，这是构建新型劳动关系治理模式、发展和谐劳动关系的现实前提。众多学者从所有制关系发展阶段出发，考察了不同类型企业和组织中劳动关系的性质特色、发展阶段、现存问题及相关建议。对企业集体协商制度的新发展进行了梳理。在西方不同的集体协商模式下，中国逐步探索出了具有中国特色社会主义集体协商制度。本节着重对已有的相关研究进行了总结。最后，为构建中国特色社会主义和谐劳动关系对策研究。面对劳动关系在发展过程中面临的挑战，梳理了相关学者从劳动关系主体方面提出的促进劳动关系和谐发展的对策。

第四章为新时代工会组织建设。党的十九届四中全会提出，健全劳动关系协调机制，构建和谐劳动关系，促进广大劳动者实现体面劳动、全面发展。工会作为劳动关系主体劳动者的集体代表和劳动关系的协调者，承担着"协调劳动关系、维护职工权益"的职责，是构建和谐劳动关系不可或缺的重要组成部分。2018年至2019年，学者们对工会与劳动关系的研究主要集中于"调解冲突与争议""提高企业凝聚力""影响企业工资率"和"提升员工幸福感"等方面。首先，梳理了工会与劳动关系研究，包括工会调解集体劳动冲突与争议、工会提高企业员工凝聚力、工会影响企业工资率提升以及工会提高企业员工幸福感4个方面。其次，对新时代工会建设与发展的相关研究进行了整理。分别从中国特色社会主义工会发展道路、新时代工会组织社会化发展要求、工会组织效能的改革与建设任务和西方工会改革发展的回顾与启示4个角度全方位总结了新时代工会发展相关的研究。再次，新时代工会发展与特色研究。政治性、群众性和先进性，把握坚定政治方向，深化改革创新，将最广泛最紧密地把职工群众团结在党的周围是工会组织的新使命、新目标、新要求。针对新时代工会发展与特色的相关研究进行了梳理与总结。新时代中国特色社会主义的新方位、社会主要矛盾出现了新变化，按照党中央关于群团改革的新部署新要求，工会的创新发展也体现出了新的特点：既包括了群众路线与坚持党的领导的继承，也包括了突出职工技能提升和维权职能等符合新时代发展要求的新特点。

第五章为劳动文化与劳动教育。本章主要梳理关于劳动文化与劳动教育的相关成果，进而把劳动问题的研究推向一个新的历史节点。首先，为新时代劳动文化的基本内涵研究。2018年至2021年，理论界围绕新时代劳动文化的科学内涵、时代价值及实践路径集中进行了学理性解读和阐释，产生了一批有分量的理论研究成果。整体上看，2018年至2021年的研究成果侧重于聚焦历史逻辑、理论逻辑和实践逻辑的有机统一，呈现出阐释深刻性、分析学理性、方法多元性、内容全面性等特点。其次，为新时代劳动文化的科学内涵、时代价值及实践路径研究的主要论题，进一步从内涵、价值与实践三个层面梳理了学术界的相关研究成果。再次,新时代劳动文化研究述评。分别从不足与展望两个角度进行了总结,其中不足主要表现为标志性研究成果相对较少、创新性弱、主题单一、理论功底弱、整体性不足和成果分散六个方面问题,并相应地提出了研究的展望。之后,新时代劳动教育研究,从劳动教育内涵的科学解读、劳动教育的宣传和劳动教育的实践规划三个方面进行了分析。新时代劳动教育研究,在对劳动教育的科学内涵、时代价值、发展现状和实践路径等成果的梳理基础上进一步为未来研究指明了方向。虽然学者对劳动教育进行了深入的研究,但总体来说目前的研究仍然处于起步阶段,存在研究力量薄弱、政策解释多而理论成果少、研究视角有待创新、研究不够深入以及国际化程度不足五个方面问题。

第六章为新业态下的劳动关系。本章为了对目前的相关理论成果有一个系统性、整体性的认识,考虑到我国经济新业态的发展现状和相关问题的研究进展,以 CSSCI 期刊和中文核心期刊为来源对 2018 年度和 2019 年度发表的相关研究成果进行了收集与整理。这些成果均以新型劳动关系为研究主题,但对新型劳动关系的具体界定和研究方向各有不同。对这些研究成果的梳理和综述,可以系统呈现当前的最新研究现状,为我国经济新业态下新型劳动关系的进一步发展提供有益的借鉴。本综述主要包括经济新业态与灵活就业新方式、经济新业态与新型劳动关系、新型劳动关系所产生的问题及其规范、相关案例 4 个部分。近年来,随着新技术革命和互联网经济、共享经济、平台经济等经济新业态的出现和发展,以"互联网+传统行业"为主的灵活就业新方式也得到了普遍的认同与发展,同时也引发了学术界和社会的关注、研究与探讨,研究方向主要可以概括为灵活就业的形态与发展状况、灵活就业的市场效率、灵活就业的相关政策探讨等几个方面。然后,梳理了学术界对这新型劳动关系进行的相关研究和讨论,对于新时代完善和发展经济新业态下的新型劳动关系提供了宝贵的借鉴。针对新型劳动关系所产生的问题及其规范等话题,学术界的研究和探讨进行梳理,分别从新型劳动关系下劳动者权益保护的问题、有效规避和防范新型劳动关系风险、共享经济角度、工会视角、就业结构视角、计划行为理论等新视角进行了总结。新业态劳动关系相关案例，总结了新业态劳动关系理论研究及相关案例分析。

第七章为国际经济新形势与劳动关系新变化。伴随着世界体系的深层变革，国际经济出现新的形势，作为一种全球性现象的劳动关系也呈现出一系列新的变化。本章主要从"一带一路"沿线国家劳动关系的整体性状和国别研究，以及中美贸易摩擦背景下的劳动关系等两个方面入手，归纳反映学界在劳动关系相关议题上的逻辑分析和理论成果。其一，"一带一路"沿线国家的劳动关系。在亚投行等国际融资支持下，中国的国际基础建设投资、对外承包工程和海外直接投资并购取得较大发展。因此，梳理了"一带一路"沿线国家劳动关系总体并分国别对研究成果进行了整理，对学者关于"一带一路"沿线国家劳动关系风险评估以及"一带一路"倡议下涉外劳动争议研究进行了梳理和总结。其二，中美贸易摩擦背景下的劳动关系。在中美贸易摩擦的大背景下整理了学者关于中美贸易摩擦对就业的影响与中美贸易摩擦对我国劳动关系负面影响的对策研究。

第八章为中国劳动关系研究领域学术影响力评价。本章对收集到的2016年至2018年中国劳动关系研究领域的学术论文数据进行无量纲化处理，并根据引用数量与下载数量进行平均加权求和，计算学术论文的综合学术影响力情况，最终综合评价中国劳动关系研究领域的学术论文影响力，并按照不同年份进行详尽分析，主要包括数据标准化和中国劳动关系研究领域学术论文影响力分析两部分。围绕着中国劳动关系研究领域的学术论文进行了搜索。首先，以"劳动关系"为主题，在中国知网进行了统计。2016年至2018年，中国劳动关系研究领域共发表学术论文6065篇，其中发表在CSSCI期刊或中文核心期刊上的论文172篇，比例约为3%。根据上述的标准化处理方法，本章仅对发表在CSSCI期刊或中文核心期刊上的学术论文进行数据分析，通过论文的引用数量与下载数量，以及综合指标进行计算，评价中国劳动关系研究领域的学术论文影响力。基于年度的中国劳动关系领域研究学术影响力分析中，以年度为单位从中国知网搜索"劳动关系"为主题的统计结果来看，3年来围绕劳动关系研究领域的学术论文呈递减趋势，由2016年的2501篇，到2017年的2147篇，下降至2018年的1417篇，从CSSCI期刊与中文核心期刊数量上看，2017年、2018年与2016年相比差距明显。从发表的CSSCI期刊与中文核心期刊数量上看，劳动关系研究领域的学术论文精度在3%左右波动，2016年CSSCI期刊与中文核心期刊发表论文数量占总数量的3%，而在2017年下降为2.2%，2018年则反弹上升为3.5%。

第九章为劳动关系典型案例分析。 互联网时代催生了外卖、网约车、互联网家政等新兴行业，这些行业的迅速发展带来大量就业机会，信息技术的快速发展为新就业形态的实现提供技术可能，服务型消费需求的增加推动了这一行业的迅猛发展，劳动者就业观念的转变更为这一业态提供了丰富的劳动力资源，这些因素共同促成新业态发展的有利环境，新业态从业人员队伍不断壮大。国家信息中心发布的《中国共享经济发展报告（2021）》显示，2020年中国共享经济市场交易额为33773亿元，比上年增长2.9%，2020年我国共享经济参与者人数约8.3亿人，参与提供服务者人数约8400万人，同比增长7.7%，平台企业员工数为631万人，同比增长1.3%。新就业形态在发展过程中呈现出工作形式灵活、劳动关系多元、去雇主化以及去组织化等特征。实践中多数新业态从业者未与用人单位签订劳动合同，缴纳社保也受到户籍、劳动关系等门槛限制，在劳动过程中发生纠纷或意外伤害时权益往往难以维护，传统法律及社会保险制度与新就业形态难以兼容已成为我国劳动权益保障体系中不可忽视的问题。本章对劳动关系的典型案例进行剖析，选择对引发全国争论的东部地区、南部地区、中部地区、东北地区、西部地区等地区的劳动关系典型案例进行了深入分析。

吉林大学　韩喜平

目录

CONTENTS

绪 论 ·· 1
  一、理论意义 ·· 2
  二、逻辑架构及主要内容 ··· 8

第一章 习近平总书记关于工人阶级和工会工作重要论述

  一、习近平总书记关于工人阶级和工会工作
      重要论述研究的主要方面 ·· 2
  二、习近平总书记关于工人阶级和工会工作
      重要论述研究的主要特点 ·· 3
  三、习近平总书记关于工人阶级和工会工作
      重要论述研究的主要论题 ·· 4
  四、对习近平总书记关于工人阶级和工会工作
      重要论述的研究评析 ·· 19

第二章 中国劳动关系领域政策法律法规梳理 ············ 21

  一、招工与就业 ··· 22
  二、职工管理 ··· 28
  三、劳动保护 ··· 30
  四、社会保障 ··· 36
  五、工会建设 ··· 40

1

六、农民工权益保障 … 41

第三章 中国特色社会主义和谐劳动关系构建 … 45
一、中国特色社会主义劳动关系相关理论 … 46
二、不同类型企业和组织中的和谐劳动关系构建 … 55
三、企业集体协商制度新发展 … 62
四、构建中国特色社会主义和谐劳动关系对策建议 … 65

第四章 新时代工会组织建设 … 71
一、工会与劳动关系 … 72
二、新时代工会建设与发展 … 79
三、新时代工会发展与特色 … 86

第五章 劳动文化与劳动教育 … 95
一、新时代劳动文化的主要论题 … 96
二、新时代劳动教育的主要论题 … 104
三、新时代劳动文化和劳动教育研究述评 … 116

第六章 新业态下的劳动关系 … 121
一、新业态的特征及劳动关系重构 … 123
二、新业态与灵活就业新方式的研究 … 142
三、新业态与新型劳动关系研究 … 147
四、新型劳动关系所产生的问题及其规范 … 152

第七章 国际经济新形势与劳动关系新变化 … 159
一、"一带一路"沿线国家的劳动关系 … 160
二、中美贸易摩擦背景下的劳动关系 … **174**

第八章 中国劳动关系研究领域学术影响力评价 … 183
一、数据标准化 … 184
二、中国劳动关系研究领域学术论文影响力分析 … 185
三、基于年度的中国劳动关系领域研究学术影响力分析 … 199

第九章 劳动关系典型案例分析 … 213
一、引发全国争论的案例 … 214
二、东部地区典型案例 … 222
三、南方地区典型案例 … 228
四、中部地区典型案例 … 238
五、东北地区典型案例 … 245
六、西部地区典型案例 … 251

后 记 … 257

第一章

习近平总书记关于工人阶级和工会工作重要论述

习近平总书记关于工人阶级和工会工作的重要论述，深刻阐明了工会工作的地位作用、目标任务、实践要求，科学回答了工人阶级和工会工作的一系列方向性、根本性、战略性重大问题，贯穿了党的全心全意依靠工人阶级的方针，丰富了马克思主义工人阶级和工运学说，是习近平新时代中国特色社会主义思想的重要组成部分，为新时代工运事业和工会工作创新发展指明了前进方向、提供了根本遵循。

一、习近平总书记关于工人阶级和工会工作 重要论述研究的主要方面

2018年是中国工会十七大召开之年，这一重要历史节点为习近平总书记关于工人阶级和工会工作重要论述的研究提供了浓郁的时政氛围。随着中国工会十七大的胜利召开与中华全国总工会领导班子的顺利换届，2018年至2019年，学界及社会各界紧紧围绕中国工会十七大与习近平总书记同中华全国总工会新一届领导班子成员集体谈话的重要讲话精神，在对习近平总书记关于工人阶级和工会工作重要论述的理论阐释、深入学习习近平总书记关于工人阶级和工会工作重要论述的学习成果等方面形成学术热点，产生了一批高质量、有代表性的研究成果。

第一，形成了对习近平总书记关于工人阶级和工会工作重要论述理论阐述的话题域。 结合中国工会十七大会议精神，围绕习近平总书记同中华全国总工会新一届领导班子集体谈话发表的重要讲话精神，学界在系统梳理习近平总书记关于工人阶级和工会工作重要论述的基础上，对习近平总书记关于工人阶级和工会工作重要论述的理论阐释主要聚焦于以下两个方面：一是从地位作用、根本宗旨、时代主题、政治方向、改革原则等层面，系统阐

释习近平总书记关于工人阶级和工会工作重要论述的理论体系；二是从理论特质、指导原则、内涵要义、方法论基础等方面，进一步厘清习近平总书记关于工人阶级和工会工作重要论述同习近平总书记劳动观，以及习近平新时代中国特色社会主义思想的逻辑关联。

第二，强化了对产业工人队伍建设改革与工会改革创新的具体问题研究。各级工会干部在深入学习贯彻落实中国工会十七大会议精神，以及习近平总书记同中华全国总工会新一届领导班子成员集体谈话发表的重要讲话精神的过程中，就产业工人队伍建设改革与工会改革创新的问题探讨主要集中在两个方面：一是从强化思想政治引领、提升专业技能素质、完善职工权益保障等方面寻找新时代产业工人队伍建设改革的重要抓手；二是从完善工会服务职能、健全工会服务体系、创新工会服务方式等方面探寻新时代服务型工会建设的基本路径。

第三，提升了对习近平总书记关于工人阶级和工会工作重要论述的舆论宣传质量。国内权威媒体基于中国工会十七大召开与习近平总书记同中华全国总工会新一届领导班子成员集体谈话发表的重要讲话，对习近平总书记关于工人阶级和工会工作重要论述的宣传报道聚焦于两个方面：一是以专题形式重新梳理习近平总书记关于工人阶级和工会工作重要论述；二是以"总书记的暖心话"等题材设计提升习近平总书记关心工人阶级和工会工作纪实报道的温度。

二、习近平总书记关于工人阶级和工会工作重要论述研究的主要特点

从2018—2019年学界和社会各界研究成果的总体情况来看，对习近平总书记关于工人阶级和工会工作重要论述的研究主要呈现以下几个方面的特点。

第一，在对习近平总书记关于工人阶级和工会工作重要论述梳理和归纳的基础上，注重对重要论述的学理性解读，研究视角和理论观点专业性强，

研究成果的分布相对集中。学界和社会各界围绕习近平总书记关于工人阶级和工会工作重要论述的深刻内涵、内在逻辑、核心要义、理论特征、指导作用与重大意义等问题展开系统探讨，研究成果集中分布在劳动关系，以及工会理论与实践领域，并主要刊发在工会系统的报刊中。

第二，**理论紧密联系实际，理论研究对现实问题的解释力较强**。各级工会干部在对习近平总书记关于工人阶级和工会工作重要论述进行理论阐释的基础上，能够结合新时代产业工人队伍建设改革与工会改革创新的工作实践，以习近平总书记关于工人阶级与工会工作重要论述为理论指导，在深入学习习近平总书记重要论述的同时，积极探寻实际工作中重点难点问题的解决途径，直接提升了各级工会干部的理论素养和解决现实问题的能力。

第三，**理论研究彰显"发声"诉求**。学界和社会各界在对习近平总书记关于工人阶级和工会工作重要论述展开理论研究的同时，正致力于回答新时代中国工会举什么旗、走什么路，以及什么是中国特色社会主义工会、怎样建设中国特色社会主义工会等重大理论问题，并基于习近平总书记关于工人阶级和工会工作重要论述的解读与阐释，逐渐开始对中国特色社会主义工会发展道路进行体系化的理论建构。

三、习近平总书记关于工人阶级和工会工作重要论述研究的主要论题

（一）习近平总书记关于工人阶级和工会工作重要论述的理论阐释

习近平总书记围绕工人阶级和工会工作多次作出的重要论述全面而深刻地回答了新时代我国工人阶级和工运事业发展的一系列重大理论和现实问题，为丰富和发展马克思主义工运理论和中国特色社会主义理论充实了重要内容，为开创新时代工会工作新局面提供了科学指引。深入理解习近平总书记关于工人阶级和工会工作重要论述的深刻内涵、内在逻辑、核心要义、理论特征、指导作用、指导原则与重大意义，对于坚持和拓展中国特色社会主

义工会发展道路、充分发挥工人阶级在推进中华民族伟大复兴中的主力军作用具有重要和深远的意义。

针对习近平总书记关于工人阶级和工会工作重要论述的深刻内涵、核心要义与理论逻辑，有学者指出，习近平总书记关于工人阶级和工会工作的重要论述，涵盖了工会工作各领域、各方面，其关键是坚持党的领导，根本是增强政治性、先进性、群众性，重点是维护职工权益、服务职工群众。其主要内涵包括以下几个方面：一是坚持党对工会工作的领导；二是坚持全心全意依靠工人阶级；三是坚持为实现中华民族伟大复兴的中国梦而奋斗；四是坚持中国特色社会主义工会发展道路；五是坚持弘扬劳模精神、劳动精神、工匠精神；六是坚持高举维护职工合法权益旗帜；七是坚持增强政治性、先进性、群众性的工会改革方向；八是坚持加强基层工会建设。[1] 有学者认为，习近平总书记对工人阶级和工会工作的重要论述，围绕中国工会在新时代"举什么旗、走什么路""什么是中国特色社会主义工会、怎样建设中国特色社会主义工会"的问题，形成了"一个宗旨、两个原则、三个特性、'四论'为经、五策为维"的全方位理论体系。具体而言：为职工追求和实现美好生活是工会工作所围绕的一个宗旨；坚持中国共产党的领导和中国特色社会主义信念是工会工作所遵循的两大原则；政治性、先进性和群众性是工会工作所应增强的"三性"；工会工作重要论、全心全意依靠论、产业工人发展论、职工为本维护论是工会工作所应坚持的"四论"；教为先、撸袖干、真代表、抓基层、深改革是工会工作所践行的"五策"。[2] 有学者提出，习近平总书记围绕工人阶级和工会工作多次作出重要论述，指导制定了一系列关于加强和改进党的工会工作的意见，形成了以"地位作用论""根本宗

---

[1] 李睿祎：《认真学习贯彻习近平总书记重要讲话精神 深刻理解习近平总书记关于工人阶级和工会工作重要论述的丰富内涵》，《工人日报》2018年11月20日。
[2] 钟雪生、王永玺：《新时代中国工运事业和工会工作的行动指南与根本遵循——深刻把握习近平关于工人阶级与工会工作重要论述的核心要义》，《科学社会主义》2019年第6期。

旨论""时代主题论""政治方向论""精神动力论""改革原则论"等为主要内容的严密思想体系。系统而深刻地回答了"为什么要重视工人阶级和工会工作、什么是工会工作的根本宗旨和目标任务、怎样做好工会工作"等重大理论和实践问题，为丰富和发展马克思主义工运理论和中国特色社会主义理论增添了重要内容，为开创新时代工会工作新局面提供了科学指引。[1] 有学者认为，习近平总书记关于工会建设的重要论述是马克思主义工会理论在当代中国的新发展，其中，实现中华民族伟大复兴的中国梦是工会建设的时代主题，坚持党的领导是做好工会工作的根本保证，深入践行群众路线是全面贯穿工会工作的生命线，实现依法维权与维稳的统一是工会职能建设的战略重点，"关键少数"是工会建设的主要抓手，发挥工会教育作用是实现工会建设目标的重要途径。[2] 有学者强调，习近平总书记关于工人阶级和工会工作的重要论述为推进党的工运事业指明了前进方向，其重大现实指导意义主要体现在：必须加强党对工运事业的领导是做好新时代我国工运工作的政治原则和根本保证；全心全意依靠工人阶级是党和国家始终坚持的根本方针；为实现中华民族伟大复兴的中国梦而奋斗是我国工人运动的时代主题；走中国特色社会主义工会发展道路是我国工运事业发展的正确方向；大力弘扬劳模精神、劳动精神、工匠精神是引领和教育广大职工建功新时代的重要抓手；切实维护职工合法权益和竭诚服务职工群众是工会的基本职责与构建和谐劳动关系的基础性工作。[3] 有学者指出，习近平总书记关于工人阶级和工会工作的重要论述是一个蕴含着逻辑起点，即为什么要坚持和发展中国特色社会主义工会发展道路；理论逻辑主线，即坚持和发展什么样的中国特色社

---

[1] 谢卓芝：《开创新时代工会工作新局面——学习习近平同志关于工人阶级和工会工作的重要论述》，《北京市工会干部学院学报》2019年第1期。
[2] 康宗基、董盛林：《习近平新时代关于工会建设的重要论述探析》，《大连海事大学学报（社会科学版）》2019年第1期。
[3] 周健：《充分发挥工人阶级时代先锋的作用——学习习近平总书记关于新时代工人阶级的重要论述》，《传承》2019年第2期。

会主义工会发展道路；以及实践逻辑主线，即怎样坚持和发展中国特色社会主义工会发展道路的完整体系，其核心要义是坚持和发展中国特色社会主义工会发展道路。① 有学者提出，习近平总书记关于工人阶级和工会工作的重要论述，主要包括劳动、工人阶级和工会工作三个方面，具有严密的逻辑体系和内在联系，其中关于劳动的论述是逻辑起点，关于工人阶级的论述是核心要义，关于工会工作的论述是内在要求。这些重要论述体现了理论逻辑、历史逻辑与实践逻辑的统一，劳动情怀、人民情怀与事业情怀的统一，战略思维、系统思维、创新思维与辩证思维的统一，目标导向、问题导向、需求导向与效果导向的统一。② 有学者认为，深入学习习近平总书记关于工会工作的重要论述，对于坚定政治方向，把握时代主题，明确改革重点，更好发挥工会组织在推进国家治理体系和治理能力现代化进程中的重要作用，具有极为重要的现实意义和战略指导意义。其中，始终坚持中国共产党领导和社会主义制度的正确政治方向，牢牢把握为中华民族伟大复兴的中国梦而奋斗的时代主题，始终坚持群众路线的生命线和根本工作路线，以改革创新精神进一步加强工会组织自身建设，是习近平总书记关于工人阶级和工会工作重要论述的核心要义。③

围绕习近平总书记关于工人阶级和工会工作重要论述的理论特征、指导作用、指导原则与方法论视角，有学者强调，习近平总书记关于工人阶级与工会工作重要论述是推动新时代我国工运事业向前发展的根本指导思想和方法，时代性、理论与实践高度统一性、强烈的辩证精神是习近平总书记关于工人阶级与工会工作重要论述的主要特征；与此同时，习近平总书记关于工人阶级与工会工作重要论述对我国工运实践的具体指导作用主要表现为，从

---

① 石云、吴薇、王平、吕玉才、周礼：《习近平关于工人阶级和工会工作重要论述的逻辑体系研究》，《工会理论研究》2019年第2期。
② 李友钟：《新时代工运事业的理论指导与行动指南——习近平总书记关于工人阶级和工会工作重要论述的深刻内涵与内在逻辑》，《工会理论研究》2019年第1期。
③ 汪杰：《习近平关于工会工作重要论述探析》，《观察与思考》2018年第11期。

规律层面认识和指导新时代的工会工作,为科学把握工人阶级现实地位提供了"伟大认识工具"和重大指导原则,从问题的本质层面为新时代工运新难题的破解提供明确方向,站在新时代的高度对我国工运事业的发展提出基本要求;此外,实事求是、以问题为导向、以人民为中心、改革中的自我革新与实干,是习近平总书记关于工人阶级与工会工作重要论述所体现的重要指导原则。[①] 有学者提出,习近平总书记关于工人阶级与工会工作的重要论述进一步澄清了我国工人阶级作为党所依靠的坚实的阶级基础,作为国家宪法所确定的国家领导阶级地位的毋庸置疑性;在此基础上,从总体性原则、坚持以"劳模精神""工匠精神"作为价值引领,培育新时代工人阶级主人翁意识、着眼于工人阶级队伍变化,采取辩证的分析方法,以及发展的观点认识工人阶级地位,进一步从方法论视角认识并明确了我国工人阶级在国家政治经济生活中的主人翁地位,并基于新时代工人阶级地位和作用的发展趋势,指出创新性是工人阶级主人翁意识的集中体现,是其先进性的具体表现之一,也是工人阶级作为实现中华民族伟大复兴中国梦的主力军的内在规定性。[②] 有学者认为,习近平总书记关于工人阶级和工会工作的重要论述,确立了坚持以人民为中心、坚持全心全意依靠工人阶级、充分发挥工人阶级主力军作用的工人阶级主人翁地位的重大指导原则;从坚持中国道路、弘扬中国精神、凝聚中国力量三个维度,指出正确理解工人阶级先进性的认识方向;从把加强改进产业工人队伍思想政治建设放在突出位置,把提升产业工人技术技能水平作为改革重点,把强化改革保障作为配套支撑三个层面,提供推进产业工人队伍建设改革的行动指南;从确立新时代工人运动的历史使命、创新新时代工人阶级的劳动价值观,指明工会工作改革和创新的正确方

[①] 刘向兵、赵健杰:《习近平关于工人阶级与工会工作的重要论述是开创新时代工会工作新局面的行动指南》,《中国劳动关系学院学报》2018 年第 5 期。
[②] 屈增国、杨冬梅、赵健杰:《新时代工人阶级地位和作用现状及发展趋势》,《中国劳动关系学院学报》2018 年第 6 期。

向三个方面，阐明创新拓展新时代工人运动的时代主题。[①]

就结合具体理论问题对习近平总书记关于工人阶级与工会工作重要论述的认识和思考，有学者在考察习近平新时代中国特色社会主义思想对我国工运事业发展的指导作用中指出，习近平新时代中国特色社会主义思想包含丰富深刻的工运思想，在科学回答新时代"坚持和发展什么样的中国特色社会主义"和"怎样坚持和发展中国特色社会主义"这一时代命题的同时，也回答了"坚持和发展什么样的中国特色社会主义工运"和"怎样坚持和发展中国特色社会主义工运"这一重大时代课题，指明了新时代我国工运事业发展的历史方位、新使命、新任务、新目标、新途径、新动力，创新了指导新时代我国工运事业发展的科学理论，彰显了新时代运用马克思主义原理解决工运新问题的光辉范例，实现了中国特色社会主义工运理论的新飞跃。[②] 有学者认为，党的十八大以来，习近平总书记关于工人阶级和工会工作的重要论述中的许多重要内容发端于他在浙江工作期间关于工人阶级和工会工作的理论思考，两者的内在契合体现在，从政治方向看，两者始终贯穿了坚持加强和改进党的领导的根本要求，坚定不移地走中国特色社会主义工会发展道路；从指导方针来看，两者始终贯穿了坚持全心全意依靠工人阶级的根本指导方针；从时代命题来看，两者始终贯穿了与时俱进、围绕中心、服务大局的历史使命；从价值取向来看，两者始终贯穿了坚持以人民为中心、维护社会和谐稳定、实现公平正义的价值追求。[③] 有学者基于习近平总书记关于工人阶级和工会工作的重要论述，把坚持全心全意依靠工人阶级作为加强党对国企领导的基本着力点之一，指出工人阶级是确保国有企业生存发展的重要基础和依靠力量，国企党组织要始终心系工人阶级和人民群众，要紧紧依靠

[①] 杨成珍、高青：《与时俱进地丰富发展工人阶级理论》，《学习月刊》2018年第12期。
[②] 戴文宪：《习近平新时代中国特色社会主义思想对工运事业发展的战略指导作用》，《工会理论研究》2018年第2期。
[③] 林辉：《习近平同志在浙江工作期间关于工人阶级和工会工作的思考》，《中国劳动关系学院学报》2018年第5期。

广大工人阶级的智慧与力量；与此同时，工人阶级是国有企业发展的主体，是国有企业党建的重要依靠力量，要从实践层面真正实现工人阶级的主人翁地位，确保国企工人当家作主的现实体现，国企党组织就要不断健全以职工代表大会为基本形式的民主管理制度，推进厂务公开、业务公开，落实职工群众知情权、参与权、表达权、监督权，充分调动工人阶级的积极性、主动性、创造性。① 有学者强调，深刻领会和切实践行习近平总书记关于工人阶级和工会工作的重要论述，立足新时代，把握工会组织的新使命、新目标、新要求，就要在工会工作中推进产业工人队伍的壮大与发展，实现民主管理的深入开展，促进劳动关系和谐稳定，竭诚服务职工群众。②

（二）各级工会深入学习习近平总书记关于工人阶级和工会工作重要论述的学习成果

党的十八大以来，全国各级工会在积极开展贯彻落实习近平总书记关于工人阶级和工会工作重要论述的学习活动的同时，坚持以习近平总书记关于工人阶级和工会工作的重要论述武装头脑、指导实践、推动工作，努力把学习成果转化为更加坚定的理想信念、更加自觉的实际行动、更加实在的工作成效。深入学习贯彻落实习近平总书记关于工人阶级和工会工作的重要论述，要求各级工会干部在实际工作中，切实保持和增强政治性、先进性、群众性，以锐意进取、开拓创新的精神，推动新时代我国工运事业和工会工作取得新的更大成效。

针对深入学习习近平总书记关于工人阶级和工会工作重要论述的总体要求和整体把握，有工会干部指出，深入学习贯彻落实习近平总书记关于工人阶级和工会工作的重要论述，广大工人阶级要在坚守政治信念中彰显本色，

---

① 孔宪峰：《坚持党的领导、加强党的建设，是国有企业的"根"和"魂"——学习习近平关于加强党对国有企业领导的论述》，《党的文献》2018年第2期。
② 赵冬玲：《把握工会组织的新使命新担当》，《光明日报》2018年11月23日。

要在推动高质量发展中建功立业,要在全面深化改革中奋勇前行,要在弘扬民族精神中引领风尚,要在应对市场竞争中提升素质。①有工会干部强调,以习近平新时代中国特色社会主义思想为指导,深入学习贯彻习近平总书记关于工人阶级和工会工作的重要论述,应聚焦增强政治性、先进性、群众性,围绕中国工会十七大的目标任务,在建功新时代上出实招,在思想政治引领上下功夫,在维权服务上见成效,在改革创新上求突破,在党的建设上提质量,团结动员亿万职工为保持经济持续健康发展和社会大局稳定,为全面建成小康社会收官打下决定性基础作出新贡献。②有工会干部认为,深入贯彻落实习近平总书记关于工会工作的重要论述,以务实创新诠释工会改革的使命担当,就要"以人民为中心"引领改革,以问题导向谋划改革,以美好生活需要统筹改革,以自我革新推动改革。③有工会干部提出,贯彻落实习近平总书记关于工人阶级和工会工作的重要论述,奋力开创新时代铁路工会工作的新局面,一是要切实加强理论武装,始终坚持正确政治方向;二是坚持全心全意依靠工人阶级,团结动员广大职工在铁路高质量发展中建功立业;三是大力维护职工合法权益,积极构建和谐劳动关系;四是竭诚服务职工群众,不断满足职工对美好生活的向往;五是积极开展形式多样的职工文体活动,着力丰富职工精神文化生活;六是坚持增强政治性、先进性、群众性的工会改革方向,持续推进铁路工会改革创新。④

围绕深入学习习近平总书记同中华全国总工会新一届领导班子成员集体谈话的重要讲话精神,进一步贯彻落实新时代党中央关于工人阶级和工会工作的大政方针。有工会干部指出,深入学习贯彻习近平总书记关于坚持党对

---

① 王东明:《建功新时代 奋斗创未来——在2018年庆祝"五一"国际劳动节暨"当好主人翁、建功新时代"劳动和技能竞赛推进大会上的讲话》,《工人日报》2018年4月29日。
② 李玉赋:《团结动员亿万职工建功新时代 以优异成绩庆祝新中国成立七十周年——在全总十七届二次执委会议上的工作报告(二〇一九年二月十三日)》,《工人日报》2019年2月23日。
③ 于云川:《工会改革:以务实创新诠释使命担当》,《光明日报》2018年12月24日。
④ 索河:《深刻领会 努力实践 推动铁路工会工作迈上新台阶》,《工人日报》2019年4月9日。

工会工作的领导的重要指示，始终坚持工会工作正确政治方向，就是要旗帜鲜明讲政治，原原本本学思想，持之以恒抓党建；深入学习贯彻习近平总书记关于牢牢把握工人运动时代主题的重要指示，团结动员亿万职工以主人翁姿态积极建功新时代，就要深化劳动和技能竞赛，扎实推进产业工人队伍建设改革，弘扬劳模精神、劳动精神、工匠精神；深入学习贯彻习近平总书记关于加强对职工思想政治引领的重要指示，巩固执政的阶级基础和群众基础，就要坚持以社会主义核心价值观引领职工，加强职工文化建设，强化网上工会工作；深入学习贯彻习近平总书记关于加大维权服务力度的重要指示，更好满足职工群众美好生活需要，就要竭诚服务职工群众，切实维护职工合法权益，积极构建和谐劳动关系；深入学习贯彻习近平总书记关于深化工会改革创新的重要指示，不断增强工会工作的动力活力，就要注重上下联动，转变工作作风。[1]有工会干部认为，深入学习贯彻习近平总书记重要讲话精神，应增强做好工会工作的政治责任感和历史使命感，提升工会工作的理论和实践水平，扛起新时代工会组织使命和担当。[2]有工会干部强调，各级工会应以习近平总书记重要讲话精神为指引，充分认识做好民营企业工会工作的重要性和紧迫性，切实把民营企业工会工作摆到更加突出的位置；应着力扩大民营企业工会覆盖面，把广大职工最大限度地吸收到工会组织中来；应团结动员广大职工积极建功立业，为促进民营企业发展献计出力；应加强职工思想政治引领，团结引导职工群众听党话、跟党走；应积极做好维权服务工作，推动构建中国特色和谐劳动关系；应深化工会改革创新，努力增强民营企业工会的生机活力。[3]有工会干部认为，贯彻落实习近平总书记重要讲话精神和工会十七大的新部署，奋力开创工会工作新局面，就要在

---

[1] 王东明：《奋力开创新时代工运事业和工会工作新局面——学习贯彻习近平总书记在同中华全国总工会新一届领导班子成员集体谈话时的重要讲话精神》，《求是》2018年第22期。
[2] 李玉赋：《新时代工会工作的理论指导和行动指南》，《人民日报》2019年2月11日。
[3] 王东明：《以习近平总书记重要讲话精神为指引　展现工会组织新作为　助力民营经济健康发展——在浙江省工会工作座谈会上的讲话》，《工人日报》2018年12月13日。

践行"两个维护"中坚守根本原则,在坚持"两个负责"中展现使命担当,在做实"两个巩固"中强化政治引领,在强化"两个信赖"中履行基本职责,在推进"两项改革"中焕发生机活力。① 有工会干部提出,应从"学、新、忠、实、情、严"六方面着手,将习近平总书记重要讲话精神不折不扣地落到实处,各级工会组织要原汁原味学习习近平总书记重要讲话精神;抓住创新这一工会改革工作的方法论;要忠诚党的事业,通过扎实有效的工作把坚持党的领导和我国社会主义制度落实到广大职工群众中去;要理论联系实际,注重学以致用,指导实践,扎扎实实推动工会工作;要用真情对待职工群众、知职工情、进职工门、解职工难、暖职工心,不断增强职工的获得感、幸福感、安全感,要在工会系统党的建设、深化工会干部队伍建设和工作作风建设等方面时时严、事事严和处处严。② 有工会干部认为,坚持以习近平总书记关于工人阶级和工会工作的重要论述为指导,以高度的政治责任感和历史使命感,大力实施"凝心聚力、建功立业、暖心关爱、固本强基、强身健体"五大工程,着力打造更具"引导力、学习力、创造力、服务力、凝聚力"的"五力"工会,团结广大职工在改革开放再出发中干在实处、走在前列、勇立潮头、勇当谱写新时代工运事业新篇章的排头兵。③ 有工会干部强调,贯彻落实习近平总书记重要讲话精神,履行维护职工合法权益、竭诚服务职工群众的基本职责,就要通过大力推进"会、站、家"一体化建设、拓宽工会帮扶中心功能、充分发挥工会资产服务职工的效能、推动形成社会化工作格局,以此构建组织健全、职能清晰、资源共享、运转高效的服务职工体系;就要以工会会员实名制为基础,建设联系职工新平台,以工会会员服务卡为载体、打通服务职工新途径,以完善和发展网上入会为突破,拓展组织职工新形式,探索推进"互联网+"工会普惠性服务新模式;

---

① 尔肯江·吐拉洪:《为谱写新时代党的工运事业新篇章作贡献》,《工人日报》2018年12月4日。
② 魏俊:《做好"六字",推动工会工作迈上新台阶》,《工人日报》2018年12月25日。
③ 史济锡:《勇当谱写新时代工运事业新篇章的排头兵》,《工人日报》2018年11月13日。

就要通过打赢困难职工解困脱困攻坚战、提升服务农民工质量、推动工会服务从"特惠"向"普惠"转变，努力实现工会服务职工工作常态化。[①] 有工会干部指出，认真学习贯彻习近平总书记重要讲话精神，在推动工会工作创新发展上体现新担当、新作为，就要深刻把握坚持党对工会工作领导的根本原则，在保持和增强政治性上体现新担当、新作为；就要深刻把握我国工人运动时代主题，在团结动员广大职工建功立业上体现新担当、新作为；就要深刻把握职工思想政治引领的重要任务，在引导职工听党话、跟党走上体现新担当、新作为；在深刻把握工会维权服务基本职责，在构建和谐劳动关系上体现新担当、新作为；在深刻把握深化工会改革创新的方向目标，在增强工会动力活力上体现新担当、新作为。[②] 有工会干部指出，切实维护职工合法权益、竭诚服务职工群众、积极构建和谐劳动关系是习近平总书记关于加大工会维权服务力度重要指示的核心要义；夯实维权服务基础、扩大维权服务范围、创新维权服务方式、拓展维权服务领域是习近平总书记关于加大工会维权服务力度重要指示的实践要求。[③]

就学习研讨习近平总书记关于产业工人队伍建设改革与工会改革创新的重要论述，以重要论述指导并解决新时代产业工人队伍建设改革与工会改革创新的目标与途径等一系列重大理论与实践问题，有工会干部指出，深入学习领会习近平总书记关于产业工人队伍建设改革的重要指示精神，有助于突出产业工人的地位和作用，进一步明确产业工人队伍建设改革的目标任务，不断强化对产业工人的思想政治引领，充分发挥劳动模范和工匠人才的示范带头作用，努力提升产业工人的技术技能素质，着力加大对产业工人合法权益维护；在此基础上，深入贯彻落实习近平总书记关于产业工人队伍建设改

[①] 李蕾：《推动工会服务职工工作取得新进展》，《工人日报》2018年11月13日。
[②] 高卫东：《在推动工会工作创新发展上体现新担当、新作为》，《中国工人》2018年第12期。
[③] 马惠珺：《学习贯彻习近平总书记关于加大维权力度的重要指示 履行新时代工会组织的基本职责》，《北京市工会干部学院学报》2018年第4期。

革的重要指示精神，应在产业工人队伍建设改革的工作中加强对产业工人的思想政治引领，提升产业工人技能水平，创新产业工人发展制度，做好对产业工人的维权服务工作，完善协调推进改革的工作格局。[1] 有工会干部认为，深入贯彻落实习近平总书记给中国劳动关系学院劳模本科班学院的回信精神，推进新时代产业工人队伍建设改革应加强产业工人思想政治引领，加大关心关爱劳模力度，聚焦提升产业工人素质，强化改革配套保障。[2] 有工会干部强调，各级工会要学思践悟习近平新时代中国特色社会主义思想，不忘初心为职工，当好新时代的"答卷人"，就要旗帜鲜明讲政治，在把握正确方向中交出新答卷；就要砥砺奋进新时代，在聚焦主责主业中交出新答卷；就要高扬创新主旋律，在持续深化改革中交出新答卷；就要贯彻党建总要求，在从严治党管会中交出新答卷。[3] 有工会干部提出，学习贯彻习近平总书记关于工人阶级和工会工作重要论述特别是工会改革创新的重要指示精神，应坚持中国共产党领导和社会主义制度这一改革的正确方向，把握住保持和增强工会工作与工会组织"三性"与构建联系广泛、服务职工的工会工作体系这一工会改革目标，抓住强化工会组织功能这一工会改革的重点，找准增强基层工会活力这一工会改革的关键路径，强化党的领导这一工会改革保障的关键措施。[4] 有工会干部指出，深化工会改革需要以习近平新时代中国特色社会主义思想为指导，深入理解和把握习近平总书记关于工人阶级和工会工作的重要论述，推动工会改革持续深化。具体而言，必须以坚持党的领导为根本原则，坚持在党的领导下推进改革，通过改革加强和改进党对工会工作的领导，通过改革加强工会系统党的建设；必须以惠及职工群众为鲜明导向，以职工诉求为出发点和落脚点，依靠职工参与，以职工满意为衡量

---

[1] 王东明：《推动产业工人队伍建设改革向纵深发展》，《求是》2019年第22期。
[2] 吕国泉、李睿祎：《以学习贯彻习近平总书记回信精神为契机 推进产业工人队伍建设改革取得新进展》，《工人日报》2018年5月15日。
[3] 尔肯江·吐拉洪：《当好新时代工会工作"答卷人"》，《工人日报》2018年3月27日。
[4] 李睿祎：《以正确方向引领工会改革创新》，《当代电力文化》2018年第5期。

标准；必须以去除"四化"现象为关键，切实把职工群众放在最高位置，畅通沟通联系职工群众渠道，增强工会组织的代表性、广泛性，改进工会工作模式和活动方式；必须以增强基层活力为着力点，进一步健全组织体系，扩大有效覆盖，建强职工之家，配强工会主席，加强分类规范；必须以完善运行机制为抓手，提升法治化水平，体现群众化特点，善用网络化手段，实现社会化运作；必须加强上下协同，坚持系统集成、相互协调、上下联动、整体推进。[①]

（三）习近平总书记关于工人阶级和工会工作重要论述的权威媒体报道

党的十八大以来，国内权威媒体围绕习近平总书记关于工人阶级和工会工作重要论述，从收集整理习近平总书记关于工人阶级和工会工作重要论述的论述摘编、习近平总书记关心工人阶级和工会工作纪实、全国各级工会深入学习习近平总书记关于工人阶级和工会工作重要论述等多个层面展开全方位宣传报道，这些权威媒体对习近平总书记关于工人阶级和工会工作重要论述的宣传报道工作，对学界阐释和解读习近平总书记关于工人阶级和工会工作重要论述的理论研究，以及各级工会深入学习贯彻落实习近平总书记关于工人阶级和工会工作重要论述，提供了丰富的素材和明确的导向。

针对习近平总书记关于工人阶级和工会工作重要论述的论述摘编，人民网的"习近平系列重要讲话数据库"中分别收录了《人民日报》[②]和新华社（新华网）[③]对习近平总书记在2018年10月29日同中华全国总工会新一届领导班子成员集体谈话并发表重要讲话的新闻报道，并以论述摘编的形式，

---

① 王政、刘光庆、匙涛、李兴龙、李义：《关于深化工会改革的几点思考》，《山东工会论坛》2019年第2期。
② 《团结动员亿万职工积极建功新时代 开创我国工运事业和工会工作新局面》，《人民日报》2018年10月30日。
③ 《习近平：开创我国工运事业和工会工作新局面》，新华网2018年10月29日，http://www.xinhuanet.com/2018-10/29/c_1123631014.htm。

收集整理了2013年4月至2019年10月,习近平总书记围绕工会工作的部分重要论述。[①] 新华社《学习进行时》栏目从2018年10月29日习近平总书记同中华全国总工会新一届领导班子成员集体谈话并发表重要讲话的内容中,提炼出习近平总书记针对工人阶级的核心论述。[②] 求是网以2018年10月29日习近平总书记同中华全国总工会新一届领导班子成员集体谈话并发表讲话的新闻报道为基点,从"工会有多重要""怎样落实好工会工作""干部如何开展工会工作"三个层面系统梳理了2013年10月至2018年10月,习近平总书记围绕工会工作的部分重要论述。[③]

就习近平总书记关心工人阶级和工会工作的纪实报道,新华网《学习进行时》栏目从"大力弘扬劳动精神,做新时代奋斗者""深切关怀职工生产生活,切实维护职工合法权益""推进产业工人队伍建设改革,打造高素质劳动者大军""聚焦增强政治性、先进性、群众性,深入推进工会改革创新""全心全意依靠工人阶级,发挥工人阶级主力军作用"五个方面归纳整理了党的十八大以来,习近平总书记关心工人阶级和工会工作的重要论述与重要指示。[④] 人民网围绕习近平总书记"社会主义是干出来的,新时代也是干出来的"重要论述,归纳总结了2013年4月至2018年4月习近平总书记关心工人阶级和广大劳动者的"暖心"话语。[⑤] 2018年4月30日,新华网《学习进行时》栏目报道了习近平总书记给中国劳动关系学院劳模本科班学

---

① 《习近平谈工会工作:从群众中来、到群众中去的工作方法不能变》,人民网2018年10月30日,http://cpc.people.com.cn/xuexi/n1/2018/1030/c385476-30370006.html。
② 《习近平这十句话,给咱工人阶级暖心提气!》,新华网2018年10月30日,http://www.xinhuanet.com/politics/xxjxs/2018-10/30/c_1123634472.htm。
③ 《习近平这样指导工会工作》,求是网2018年10月31日,http://www.qstheory.cn/zhuanqu/rdjj/2018-10/31/c_1123642483.htm。
④ 《在新时代党的真挚关怀下不断奋进——习近平总书记关心工人阶级和工会工作纪实》,新华网2018年10月21日,http://www.xinhuanet.com/politics/2018-10/21/c_1123589652.htm。
⑤ 《习近平总书记送给劳动者的"暖心"话语》,人民网2018年5月1日,http://cpc.people.com.cn/xuexi/n1/2018/0501/c385474-29958697.html。

院的回信。①习近平总书记的回信寄托了党和国家对工人阶级和广大劳动者的褒奖和关怀，引发了社会各界对习近平总书记回信重要精神的广泛学习与研讨。

围绕全国各级工会深入学习习近平总书记关于工人阶级和工会工作的重要论述，《工人日报》《中国工运》《中国工人》等国内工会系统的权威报刊进行了集中报道。其中，《工人日报》围绕"充分发挥工人阶级主力军作用"②"引导职工听党话、跟党走"③，以及"工会改革创新"等主题④，以评论员文章的形式就学习贯彻习近平总书记同中华全国总工会新一届领导班子成员集体谈话时的重要讲话精神进行专题报道。2019年3月22日，中华全国总工会在北京召开全国工会学习贯彻习近平总书记关于工人阶级和工会工作的重要论述理论研讨会。各省（区、市）总工会，各全国产业工会，中央和国家机关工会联合会，全总各部门和各直属单位，新疆生产建设兵团总工会的主要负责同志参加会议并提交70份研讨材料。天津、辽宁、上海、湖北、四川、陕西等省（市）总工会及中国机械冶金建材工会、中华全国总工会权益保障部、中国劳动关系学院等9个单位的主要负责同志作了交流发言，该理论研讨会得到央广网等国内权威媒体的报道。⑤2018年11月26日至28日，中华全国总工会机关及直属单位"贯彻落实中国工会十七大精神"专题研讨班在北京举行，该研讨班旨在认真贯彻落实中国工会十七大精神，把深入学习贯彻习近平总书记在同中华全国总工会新一届领导班子成员集体谈话时的重要讲话精神作为本次研讨班学习的重中之重，进一步把思想统一

---

① 《习近平给中国劳动关系学院劳模本科班学员的回信》，新华网2018年4月30日，http://www.xinhuanet.com/politics/leaders/2018-04/30/c_1122766137.htm。
② 《团结动员亿万职工积极建功新时代》，《工人日报》2018年11月5日。
③ 《切实承担起引导职工群众听党话、跟党走的政治责任》，《工人日报》2018年11月6日。
④ 《以更大力度、更实举措推进工会改革创新》，《工人日报》2018年11月8日。
⑤ 《深入学习研究阐释习近平总书记重要论述 不断增强工会组织的政治性先进性群众性》，央广网2019年3月23日，http://news.cnr.cn/native/gd/20190323/t20190323_524553154.shtml。

到党中央关于工人阶级和工会工作的决策部署上来,把力量凝聚到实现工会十七大确定的目标任务上来,奋力开创新时代工运事业和工会工作新局面,本次研讨班得到《工人日报》的专版报道。[①]2018年5月1日,中华全国总工会党组召开专题会议,传达学习习近平总书记给中国劳动关系学院劳模本科班学员回信重要精神,会议强调习近平总书记的回信内涵深刻、意义重大,是对劳动模范、广大职工和工会干部的巨大鼓舞和鞭策,各级工会要以高度的历史使命感、政治责任感和工作紧迫感,在广大劳动模范和职工中迅速掀起学习宣传贯彻的热潮,使劳动最光荣、劳动最崇高、劳动最伟大、劳动最美丽的观念深入人心,本次专题会议得到人民网等多家国内权威媒体的报道。[②]

四、对习近平总书记关于工人阶级和工会工作重要论述的研究评析

(一)习近平总书记关于工人阶级和工会工作重要论述研究存在的不足

从研究成果的整体情况来看,2018年至2019年学界和社会各界对习近平总书记关于工人阶级和工会工作重要论述的研究取得了积极进展,研究成果具有较强的学理性、时效性和影响力,代表了该领域的理论研究水平。但是仍然存在一些不足,主要表现在以下几个方面:一是研究成果数量偏少,发表在CSSCI来源期刊上的高水平的理论研究成果匮乏;二是受限于选题研究的时效性,2019年学界和社会各界对选题的关注度明显低于2018年度,选题研究存在逐年降温的可能性;三是部分研究成果存在政

[①] 郑莉:《深入学习贯彻习近平总书记重要讲话精神 奋力开创新时代工运事业和工会工作新局面》,《工人日报》2018年11月30日。

[②] 《中华全国总工会党组召开专题会议传达学习习近平总书记给中国劳动关系学院劳模本科班学员回信重要精神》,人民网2018年5月3日,http://dangjian.people.com.cn/n1/2018/0503/c415590-29962746.html。

宣性高于学理性的问题，针对一些问题存在多篇研究成果重复论述的"炒冷饭"以及跟风应景的现象；四是对习近平总书记关于工人阶级和工会工作的宣传报道过度集中于特定时间点，没有形成常态化的宣传效果，宣传方式上亟待创新。

（二）对习近平总书记关于工人阶级和工会工作重要论述的研究展望

回顾2018年至2019年学界和社会各界对习近平总书记关于工人阶级和工会工作重要论述研究的主要进展和主要论题，鉴于对习近平总书记关于工人阶级和工会工作研究的主要特点和存在的不足，今后对选题研究应侧重于从以下几个方面尝试突破和创新：一是从逻辑和内容上厘清习近平总书记关于工人阶级和工会工作重要论述的发展脉络，重点考察习近平总书记关于工人阶级和工会工作重要论述在党的十九大前后两个时期的发展变化，通过比较研究更为直观地把握新时代我国工运和工会工作新局面"新"在何处；二是在近期不出现工会理论研究重大时政热点事件的条件下，应紧密结合新冠肺炎疫情等当前影响中国经济社会发展的现实场景，就如何在疫情防控期间深入学习贯彻落实习近平总书记关于工人阶级和工会工作重要论述展开系统研究；三是对习近平总书记关于工人阶级和工会工作重要论述的舆论报道，应在坚持政治性和专业性的基础上，从宣传方式、题材设计等层面有所突破和创新，以图文并茂、引入动画视频、转换话语风格等方式提升媒体报道的亲和力和感染力。

第二章

中国劳动关系领域政策法律法规梳理

长期以来，党和国家始终高度重视和谐劳动关系的构建，先后制定了一系列的法律法规与政策措施，并对相关工作作出了部署。在各级党委和政府认真贯彻落实下，取得了积极的成效。2019年至2020年，尤其在新冠肺炎疫情的特殊时期，我国劳动领域的法律法规与政策措施不断完善，有效地解决了新业态以来日益凸显的劳动关系矛盾，为妥善处理劳动争议案件奠定了制度基础，在切实维护广大群众的合法权益方面，发挥了至关重要的作用。

一、招工与就业

2019年至2020年，国家鼓励和支持多种方式就业，并在多个方面对创业与就业给予优惠政策。

第一，对重点人群和退役士兵给予税收和贷款优惠。明确规定从事个体经营的重点群体和退役士兵，3年每户每年限额1.2万元扣减税费（依次扣减其当年实际应缴纳的增值税、城市维护建设税、教育费附加、地方教育附加和个人所得税）最高上浮20%。加大创业担保贷款贴息力度支持重点群体创业就业，扩大覆盖范围，额度从15万元提高至20万元，降低利率水平，合理分担利息，简化审批程序，免除反担保要求，提升担保基金效能。对招用重点群体和退役士兵的企业，签订1年劳动合同以上并缴纳社保，3年内按照招用人数扣减其当年实际应缴纳税费（增值税、城市维护建设税、教育费附加、地方教育附加和企业所得税）定额每人每年6000元，招用重点群体最高上浮30%，招用退役士兵最高上浮50%，不满一年的按月计算。并且要精简证明材料和优化申办程序充分便利就业补贴政策享受，实行"一次审批、全期畅领"。

第二，拓宽大学生和农民工就业创业渠道。拓宽大学生就业创业渠道。支持和鼓励高校毕业生就业创业，以创业带动就业。在事业单位公开招聘中加大对高校毕业生的招聘力度，其中2020年至2021年事业单位空缺岗位主要用于专项招聘高校毕业生。高等学校要做好开发助理岗位吸纳毕业生就业。鼓励拓展见习单位，满足多元见习需求。小微企业吸纳毕业2年内未就业的高校毕业生给予社保补贴。对2020届未就业高校毕业生和往届未就业高校毕业生开展2020年9月15日至12月31日"扬帆筑梦，就创未来"的行动，对贫困家庭高校毕业生就业进行帮扶。同时，还鼓励高校毕业生到城乡社区服务，积极参加基层工作，尤其是到艰苦边远基层服务和参加"三支一扶"基层服务。高校要严格执行"四不准"规定，不准将毕业证书、学位证书发放与毕业生签约挂钩；不准以户档托管为由劝说毕业生签订虚假就业协议等。拓宽农民工就业创业渠道。稳定现有就业岗位，创造更多就业机会，支持多渠道灵活就业。促进就地就近就业。发展乡村产业，推动项目建设，支持返乡入乡创业带动就业。强化平等就业服务和权益保障。加强就业服务，强化教育培训，维护劳动权益，做好生活保障。优先保障贫困劳动力稳岗就业。稳定贫困劳动力外出务工规模，拓宽贫困劳动力就地就近就业渠道，聚焦聚力重点地区攻坚。

第三，促进多种灵活就业创业。鼓励事业单位科研人员创新创业。支持鼓励科研人员离岗创办企业，兼职创新、在职创办企业，事业单位选派科研人员到企业工作或者参与项目合作，事业单位设置创新型岗位。做好2020年中小学幼儿园教师公开招聘，部分职业资格"先上岗，再考证"，支持灵活就业，加强对湖北地区和湖北劳动者就业支持力度。支持返乡人员创业。争取到2025年，具有较强影响力、一二三产业融合发展的返乡入乡创业人员达到1500万人，带动就业人数达到6000万人。支持新业态模式健康发展，激活消费市场带动扩大就业。

表 1　2019 年至 2020 年国家在招工与就业方面的政策与制度

序号	颁发部门	名称	发布与实施
1	国务院办公厅	关于成立国务院就业工作领导小组的通知（国办函〔2019〕38 号）	2019 年 5 月 14 日发布／2019 年 5 月 14 日实施
2	国务院办公厅	关于印发职业技能提升行动方案（2019—2021 年）的通知（国办发〔2019〕24 号）	2019 年 5 月 18 日发布／2019 年 5 月 18 日实施
3	国务院	关于进一步做好稳就业工作的意见（国发〔2019〕28 号）	2019 年 12 月 13 日发布／2019 年 12 月 13 日实施
4	财政部、税务总局、人力资源和社会保障部、国务院扶贫办	关于进一步支持和促进重点群体创业就业有关税收政策的通知（财税〔2019〕22 号）	2019 年 2 月 2 日发布／2019 年 1 月 1 日实施
5	财政部、税务总局、退役军人事务部	关于进一步扶持自主就业退役士兵创业就业有关税收政策的通知（财税〔2019〕21 号）	2019 年 2 月 2 日发布／2019 年 1 月 1 日实施
6	人力资源和社会保障部、教育部等九部门	关于进一步规范招聘行为促进妇女就业的通知	2019 年 2 月 18 日发布／2019 年 2 月 18 日实施
7	国家税务总局、人力资源和社会保障部、国务院扶贫办、教育部	关于实施支持和促进重点群体创业就业有关税收政策具体操作问题的公告（国家税务总局公告 2019 年第 10 号）	2019 年 2 月 26 日发布／2019 年 1 月 1 日实施
8	人力资源和社会保障部、财政部、国家发展改革委、工业和信息化部	关于失业保险支持企业稳定就业岗位的通知（人社部发〔2019〕23 号）	2019 年 3 月 11 日发布／2019 年 3 月 11 日实施
9	人力资源和社会保障部、国家发展改革委、财政部、国务院扶贫办	关于做好易地扶贫搬迁就业帮扶工作的通知（人社部发〔2019〕47 号）	2019 年 5 月 23 日发布／2019 年 5 月 23 日实施
10	人力资源和社会保障部、教育部、公安部等	关于做好当前形势下高校毕业生就业创业工作的通知（人社部发〔2019〕72 号）	2019 年 7 月 3 日发布／2019 年 7 月 3 日实施
11	人力资源和社会保障部、财政部	关于进一步精简证明材料和优化申办程序充分便利就业补贴政策享受的通知（人社部发〔2019〕94 号）	2019 年 9 月 6 日发布／2019 年 9 月 6 日实施

续表

序号	颁发部门	名称	发布与实施
12	人力资源和社会保障部办公厅、财政部办公厅	关于印发《就业补助资金使用监管暂行办法》的通知（人社厅发〔2019〕98号）	2019年9月30日发布／2019年9月30日实施
13	退役军人部、民政部、财政部等	关于加强困难退役军人帮扶援助工作的意见（退役军人部发〔2019〕62号）	2019年10月9日发布／2019年10月9日实施
14	人力资源和社会保障部、财政部	关于做好公益性岗位开发管理有关工作的通知（人社部发〔2019〕124号）	2019年12月2日发布／2020年1月1日实施
15	人力资源和社会保障部、财政部、农业农村部	关于进一步推动返乡入乡创业工作的意见（人社部发〔2019〕129号）	2019年12月10日发布／2019年12月10日实施
16	人力资源和社会保障部	关于进一步支持和鼓励事业单位科研人员创新创业的指导意见（人社部发〔2019〕137号）	2019年12月27日发布／2019年12月27日实施
17	教育部办公厅等五部门	关于进一步做好非全日制研究生就业工作的通知（教研厅函〔2019〕1号）	2019年12月30日发布／2019年12月30日实施
18	人力资源和社会保障部、全国总工会、中国企业联合会	做好新型冠状病毒感染肺炎疫情防控期间稳定劳动关系支持企业复工复产的意见人社部发〔2020〕8号	2020年2月7日发布／2020年2月7日实施
19	国务院办公厅	关于应对新冠肺炎疫情影响强化稳就业举措的实施意见（国办发〔2020〕6号）	2020年3月18日发布／2020年3月18日实施
20	国务院办公厅	关于提升大众创业万众创新示范基地带动作用 进一步促改革稳就业强动能的实施意见（国办发〔2020〕26号）	2020年7月23日发布／2020年7月23日实施
21	国务院办公厅	关于支持多渠道灵活就业的意见（国办发〔2020〕27号）	2020年7月28日发布／2020年7月28日实施
22	人力资源和社会保障部	网络招聘服务管理规定（中华人民共和国人力资源和社会保障部令第44号）	2020年12月18日发布／2021年3月1日实施

续表

序号	颁发部门	名称	发布与实施
23	国家发展改革委、教育部、科技部等	关于推动返乡入乡创业高质量发展的意见（发改就业〔2020〕104号）	2020年1月19日发布/2020年1月19日实施
24	人力资源和社会保障部、教育部、财政部等	关于做好疫情防控期间有关就业工作的通知（人社部明电〔2020〕2号）	2020年2月5日发布/2020年2月5日实施
25	人力资源和社会保障部	办公厅关于切实做好新型冠状病毒感染的肺炎疫情防控期间高校毕业生"三支一扶"计划有关工作的通知（人社厅明电〔2020〕9号）	2020年2月5日发布/2020年2月5日实施
26	农业农村部办公厅	关于应对新冠肺炎疫情影响扩大农村劳动力就业促进农民增收的通知（农办规〔2020〕9号）	2020年3月2日发布/2020年3月2日实施
27	财政部、人力资源和社会保障部、中国人民银行	关于进一步加大创业担保贷款贴息力度全力支持重点群体创业就业的通知（财金〔2020〕21号）	2020年4月15日发布/2020年4月15日实施
28	人力资源和社会保障部、教育部、司法部等	关于应对新冠肺炎疫情影响实施部分职业资格"先上岗、再考证"阶段性措施的通知（人社部发〔2020〕24号）	2020年4月21日发布/2020年4月21日实施
29	人力资源和社会保障部办公厅、财政部办公厅	关于发布就业补贴类政策清单及首批地方线上申领平台的通知（人社厅发〔2020〕44号）	2020年4月23日发布/2020年4月23日实施
30	人力资源和社会保障部办公厅、财政部办公厅、民政部办公厅	关于加大湖北地区和湖北籍劳动者就业支持力度的通知（人社厅发〔2020〕46号）	2020年4月26日发布/2020年4月26日实施
31	人力资源和社会保障部、财政部	关于实施企业稳岗扩岗专项支持计划的通知（人社部发〔2020〕30号）	2020年5月9日发布/2020年5月9日实施
32	人力资源和社会保障部、教育部、中央编办、财政部	关于做好2020年中小学幼儿园教师公开招聘有关工作的通知（人社部发〔2020〕28号）	2020年5月9日发布/2020年5月9日实施
33	人力资源和社会保障部办公厅	关于大力开展以工代训工作的通知（人社厅明电〔2020〕29号）	2020年5月20日发布/2020年5月20日实施
34	人力资源和社会保障部、财政部、自然资源部等	关于进一步用好公益性岗位发挥就业保障作用的通知（人社部发〔2020〕38号）	2020年5月29日发布/2020年5月29日实施

续表

序号	颁发部门	名称	发布与实施
35	人力资源和社会保障部办公厅	关于印发线下招聘活动疫情防控工作指南的通知（人社厅发〔2020〕60号）	2020年5月29日发布/2020年5月29日实施
36	教育部办公厅	关于高等学校进一步做好开发科研助理岗位吸纳毕业生就业工作的通知（教科技厅函〔2020〕23号）	2020年6月4日发布/2020年6月4日实施
37	人力资源和社会保障部、财政部、国务院扶贫办	关于进一步做好就业扶贫工作的通知（人社部发〔2020〕48号）	2020年6月17日发布/2020年6月17日实施
38	中共中央组织部、人力资源和社会保障部、民政部等	关于引导和鼓励高校毕业生到城乡社区就业创业的通知（人社部发〔2020〕53号）	2020年6月22日发布/2020年6月22日实施
39	人力资源和社会保障部、教育部、财政部等	关于进一步加强就业见习工作的通知（人社部函〔2020〕66号）	2020年7月8日发布/2020年7月8日实施
40	国家发展改革委、中央网信办、工业和信息化部等	关于支持新业态新模式健康发展激活消费市场带动扩大就业的意见（发改高技〔2020〕1157号）	2020年7月14日发布/2020年7月14日实施
41	人力资源和社会保障部、教育部、国务院扶贫办	关于进一步加强贫困家庭高校毕业生就业帮扶工作的通知（人社部函〔2020〕75号）	2020年7月15日发布/2020年7月15日实施
42	人力资源和社会保障部	关于开展人力资源服务行业促就业行动的通知（人社部发〔2020〕58号）	2020年7月17日发布/2020年7月17日实施
43	人力资源和社会保障部办公厅	关于做好共享用工指导和服务的通知（人社厅发〔2020〕98号）	2020年9月30日发布/2020年9月30日实施
44	中共中央组织部办公厅、人力资源和社会保障部办公厅	关于应对新冠肺炎疫情影响做好事业单位公开招聘高校毕业生工作的通知（人社厅发〔2020〕27号）	2020年3月11日发布/2020年3月11日实施
45	中共中央组织部、人力资源和社会保障部、教育部等	关于实施高校毕业生就业创业推进行动的通知	2020年8月31日发布/2020年8月31日实施

二、职工管理

2019年9月，习近平总书记指出要健全技能人才培养、使用、评价、激励制度。为适应企业产业升级和技术进步的要求，进一步健全企业职工管理制度，2019年至2020年，国家针对企业职工的职业技能考核和提升，加强了制度建设。

第一，职业技能的提升和等级认定以及鉴定机构备案管理。职业技能提升。2019年至2021年开展补贴性职业技能培训5000万人次以上，达到《职业技能提升行动方案（2019—2021年）》"2021年底技能劳动者占就业人员总量的比例达到25%以上，高技能人才占技能劳动者的比例达到30%以上"的目标。其中，对重点群体开展有针对性的职业技能培训，对有创业愿望的开展创业培训，并提供创业培训项目开发、创业担保贷款、后续扶持等服务。鼓励企业兴办职业技能培训、推动职业院校扩大培训规模（启动"学历证书+若干职业技能等级证书"制度试点）、支持社会培训和评价等方式增加培训供给。完善职业培训补贴政策，对不同群体给予职业培训补贴、生活费补贴、职业培训补贴等。职业技能等级。"一般分为初级工（五级）、中级工（四级）、高级工（三级）、技师（二级）和高级技师（一级）五个级别。用人单位可根据需要，在相应的职业技能等级内划分层次，或设立特级技师、首席技师等；社会培训评价组织一般按五个技能等级开展评价。"职业技能考核鉴定机构备案管理。做好机构备案。备案设立，省人社部制定职业技能考核鉴定机构备案办法，拟成立的职技考核鉴定机构，经省人社部备案后报国家人社部。加强信息公开。建立本地区职业技能考核鉴定机构数据库，提供查询服务。强化属地管理。建立退出机制，有效监管，抽查检查。创新监管方式。"双随机、一公开""互联网+监管"，畅通投诉举报渠道，建立举报响应处理机制。

**第二，对党政领导干部考核和政府网站与政务新媒体检查指标、监管工

作年度考核。党政领导干部考核：在考核内容上，领导班子考核内容包括政治思想建设、领导能力、工作实绩、党风廉政建设、作风建设。领导干部考核内容包括德、能、勤、绩、廉。完善考核方式，明确干部考核主要包括平时考核、年度考核、专项考核、任期考核4种方式。规定了领导班子和领导干部年度考核结果不得被确定为优秀等级以及领导班子考核结果应当确定为较差等次、领导干部年度考核结果应当确定为不称职等次的情况。依据考核结果，有针对性加强领导班子建设和激励约束领导干部。落实考核工作责任。党委（党组）承担考核工作主体责任，党委（党组）书记是第一责任人，组织（人事）部门承担具体工作责任。中共中央办公厅印发《党政领导干部考核工作条例》，政府网站与政务新媒体检查指标、监管工作年度考核指标：检查指标和考核指标分为三部分，即单向否定指标、扣分指标（100分）、加分指标（30分）。

表2 2019年至2020年国家在职业技能考核和提升方面的政策与制度

序号	颁发部门	名称	发布与实施
1	国务院办公厅秘书局	关于印发政府网站与政务新媒体检查指标、监管工作年度考核指标的通知	2019年4月1日发布/2019年4月1日实施
2	国务院办公厅	关于印发健康中国行动组织实施和考核方案的通知（国办发〔2019〕32号）	2019年6月24日发布/2019年6月24日实施
3	人力资源和社会保障部	关于实行职业技能考核鉴定机构备案管理的通知（人社部发〔2019〕30号）	2019年4月1日发布/2019年4月1日实施
4	体育总局职鉴指导中心	关于印发《游泳救生员国家职业技能鉴定考核实施细则（2019版）》的通知（体职鉴字〔2019〕20号）	2019年5月21日发布/2019年7月1日实施
5	国家能源局	关于印发《电力建设工程质量监督专业人员培训考核暂行办法》的通知（国能发安全〔2019〕61号）	2019年7月5日发布/2019年7月5日实施
6	中共中央办公厅	印发《党政领导干部考核工作条例》	2019年4月7日发布/2019年4月7日实施

续表

序号	颁发部门	名称	发布与实施
7	住房和城乡建设部、人力资源和社会保障部	关于印发建筑工人实名制管理办法（试行）的通知（建市〔2019〕18号）	2019年2月17日发布/2019年3月1日实施
8	人力资源和社会保障部职业能力建设司、人力资源和社会保障部	职业技能鉴定中心关于印发《职业技能等级认定工作规程（试行）》的通知（人社职司便函〔2020〕17号）	2020年4月10日发布/2020年4月10日实施

三、劳动保护

劳动保护的目的是为劳动者创造安全、卫生、舒适的劳动工作条件，消除和预防劳动生产过程中可能发生的伤亡、职业病和急性职业中毒，保障劳动者健康地参加社会生产，促进劳动生产率的提高，保证社会主义现代化建设顺利进行。2019年至2020年制定了一系列的劳动保护，切实地保护了劳动者的身心健康。

第一，扎实做好安全生产各项工作。加强安全生产管理和专项重点整治。健全完善工业行业安全生产管理责任体系、加强对工业行业安全生产工作的指导、持续推动城镇人口密集区危险化学品生产企业搬迁改造工作、推动安全（应急）产业加快发展、持续推动民爆行业安全发展、做好民用飞机和民用船舶制造业安全监管工作。强化职工、学生的安全意识；加强应急值守和应急处置，严格落实领导带班和值班值守制度，加强安全形势研判，确保应急通信畅通，一旦发生险情，及时报告、处置。积极开展安全生产集中整治行动，聚焦风险高隐患多、事故易发多发的煤矿、非煤矿山、危险化学品、消防、道路运输、民航铁路等交通运输、工业园区、城市建设、危险废物等行业领域，持续推进安全生产专项整治三年行动。健全生产安全应急制度。规范生产安全事故应急工作，对应急准备、应急救援、法律责任等应急工作流程进行科学规定。加强应急预案的编制，应急预案的评审、公布和备案，应急预案的实施，监督管理，法律责任等生产安全事故应急预案的管理。积极推动先进安全应急装备科研成果工程化应用示范工程建设。推动高危行业领域安全技能提升。国家要求高危行业要有针对性地开展安全技能提升培训、提高安全技能培训供给质量、强化保障措施等方面进行了指导，重点在化工危险化学品、煤矿、非煤矿山、金属冶炼、烟花爆竹等高危行业企业实施安全技能提升行动计划，推动从业人员安全技能水平大幅度提升。规范安全评价机制《安全评价检测检验机构管理办法》主要从总则、资质认可、技术服务、监督检查、法律责任、附则六章进行了规定，明确了国务院、省级和地方各级应急管理部门对于安全评价检测检验的责任，完善了安全评价检测检验标准体系。打通安全生产的举报渠道《生产经营单位从业人员安全生产举报处理规定》要求强化和落实生产经营单位安全生产主体责任，鼓励和支持生产经营单位从业人员对本单位安全生产工作中存在的问题进行举报和监督，严格保护其合法权益。完善安全生产行政执法和统计调查制度。积极推动安全生产行政执法与刑事司法衔接工作，对日常执法中的案件移送与法律监督、事故调查中的案件移送与法律监督、证据的收集与使用、协作机制等进行了规范。对安全生产行政执法规范用语进行指引，从现场执法（召开启动会、现场执法检查、召开总结会）和行政处理（整改复查、行政处罚、行政强制）两个部分进行指引和规范。加强和规范生产安全事故统计调查和安全生产行政执法统计工作，科学决策和指导安全生产工作，及时、准确、全面掌握生产安全事故和安全生产行政执法情况。

第二，协调做好疫情防控期间各项工作。对口罩、防护服等防疫用品领域认证活动要求明确各认证机构要全面落实主体责任，扎实开展认证过程的追溯，严格落实规则程序要求，加强对获证企业的跟踪检查，切实提升认证实施有效性。完善九省联保联供协作机制，旨在保障疫情防控期间重点地区生活必需品市场供应。切实做好新型冠状病毒感染肺炎疫情防控期间技能人才评价有关工作，要求暂停、暂缓开展集中考核评价或相关培训活动，加强线上服务。

第三，健全职业卫生管理制度。《工作场所职业卫生管理规定》主要从用人单位的职责、监督管理、法律责任等进行了规定，要求加强职业卫生管理工作，强化用人单位职业病防治的主体责任，预防、控制职业病危害，保障劳动者健康和相关权益。《用人单位职业卫生监督执法工作规范》要求规范用人单位职业卫生监督执法工作，对包含监督执法职责及要求、监督执法内容及方法、监督执法情况的处理等内容进行了规定。

第四，完善市场经济人才流动机制。充分发挥市场作用促进人才顺畅有序流动，要求健全人才流动市场机制、畅通人才流动渠道、规范人才流动秩序、完善人才流动服务体系，提出了深化人才资源供给侧结构性改革、畅通人才跨所有制流动渠道、建设全国统一的人才资源大数据平台等诸多创新性举措。

表3 2019年至2020年国家在劳动保护方面的政策与制度

序号	颁发部门	名称	发布与实施
1	国务院办公厅	生产安全事故应急条例（中华人民共和国国务院令第708号）	2019年2月17日发布/2019年4月1日实施
2	应急管理部	安全评价检测检验机构管理办法（中华人民共和国应急管理部令第1号）	2019年3月20日发布/2019年5月1日实施
3	人力资源和社会保障部、国家发展改革委等八部委	关于切实做好化解过剩产能中职工安置工作的通知（人社部发〔2019〕56号）	2019年6月25日发布/2019年6月25日实施
4	应急管理部	关于修改《生产安全事故应急预案管理办法》的决定（2019）（中华人民共和国应急管理部令第2号）	2019年7月11日发布/2019年9月1日实施
5	应急管理部	生产安全事故应急预案管理办法（2019修正）（中华人民共和国应急管理部令第2号）	2019年7月11日发布/2019年9月1日实施
6	人力资源和社会保障部	关于充分发挥市场作用促进人才顺畅有序流动的意见（人社部发〔2019〕7号）	2019年1月11日发布/2019年1月11日实施

续表

序号	颁发部门	名称	发布与实施
7	应急管理部、公安部、最高人民法院、最高人民检察院	关于印发《安全生产行政执法与刑事司法衔接工作办法》的通知（应急〔2019〕54号）	2019年4月16日发布/2019年4月16日实施
8	应急管理部	关于高危行业领域安全技能提升行动计划的实施意见（应急〔2019〕107号）	2019年8月12日发布/2019年8月12日实施
9	应急管理部办公厅	关于做好易地扶贫搬迁就业帮扶工作的通知（人社部发〔2019〕47号）	2019年10月28日发布/2019年10月28日实施
10	人力资源和社会保障部、教育部、公安部等	关于印发《安全生产行政执法规范用语指引》的通知（应急厅函〔2019〕538号）	2019年11月1日发布/2019年11月1日实施
11	自然资源部办公厅	关于开展安全生产集中整治有关问题的通知（自然资办函〔2019〕2179号）	2019年12月9日发布/2019年12月9日实施
12	中共中央办公厅、国务院办公厅	印发《关于促进劳动力和人才社会性流动体制机制改革的意见》	2019年12月25日发布/2019年12月25日实施
13	人力资源和社会保障部、最高人民法院、中华全国总工会等	关于实施"护薪"行动全力做好拖欠农民工工资争议处理工作的通知（人社部发〔2019〕80号）	2019年7月26日发布/2019年7月26日实施
14	国家卫生健康委员会	工作场所职业卫生管理规定（中华人民共和国国家卫生健康委员会令第5号）	2020年12月31日发布/2021年2月1日实施
15	工业和信息化部安全生产司	关于转发《国务院安委会办公室应急管理部关于做好当前安全防范工作的通知》的通知	2020年1月30日发布/2020年1月30日实施
16	人力资源和社会保障部办公厅	关于切实做好新型冠状病毒感染肺炎疫情防控期间技能人才评价有关工作的通知（人社厅函〔2020〕22号）	2020年2月6日发布/2020年2月6日实施
17	商务部办公厅	关于新冠肺炎疫情防控期间进一步完善九省联保联供协作机制的通知	2020年2月17日发布/2020年2月17日实施

续表

序号	颁发部门	名称	发布与实施
18	国务院安全生产委员会	关于印发《全国安全生产专项整治三年行动计划》的通知（安委〔2020〕3号）	2020年4月1日发布/2020年4月1日实施
19	认监委	关于对口罩、防护服等防疫用品领域认证活动有关要求的通知（国认监〔2020〕2号）	2020年4月13日发布/2020年4月13日实施
20	中华人民共和国海事局	关于明确国内航行海船和500总吨以下国际航行船舶履行《2006年海事劳工公约》相关工作事项的通知（海船员〔2020〕96号）	2020年5月7日发布/2020年11月18日实施
21	工业和信息化部	关于进一步加强工业行业安全生产管理的指导意见（工信部安全〔2020〕83号）	2020年6月9日发布/2020年6月9日实施
22	国家卫生健康委员会	关于印发用人单位职业卫生监督执法工作规范的通知（国卫监督发〔2020〕17号）	2020年8月31日发布/2020年8月31日实施
23	应急管理部	关于印发《生产经营单位从业人员安全生产举报处理规定》的通知（应急〔2020〕69号）	2020年9月16日发布/2020年9月16日实施
24	应急管理部	关于印发《生产安全事故统计调查制度》和《安全生产行政执法统计调查制度》的通知（2020修订）（应急〔2020〕93号）	2020年11月25日发布/2020年11月25日实施
25	工业和信息化部办公厅、国家发展和改革委员会办公厅、科学技术部办公厅	关于印发《安全应急装备应用试点示范工程管理办法（试行）》的通知（工信厅联安全〔2020〕59号）	2020年12月15日发布/2020年12月15日实施
26	自然资源部办公厅	关于做好2021年元旦春节期间安全生产相关工作的通知（自然资电发〔2020〕72号）	2020年12月25日发布/2020年12月25日实施

在处理劳动争议方面，国家同样颁布了针对性的政策与制度：劳动者与用人单位发生劳动争议的案件，由用人单位所在地或劳动合同履行地基层人民法院管辖。劳动人事争议调解仲裁法律援助。建立健全调解仲裁法律援助

协作机制。扩大调解仲裁法律援助范围。推动法律援助逐步覆盖低收入劳动者，重点做好农民工、工伤职工和孕期、产期、哺乳期（以下简称"三期"）女职工的调解仲裁法律援助工作。规范调解仲裁法律援助程序。在仲裁院设立法律援助工作站的，对来访咨询，工作站接待人员应当登记受援人基本信息和联系方式，全面了解案件事实和受援人法律诉求，对咨询事项符合法律援助条件的，应当告知其申请法律援助的条件和程序，指导其申请法律援助。健全便民服务机制。简化审查程序，开辟法律援助"绿色通道"。

部分地区开展劳动争议多元化解试点。推动劳动争议多元化化解。鼓励和引导争议双方当事人通过协商、调解、仲裁等非诉讼方式解决纠纷，加强工会参与劳动争议调解工作与仲裁调解、人民调解、司法调解的联动，逐步实现程序衔接、资源整合、信息共享，推动形成劳动争议多元化解新格局。加强调解组织建设。建立健全劳动争议调解中心（工作室），人民法院诉讼服务中心设立工作室，派驻调解员。加强调解员队伍建设，建立劳动争议调解员名册制度，完善名册管理制度。规范律师参与，探索建立劳动争议专职调解律师制度。落实特邀调解制度，探索人民法院特邀调解名册与劳动争议调解名册的衔接机制。完善诉调对接工作机制和调解协议履行机制，充分应用信息化平台。

表4 2019年至2020年国家在劳动争议方面的政策与制度

序号	颁发部门	名称	发布与实施
1	最高人民法院、中华全国总工会	关于在部分地区开展劳动争议多元化解试点工作的意见（法〔2020〕55号）	2020年2月20发布/2020年2月20实施
2	人力资源和社会保障部、司法部、财政部	关于进一步加强劳动人事争议调解仲裁法律援助工作的意见（人社部发〔2020〕52号）	2020年6月22发布/2020年6月22实施
3	最高人民法院	关于审理劳动争议案件适用法律问题的解释（一）（法释〔2020〕26号）	2020年12月29发布/2021年1月1实施

四、社会保障

社会保障政策的有效实施，是实现老有所养、病有所医、伤有所保、失业有救济、残疾有安置、贫困有支援的社会"安全网"。健康运行的社会主义市场经济体制需要一个健全和完善的社会保障制度体系作为支撑。2019年至2020年，我国在社会保障政策的制定方面取得了巨大的成就。

在工资社保方面，对社会保险进行了详细的规定。社保费征缴。企业办理登记注册同步办理社保登记，社保缴费单位要办理社保登记，以货币形式全额缴纳社保费，未按规定缴纳和代扣代缴社保费的责令限期未缴纳的要从欠缴之日起，按日收取2‰的滞纳金。降低社保费率。降低城镇职工养老保险单位缴纳比例，缴费比例高于16%的可降至16%，低于16%的要提出过渡办法。继续阶段性失业保险、工伤保险费率。调整社保缴费基数政策，个体工商户和灵活就业人员可以在本省全口径城镇单位就业人员平均工资的60%至300%之间选择适当的缴费基数。加快推进养老保险省级统筹，提高养老保险基金中央调剂比例，2019年基金中央调剂比例提高至3.5%。失业保险基金省级统筹。失业保险基金在直辖市实行全市统筹。省、自治区人民政府决定实行省级统筹的，人力资源和社会保障部门要在省（自治区）内统一失业保险参保范围和参保对象，统一失业保险费率政策，统一失业保险缴费基数核定办法，统一失业保险待遇标准确定办法，统一失业保险经办流程和信息系统。未实行失业保险基金省级统筹的，要提高到市级统筹。调整退休人员基本养老金。适用范围为2019年12月31日前已按规定办理退休手续并按月领取基本养老金的退休人员，采用定额调整、挂钩调整与适当倾斜相结合的办法，实现企业和机关事业单位退休人员调整办法基本统一。全国总体调整比例按照2019年退休人员月人均基本养老金的5%确定。各省以全国总体调整比例为高限确定本省调整比例和水平。安全生产责任保险参保企业应对新冠肺炎疫情。对受疫情影响较为严重的安全生产责任保险参保企业，鼓励保险公司加强与企业对接，并根据企业停复工及受损情况，适当延长保险期限、优惠或缓缴保险费。落实新冠肺炎疫情防控期间暂缓缴存农民工工资保证金政策。为了推动建筑行业复工复产，政策实施期内缴存的农民工工资保证金要尽快返还，农民工工资保证金实行差异化存储办法，减免信用良好企业的资金压力，推行金融机构保函，推行建筑工人实名制。加强生活困难下岗失业人员基本生活保障。加强最低生活保障工作，加大临时救助工作力度，引导和支持社会力量参与救助帮扶。此外，对新冠肺炎疫情期间事业单位人员有关工资待遇作出了明确规定，即新冠肺炎疫情防控期间，要向承担防控任务重、风险高的医疗卫生机构核增一次性绩效工资总量，不作为绩效工资总量基数。对新冠肺炎患者、疑似病人、密切接触者在其隔离治疗期间或医学观察期间以及因政府实施隔离措施或采取其他紧急措施导致不能提供正常劳动的事业单位工作人员，在此期间的工资、福利待遇由其所属单位按出勤对待。

在不同群体的权益保障方面。首先，对建筑工人权益保障。对建筑工人实行实名制管理。建筑工人实名制适用于房屋建筑和市政基础设施工程。明确规定了中央行政主管部门、地方行政主管部门、建筑单位、建筑企业的职责和建筑工人的义务。实名制的实施和管理上，明确了实名制管理的要求、实名制信息的内容、实名制信息的采集、考勤管理、建筑工人的工资发放。这也就意味着建筑企业必须与建筑工人签订劳动合同，承担起建筑企业作为用人单位的全部法律责任，更加有利于建筑工人的维权。其次，对于非全日制学历研究生权益保障。非全日制和全日制研究生考试招生执行相同的政策和标准，培养质量坚持同一要求，学历学位证书具有同等法律地位和相同效力。因此，非全日制研究生享有与全日制研究生平等的就业机会，用人单位发布的招聘信息不得含有教育形式限制性条件，为非全日制研究生就业工作提供了法律保障。国家还规定将留学归国人员、港澳台青年全面纳入公共就业人才服务体系，同等提供就业创业服务。再次，妇女平等就业权益保障。依法禁止招聘环节中的就业性别歧视。各类用人单位、人力资源服务机构在拟订招聘计划、发布招聘信息、招用人员过程中，不得限定性别（国家规定的女职工禁忌劳动范围等情况除外）或性别优先，不得以性别为由限制妇女求职就业、拒绝录用妇女，不得询问妇女婚育情况，不得将妊娠测试作为入职体检项目，不得将限制生育作为录用条件，不得差别化地提高对妇女的录用标准。国有企事业单位、公共就业人才服务机构及各部门所属人力资源服务机构要带头遵法守法，坚决禁止就业性别歧视行为。支持妇女就业。鼓励用人单位针对产后返岗女职工开展岗位技能提升培训，尽快适应岗位需求。促进3岁以下婴幼儿照护服务发展，加强中小学课后服务，缓解家庭育儿负担，帮助妇女平衡工作与家庭。最后，疫情期间其他特殊保障。积极开展农民工返程服务保障工作，提供农民工返岗运输服务，农民工返岗包车公路通行实施优惠政策。"疫情防控期间，由地方政府组织的农民工返岗包车，纳入疫情防控应急运输绿色通道政策范围，免收高速公路通行费。"[1]

表5　2019年至2020年国家在劳动保障方面的政策与制度

序号	颁发部门	名称	发布与实施
1	国务院	社会保险费征缴暂行条例（2019修订）（中华人民共和国国务院令第710号）	2019年3月24日发布/2019年3月24日实施
2	国务院办公厅	关于印发降低社会保险费率综合方案的通知（国办发〔2019〕13号）	2019年4月1日发布/2019年5月1日实施
3	国务院	保障农民工工资支付条例（中华人民共和国国务院令第724号）	2019年12月30日发布/2020年5月1日实施
4	民政部	关于进一步加强生活困难下岗失业人员基本生活保障工作的通知（民发〔2019〕6号）	2019年1月16日发布/2019年1月16日实施
5	人力资源和社会保障部办公厅	关于机关事业单位养老保险关系转移接续办法实施后相关政策衔接问题的复函（人社厅函〔2019〕19号）	2019年1月23日发布/2019年1月23日实施

[1]《关于疫情防控期间免收农民工返岗包车公路通行费的通知（交公路明电〔2020〕52号）》。

续表

序号	颁发部门	名称	发布与实施
6	人力资源和社会保障部、财政部、国家税务总局	关于失业保险基金省级统筹的指导意见（人社部发〔2019〕95号）	2019年9月11日发布/2019年9月11日实施
7	人力资源和社会保障部、国家文物局	关于进一步加强文博事业单位人事管理工作的指导意见（人社部发〔2019〕120号）	2019年11月6日发布/2019年11月6日实施
8	人力资源和社会保障部办公厅	关于妥善处理新型冠状病毒感染的肺炎疫情防控期间劳动关系问题的通知（人社厅明电〔2020〕5号社会保障部办公厅）	2020年1月24日发布/2020年1月24日实施
9	人力资源和社会保障部、财政部	关于新型冠状病毒肺炎疫情防控期间事业单位人员有关工资待遇问题的通知（人社部发〔2020〕9号）	2020年2月11日发布/2020年2月11日实施
10	应急管理部办公厅、财政部办公厅、中国银保监会办公厅	关于支持安全生产责任保险参保企业应对新冠肺炎疫情的通知（应急厅〔2020〕5号）	2020年2月24日发布/2020年2月24日实施
11	中央应对新型冠状病毒感染肺炎疫情工作领导小组	关于进一步做好疫情防控期间困难群众兜底保障工作的通知（国发明电〔2020〕9号）	2020年3月6日发布/2020年3月6日实施
12	人力资源和社会保障部、财政部	关于2020年调整退休人员基本养老金的通知（人社部发〔2020〕22号）	2020年4月10日发布/2020年1月1日实施
13	最高人民法院、人力资源和社会保障部、中国银保监会	关于做好防止农民工工资专用账户资金和工资保证金被查封、冻结或者划拨有关工作的通知（人社部发〔2020〕93号）	2020年12月25日发布/2020年12月25日实施
14	财政部、国资委	关于支持地方做好中央企业及原中央下放企业退休人员社会化管理工作的通知（财资〔2020〕1号）	2020年1月9日发布/2020年1月9日实施
15	人力资源和社会保障部、财政部	关于2020年调整退休人员基本养老金的通知（人社部发〔2020〕22号）	2020年4月10日发布/2020年1月1日实施

五、工会建设

2019年至2020年，中华全国总工会办公厅对于全国的工会建设主要在以下几个方面展开。第一，对工会建会的明确规定。推动百人以上企业建会专项行动工作。"重点抓好规模较大、开业或设立多年未建会、企业知名度高、企业经营者有政治安排、互联网行业、制造业的百人以上企业建会工作。"第二，推进县级工会建设。"加大新经济组织、新社会组织建会力度，集中力量推进职工人数多、社会影响大的非公有制企业、社会组织依法普遍建立工会。"区域性、行业性工会联合会建设。基层工会的一种形式，一般设立在县（市、区、旗）及以下范围内，城市工会可根据本地区域、行业发展情况，从实际出发，探索在市级建立行业性工会联合会。第三，乡镇（街道）工会建设。乡镇（街道）辖区内有企业100家以上、职工5000人以上，能够配备专职工会主席（副主席）和专职工作人员的，可以建立乡镇（街道）总工会。省级、市级工会可以根据本地区经济发展水平和职工保障实际设立职工互助保障组织、开展职工互助保障活动。第四，对基层工会法人等级和会员代表大会的规定。为了发挥基层工会作用，《基层工会法人登记管理》规定了基层工会登记管理机关、申请、变更、注销登记的办法。《基层工会会员代表大会条例》规定会员不足100人的基层工会组织，应召开会员大会；会员100人以上的基层工会组织，应召开会员大会或会员代表大会。第五，为了树立先进典范，每五年开展两次全国模范职工之家、全国模范职工小家、全国优秀工会工作者评选表彰。全国模范职工之家从我国境内企业、事业单位、机关、社会团体和其他社会组织单独或联合建立的基层工会，乡镇（街道）、开发区（工业园区）、村（社区）工会，县级以下区域（行业）工会联合会中评选。全国模范职工小家从基层工会下属的子公司（分公司）、分厂、车间（科室）、班组工会或工会小组中评选。全国优秀工会工作者从基层工会专兼职干部、专职社会化工会工作者、各级工会领导机关处级以下干部中评选。

表6　2019年至2020年国家在工会建设方面的政策与制度

序号	颁发部门	名称
1	中华全国总工会	关于印发《基层工会会员代表大会条例》的通知
2	中华全国总工会办公厅	关于印发《推进百人以上企业建会专项行动工作方案》的通知
3	中华全国总工会办公厅	印发《中华全国总工会关于加强乡镇（街道）工会建设的若干意见》的通知
4	中华全国总工会办公厅	印发《中华全国总工会关于加强和规范区域性、行业性工会联合会建设的意见》的通知
5	中华全国总工会办公厅	关于印发《职工互助保障组织监督管理办法》的通知
6	中华全国总工会办公厅	关于印发《全国模范职工之家、全国模范职工小家、全国优秀工会工作者评选表彰管理办法》的通知
7	中华全国总工会办公厅	关于印发《基层工会法人登记管理办法》的通知
8	中华全国总工会办公厅	关于印发《中华全国总工会关于加强县级工会建设的意见》的通知

六、农民工权益保障

农民工是中国产业大军的主要组成部分，切实提高农民工收入水平对于缩小城乡收入差距、提升产业大军技能素质水平、实现共同富裕都具有必要性和现实可行性。近年来，"新就业形态"愈受瞩目，"灵活就业"的出现，使得农民工成为共享经济平台下规模巨大的新生就业群体，同时也使得农民工作为一支新型劳动大军逐渐成为经济社会发展的重要力量。2019年至2020年，我国经济面临着经济高质量发展与疫情防控的双重考验，这使得农民工权益保障压力巨大。这两年来，政府农民工权益保障工作的重点在提高农民工收入，国家通过政策与制度，有效地保障了农民工收入权益。

第一，保障农民工工资支付。用人单位要按照与农民工书面约定或者依法制定的对账制度规定的工资支付周期和具体支付日期以货币形式通过银行转账或者现金支付。对工程建设领域工资支付进行了特别规定，工程建设领域农民工要签订合同实名登记、每月签字确认工资、妥善保管社保卡和银行卡、常看工地维权告示牌。工程建设领域有关单位资金安排不足不能开工、开设农民工工资支付专用账户、农民工工资由分包单位委托施工总承包单位代发、按规定存储工资保证金。针对第三十三条"除法律另有规定外，农民工工资专用账户资金和工资保证金不得因支付为本项目提供劳动的农民工工资之外的原因被查封、冻结或者划拨"，作出了防止农民工工资专用账户资金和工资保证金被查封、冻结或者划拨的规定。针对第三十二条"工资保证金可以用金融机构保函替代"，出台了《关于做好农民工工资支付保函相关工作的通知》，积极开展农民工工资支付保函业务，持续优化工作流程。农民工工资支付保函应当对担保金额、担保期限、付款义务等事项作出明确约定。

第二，要做好根治拖欠农民工工资有关工作。将"根治欠薪"作为重大政治责任，坚持以人民为中心发展思想推进根治欠薪合力攻坚各项工作。为了进一步为农民工工资支付提供法律保障，交通运输部出台了《关于公路水运工程建设保障农民工工资支付的意见》，明确坚持预防为主、防治结合、标本兼治的原则，从工程建设的全流程、全链条综合施策，保障农民工工资按时足额支付。严格合同管理，规范实名登记，完善保证金制度专项支付工资，实行工程款担保，推行分账管理。

第三，实施"护薪"行动全力做好拖欠农民工工资争议处理。进一步做好拖欠农民工工资争议预防协商工作。进一步加强拖欠农民工工资争议调解工作。发挥基层劳动争议调解组织作用，加强调解与仲裁、诉讼衔接，妥善调处拖欠农民工工资重大集体劳动争议。进一步提高拖欠农民工工资争议仲裁质效。集中办结超审限拖欠农民工工资争议仲裁案件，畅通拖欠农民工工资争议仲裁"绿色通道"，增强拖欠农民工工资争议仲裁处理效果。进一步强化拖欠农民工工资争议案件审判执行工作。完善案件审理机制，加大案件执行力度，落实案件保全规定。

表7 2019年至2020年国家在农民工权益保障方面的政策与制度

序号	颁发部门	名称	发布与实施
1	司法部	关于充分发挥职能作用认真做好根治拖欠农民工工资有关工作的意见	2019年4月1日发布/2019年4月1日实施
2	国家发展改革委、教育部、科技部等	关于推动返乡入乡创业高质量发展的意见（发改就业〔2020〕104号）	2020年1月19日发布/2020年1月19日实施
3	国务院农民工工作领导小组办公室	关于进一步做好春节后农民工返城服务保障工作的通知（国农工办发〔2020〕1号）	2020年2月6日发布/2020年2月6日实施
4	交通运输部	关于疫情防控期间免收农民工返岗包车公路通行费的通知（交公路明电〔2020〕52号）	2020年2月7日发布/2020年2月7日实施
5	交通运输部	关于全力做好农民工返岗运输服务保障工作的通知（交运明电〔2020〕56号）	2020年2月11日发布/2020年2月11日实施
6	人力资源和社会保障部办公厅	关于做好农民工返岗复工"点对点"出行线上服务工作的通知（人社厅明电〔2020〕14号）	2020年3月6日发布/2020年3月6日实施
7	人力资源和社会保障部办公厅、国家卫生健康委员会办公厅	关于做好农民工返岗复工"点对点"出行健康服务工作的通知（人社厅明电〔2020〕15号）	2020年3月7日发布/2020年3月7日实施
8	人力资源和社会保障部办公厅、住房和城乡建设部办公厅	关于落实新冠肺炎疫情防控期间暂缓缴存农民工工资保证金政策等有关事项的通知（人社厅发〔2020〕40号）	2020年4月9日发布/2020年4月9日实施
9	中国银保监会办公厅	关于做好农民工工资支付保函相关工作的通知（银保监办发〔2020〕32号）	2020年4月13日发布/2020年4月13日实施
10	交通运输部	关于公路水运工程建设领域保障农民工工资支付的意见（交公路规〔2020〕5号）	2020年5月18日发布/2020年5月18日实施
11	人力资源和社会保障部、国家发展改革委等十五部门	关于做好当前农民工就业创业工作的意见（人社部发〔2020〕61号）	2020年8月6日发布/2020年8月6日实施

续表

序号	颁发部门	名称	发布与实施
12	工业和信息化部办公厅、国家发展和改革委员会办公厅、科学技术部办公厅	关于印发《安全应急装备应用试点示范工程管理办法（试行）》的通知（工信厅联安全〔2020〕59号）	2020年12月15日发布/2020年12月15日实施
13	最高人民法院、人力资源和社会保障部、中国银保监会	关于做好防止农民工工资专用账户资金和工资保证金被查封、冻结或者划拨有关工作的通知（人社部发〔2020〕93号）	2020年12月25日发布/2020年12月25日实施

第三章

中国特色社会主义和谐劳动关系构建

中国的国情直接影响或决定了劳动关系的"中国特色",包括特定的政治制度和法律制度、特定的经济和社会发展阶段,以及劳资双方特定的构成、意识和组织状况。具体而言,中国特色社会主义劳动关系理论体现在以马克思劳资关系理论为基础,以劳资两利思想为原则,以发展和谐劳动关系为目标,以"企业和职工利益共享机制"为载体四个方面。[1] 在劳动关系实践上,中国的劳动关系属于国家主导型市场经济下的劳动关系,中国劳动关系问题"产生于劳动者分布在不同性质、不同规模和不同发展水平的企业和其他组织中"[2]。随着市场经济的发展和改革的深化,中国特色的劳动关系变得更加复杂,其治理体系也正在经历理论上的迭代和扬弃、制度上的创新和重塑,微观层面的企业劳动关系管理和公共管理方面的劳动关系治理的核心问题已逐步演进到人与组织更紧密的结合与平衡,集体化的劳动关系已经发端并正在形成中,地方党组织和企业党组织在劳动关系调整中发挥着不同的作用。因此,本章将从对劳动关系的历史变迁、劳动关系理论的发展研究、不同组织中不同群体内劳动关系实践的发展研究、集体协商制度的理论和实践发展研究、制度政策建议的综述共五个方面展开论述。

一、中国特色社会主义劳动关系相关理论

(一)马克思劳资关系理论的研究及其现实启示

何云峰和王绍梁研究认为,在马克思哲学中劳动概念具有两重维度:一

---

[1] 张利萍、邸敏学:《中国特色社会主义劳动关系理论述要》,《中国特色社会主义研究》2013年第5期。
[2] 周伟亚:《中国劳动关系问题的成因、性质与治理之道的中国特色》,《劳动保障世界》2016年第24期。

是作为哲学存在论的隐性维度，指向人的感性的对象性活动；二是政治经济学批判的显性维度，即资本主义生产方式统治下创造价值的雇佣劳动。劳动的这两重维度是马克思思想史展开的一方棱镜，透过它所直观到的正是人类的历史命运和当代困境，即劳动的内在对抗和斗争，在现代表现为抽象劳动对具体劳动的支配和统治。马克思的辩证法揭示了劳动通过其内在矛盾的现实展开，即必要劳动和剩余价值同时趋近于它们的极限，从而将资本主义推向自身的对立面，这意味着新的社会形态的真正诞生。[1] 劳动是价值的源泉，而面对当今资本霸权盛行，劳动价值得不到肯定所引起的社会财富分配不公、贫富差距拉大、人际关系紧张等社会现象，劳动正义问题在现代社会又凸显出来。马克思的劳动正义思想是随着唯物史观的确立而不断形成的，其对于构建中国特色和谐劳动关系具有重要的价值。马克思自始至终都在关心劳动者，关注劳动过程的正义性，他主张通过建构正义的制度来维护劳动者权益，从而实现劳动解放及人的自由而全面发展。[2] 毛勒堂从对劳动资料初始持有的正义性检阅、对劳资交换实质的正义性检审、对劳动活动情状的正义性检讨、对劳动财富分配的正义性检视四个维度对马克思劳动正义思想进行了分析，指出当今马克思劳动正义思想对于促进劳动者就业、维护劳动者尊严、规制资本和权力的肆意妄为、贯彻按劳分配原则提升劳动者的获得感和幸福感具有重要的意义。[3]

新中国成立 70 年来，我国劳动关系的阶段性演变是我国社会变迁的重要内容和标志，是马克思劳动伦理思想中国化的根本基础所在。劳动伦理思想是马克思劳动思想的重要内容，和谐劳动关系是马克思劳动伦理思想关注的核心命题。我国学界关于马克思劳动伦理思想的研究现状表明，和谐劳动

---

[1] 何云峰、王绍梁：《马克思劳动概念的两重维度及其辩证关系——兼析〈资本论〉中劳动辩证法的革命意义》，《马克思主义与现实》2019 年第 2 期。
[2] 邬巧飞：《马克思的劳动正义思想及当代价值》，《科学社会主义》2018 年第 5 期。
[3] 毛勒堂：《马克思的劳动正义思想及其当代启示》，《哲学》2018 年第 12 期。

关系是马克思劳动伦理思想研究亟须强化的命题。在社会主义初级阶段进入新时代，应坚持以马克思劳动伦理思想为指导，开拓中国特色社会主义和谐劳动关系建设的新境界。①

杨云霞、庄季乔对马克思的劳动价值理论、剩余价值理论、资本积累理论中共享发展思想及在中国的实践进程进行了考察，表明共享思想发展的最终趋势是产权制度的消亡和劳动者的完全占有，社会主义制度为共享发展理念在劳动关系中的实践确立了制度基础。这说明研究这一问题对于探索共享发展的历史脉络和发展趋势具有重要的理论价值，对于指导中国劳动关系的实践，实现在劳动关系中的共建共享具有重要的现实意义。②

韩喜平、何况研究认为，虽然《雇佣劳动与资本》分析的是资本主义的劳动关系，但它是为无产阶级和劳动人民服务的政治经济学，具有重要的理论价值和现实意义。《雇佣劳动与资本》从生产关系的角度分析资本与雇佣劳动的本质问题为新时代研究劳动社会关系提供了重要的方法论指导，它蕴含的深邃思想不仅为新时代劳动关系的构建提供重要启迪，也为中国特色社会主义政治经济学的构建提供了重要的思想资源。③

张兴国、袁玥以《1844 年经济学哲学手稿》中资本和劳动关系"必定经历的运动"的"简要概述"为例，对马克思的资本和劳动辩证观进行解读，揭示其方法论启示在于事实和价值结合、主体和客体结合、思辨和实证结合，并以此启示正确认识和处理社会主义社会中的资本和劳动关系，解决好资本时代的发展问题。④

---

① 许银英、贺汉魂：《马克思劳动伦理观是新中国和谐劳动关系建设的重要指导——新中国成立 70 年来马克思劳动伦理思想研究的总结和思考》，《湖南第一师范学院学报》2019 年第 4 期。
② 杨云霞、庄季乔：《马克思共享发展思想在中国劳动关系中的实践》，《西安财经学院学报》2019 年第 1 期。
③ 韩喜平、何况：《劳动社会关系分析与和谐劳动构建——马克思〈雇佣劳动与资本〉的方法论启示》，《马克思主义理论学科研究》2019 年第 6 期。
④ 张兴国、袁玥：《马克思"资本和劳动"辩证观及其方法论启示——基于〈1844 年经济学哲学手稿〉的解读》，《湖南社会科学》2019 年第 6 期。

在强调国家（政府）在劳动关系治理中的地位和作用的基础上，吕景春、李梁栋从马克思主义的国家理论出发，探寻公有资本的内在逻辑，进一步申明马克思主义劳资关系理论仍然是研究新时代中国劳动关系问题的基础理论和行动指南，通过梳理学界对改制企业、私营企业劳资关系以及构建和谐劳动关系等问题，讨论了"劳动平等"的相关理论及其与公有资本的作用机制，主张通过壮大公有资本构建一种新型的劳动关系治理模式，从而发展和谐劳动关系。① 作为"工人阶级的圣经"，马克思在《资本论》中站在工人阶级立场上，以劳资关系为轴心，在唯物史观规律性和目的性相统一的原理下揭示了资本主义生产方式运动的特殊规律和无产阶级的遭遇与使命，揭露和批判了资本主义制度下劳资关系的不合伦理性，正是在对资本主义社会劳资关系不合伦理性的批判中昭示了劳动解放的条件和前景。遵循马克思的这种批判性分析思路，回归至现实，应该坚持社会主义初级阶段的基本经济制度和社会主义伦理原则，合理推进当代劳动关系和劳资关系的组织化、法治化进程，保障和提升劳动者权益，为构建中国和谐劳动关系作出持续努力。②

何爱平、徐艳指出，马克思在《资本论》中从交换、生产、再生产、分配四方面分析了资本家与劳动者之间交换的不平等、资本增值的秘密及资本对劳动者的剥削，展示了资本与劳动者之间的对立同一性。当代资本主义社会相比马克思时期发生了很大的变化，但资本剥削的本质并没用变，资本主义历史发展所遗留的问题并没有解决。因此，马克思劳资关系理论在今天仍具有指导意义。在新时代中国特色社会主义和谐劳动关系构建的过程中，仍要以马克思劳资关系理论为指导，更好地发挥政府、工会的作用，完善我国

---

① 吕景春、李梁栋:《公有资本、"劳动平等"与和谐劳动关系构建——基于马克思劳资关系及其相关理论的拓展分析》，《南开经济研究》2019 年第 6 期。
② 王维平、高耀芳:《〈资本论〉劳动伦理思想与中国和谐劳动关系的构建》，《现代经济探讨》2019 年第 8 期。

的分配与再分配制度促进劳动者共享发展的成果,从而促进劳动关系和谐发展。[1]

(二) 构建中国特色和谐劳动关系的应然性

构建中国特色和谐劳动关系,是建设社会主义和谐社会,保持经济持续健康和高质量发展的关键环节和重要保证。党的十八大以来,习近平总书记就劳动及劳动关系问题发表一系列重要讲话,创造性地发展了马克思的劳动思想和劳动关系理论。在劳动思想方面,李珂指出以习近平同志为核心的党中央在继承马克思主义劳动哲学的基础上,结合我国发展的实际形成了包括"实干兴邦"的劳动实践观、"崇尚劳动"的劳动价值观、"热爱劳动"的劳动教育观三方面内容的习近平新时代中国特色社会主义劳动思想体系。这为实现"两个一百年"的奋斗目标及中华民族伟大复兴的中国梦提供了重要的理论支撑。[2] 吴学东认为习近平总书记将马克思劳动思想同中华传统劳动美德有机融合,并针对当前我国社会主义建设过程中出现的突出问题,从历史观、人生观、价值观、理想观、成才观、社会观、政治观和发展观等不同视角对马克思劳动思想进行新时代解读,从而形成了理论基础坚实、内涵十分丰富的劳动观。习近平总书记对马克思劳动思想的丰富和发展,有针对性地回应了现实关切,彰显了其强烈的现实意义。[3] 在劳动关系方面,习近平总书记以马克思劳动关系思想为指导,着眼于当前我国劳动关系存在的问题,以构建和谐劳动关系为目标,提出了中国特色的社会主义和谐劳动关系思想。[4] 劳企共享思想作为中国特色社会主义劳动关系理论的集中体现,是在继承毛泽东劳资两利思想的基础上,总结改革开放以来的经验并结合我国发

---

[1] 何爱平、徐艳:《〈资本论〉视角下中国劳动关系的现实反思与建设路径》,《教学与研究》2018年第10期。
[2] 李珂:《习近平新时代中国特色社会主义劳动思想探析》,《思想教育研究》2018年第1期。
[3] 吴学东:《习近平对马克思劳动思想的丰富和发展》,《黑龙江社会科学》2019年第2期。
[4] 杨云霞:《习近平中国特色社会主义和谐劳动关系思想研究》,《理论视野》2018年第6期。

展的实际,将共享发展理念运用到劳动关系领域形成的。习近平新时代劳企共享思想既坚持了劳资两利的精髓,又创新了劳资两利思想的内涵,成为新时代调处劳动关系的根本指导思想和基本原则,为促进新时代中国特色社会主义和谐劳动关系发展具有重要的指导意义。[①]

新时代和谐劳动关系的理论有着深刻的理论溯源。基于马克思主义政治经济学理论,李松龄认为劳动力作为劳动者的商品,无论是在资本主义私有制社会,还是在社会主义市场经济社会,都不太可能实现劳动关系和谐。否定资本主义私有制,重新建立个人所有制,能使劳动力成为劳动者的资本,有利于形成和谐劳动关系。农村土地"三权分置"改革和城市企业的股份制改革,为重建个人所有制奠定了制度基础,为我国构建和谐劳动关系提供了制度保障。辩证认识和谐劳动关系具有重要的理论价值和现实意义。[②]就传统文化而言,仁爱观、义利观、学礼以利观、知行合一观、诚信观等儒家优秀传统文化核心思想对构建和谐劳动关系的现实借鉴性,新时代和谐劳动关系的构建需要以弘扬中华优秀传统文化为根基,赋予其时代精神,不断进行创造性转化、创新性发展。[③]从历史视角,对中国特色和谐劳动关系的提出过程进行了考察,定义中国特色和谐劳动关系的内涵是中国共产党领导下的劳动关系,是强调根本利益一致基础上的劳动关系,是规范有序、公正合理、互利共赢、和谐稳定的劳动关系。由于经济发展进入新常态、社会主要矛盾转化、新产业新业态新模式迅猛发展等因素的影响,构建中国特色和谐劳动关系面临许多新挑战。这就需要从解决好广大职工最关心最直接最现实的利益问题、健全劳动关系协商协调机制、完善劳动关系法律法规、加强组织领导等方面着力。[④]

---

① 郭志栋:《论习近平新时代劳企共享思想》,《甘肃社会科学》2018 年第 4 期。
② 李松龄:《新时代和谐劳动关系的理论认识与制度安排》,《学术探索》2019 年第 3 期。
③ 任广俊:《弘扬优秀儒家传统文化,构建和谐劳动关系》,《天津市工会管理干部学院学报》2019 年第 4 期。
④ 杨成湘:《关于构建中国特色和谐劳动关系的理论思考》,《理论视野》2019 年第 11 期。

(三) 中国特色社会主义和谐劳动关系的实然性

于桂兰是我国企业劳动关系数量研究领域的专家。她在《我国企业劳动关系和谐指数构建与应用研究》一书中回顾了和谐劳动关系的相关文献，应用扎根理论质性研究方法，使用多家企业多位雇员和雇主的访谈数据，采用三级编码技术，构建了企业和谐劳动关系理论模型，实现了和谐劳动关系理论的系统化与模型化，在雇员劳动关系满意度概念模型基础开发并检验了雇员劳动关系满意度量表，验证了企业构建和谐劳动关系的动力机制。在此基础上，她在书中提出了相对和谐劳动关系概念，开发设计出企业相对和谐劳动关系指数，并应用稳健统计方法，设定了劳动关系和谐的判别标准；利用相对和谐劳动关系的几何特性，设计了用于展示样本指数计算结果的劳动关系状态分布图；引进路径模型和核密度估计等统计模型，设计了以劳动关系和谐指数为核心的系列结构性分析和展示工具，使用该书开发设计的企业相对和谐劳动关系指数和配套系列分析与展示工具进行了相关的实证研究。[①] 张天舒对此书的系统性给予了足够的肯定，认为其科学界定了"和谐劳动关系"的概念内涵，通过明晰企业家能力、企业外部环境、公共职业培训、雇员劳动关系满意度、雇主劳动关系满意度、雇主履行责任与雇员权利保障、雇员履行责任和雇主权利保障等多核心范畴及其相互关系，系统构建了企业和谐劳动关系理论模型和测量指标体系，实现了对劳动关系和谐程度的量化刻画，对于监控劳动关系的动态变化、预测劳动关系的未来发展趋势、调整和完善劳动关系法律和政策提供了有效的决策依据。[②] 徐泽磊、于桂兰、杨欢又尝试使用网络建模的方法对《中国劳动统计年鉴》2003 年至 2017 年的数据

[①] 于桂兰、渠邕、孙瑜、潇杰：《我国企业劳动关系和谐指数构建与应用研究》，人民出版社 2018 年版。
[②] 张天舒：《系统建立企业和谐劳动关系理论体系的研究——评〈我国企业劳动关系和谐指数构建与应用研究〉》，《经济纵横》2019 年第 11 期。

进行分析，筛选出与合作型劳动关系相关联的影响因素，构建以复杂网络理论为基础的相关性网络模型和中心性关联网络模型。研究发现，建立合作型劳动关系中最重要因素包括提出合理化建议、基层工会组织数、仲裁调解、职工基本医疗保险、单位实行厂务公开、建立职工代表大会、社会保险、工伤保险、生育保险、已实施合理化建议等。对6个典型影响因素的动态分析发现，除工会开办的职业培训机构数有较大波动外，其余影响因素均呈逐步增长态势。这些研究结论能为构建和谐劳动关系提供参考。[1]

此外，左静、王德才、冯俊文以伙伴关系为视角，提出了包括员工参与、工作激励、沟通与发展和雇佣保障四个一级指标，直接参与、工会参与、工作柔性、绩效反馈、薪酬设计、利益分享、员工发展、沟通平台和权益保障等10个二级指标，以及29个三级指标的新时代中国和谐劳动关系指标体系。在利用因子分析方法确定了每一级评价指标体系的权重后，对328家工会企业进行调查分析，指出该指标体系能很好地反映企业劳动关系和谐程度，为新时代企业提升和构建和谐劳动关系提供了参考。[2] 王志坚，谌新民选取广东省佛山市顺德区国家级和谐劳动关系综合试验区162家企业为样本，以劳动合同、薪酬福利与社会保障、劳动安全卫生保护、员工发展与民主管理、劳动争议及调处等作为劳动关系评价的5个维度，从企业、高管及员工层面基于logistic回归模型研究和谐劳动关系的影响因素，研究结果表明，企业层面，企业的所有权登记状态以及生产方式属性对劳动关系有显著影响；高管层面，年龄、教育程度、是否本企业的业主之一、是否企业的开创者、本行业工作的年限、现企业工作的年限、担任高管职位的年限对劳动关系有显著影响；员工层面，年龄、文化程度、婚姻状况对劳动关系有显著

---

[1] 徐泽磊、于桂兰、杨欢：《合作型劳动关系影响因素的分类识别与动态分析——基于复杂网络的视角》，《经济纵横》2019年第12期。
[2] 左静、王德才、冯俊文：《伙伴关系视角下的和谐劳动关系评价指标体系构建》，《经济管理》2018年第4期。

影响。据此，他们提出了改善劳动关系的具体建议，这对正确认识和处理新时代劳动关系的和谐运行具有一定现实意义。[①] 束郑娟基于产业关系理论构建了企业劳动关系和谐度评价指标体系，在劳动关系之间和谐程度的评价指标当中还应该加入企业的实际生存率、企业内部股东的整体利润情况、企业内部管理人员的收益状况和劳动者自身的相对收入情况等方面的因素，更加进一步地全方位将劳动关系之间的和谐程度反映出来。[②] 乐章等基于CLDS2016数据考察了减少劳动者超时工作和非自愿加班对于构建和谐劳动关系的意义，实证发现劳动者是否超时工作受到年龄、性别、受教育程度、工作单位类型、工资收入、婚姻状况等多种因素的影响；加班时长受到性别、合同类型等因素的影响；劳动者加班意愿主要受到年龄、地区、健康状况、加班补偿方式和工资收入的影响；超时加班中，劳动者非自愿加班和无偿加班等情况普遍存在。研究认为减少劳动者超时工作和非自愿加班，需要劳动者、工会、企业和政府多方努力，共同构建和谐劳动关系。[③] 孟续铎等针对去产能企业的劳资冲突风险进行了研究，基于去产能过程中企业与劳动者之间将发生密集的劳动关系调整并可能产生劳资矛盾这一现实假设，针对74家企业1657份员工调查问卷进行分析，发现去产能企业群体性劳资冲突风险总体可控，但仍有可能发生。年龄偏大、学历较低、缺乏技能和手艺的职工和非正式工通常采取激烈维权方式，发生劳动关系风险的概率较高。在评估去产能企业劳动关系风险水平的基础上，研究从外部环境、政府行为、企业应对三个角度提出了劳动关系风险发生的诱发性因素和抑制性因素，并提出了治理化解过剩产能中劳动关系风险的相关建议。[④]

[①] 王志坚、谌新民：《基于logistic模型的企业和谐劳动关系影响因素研究》，《经济数学》2019年第2期。
[②] 束政娟：《企业劳动关系和谐度评价指标体系构建》，《人力资源》2019年第4期。
[③] 乐章、韩怡萍、张晓玉：《和谐劳动关系背景下劳动者超时工作研究——基于CLDS数据的实证分析》，《西北人口》2019年第6期。
[④] 孟续铎、詹婧、赵越：《化解过剩产能中的劳动关系风险形成机制与治理研究》，《中国劳动关系学院学报》2019年第6期。

二、不同类型企业和组织中的和谐劳动关系构建

历史证明,不同的社会制度下产生不同性质的劳动关系。中国特色社会主义劳动关系内生于中国特色社会主义建设的实践中,内生于劳动者分布在不同性质、不同规模和不同发展水平的企业和其他组织中,这是构建新型劳动关系治理模式、发展和谐劳动关系的现实前提。众多学者从所有制关系发展阶段出发,考察了不同类型企业和组织中劳动关系的性质特色、发展阶段、现存问题及相关建议。

(一)国有企业中和谐劳动关系的构建

刘洋认为在国有企业,劳动关系各方利益是根本一致的,加上国有企业相对稳定就业环境、相对高额的薪酬福利待遇、劳动冲突低发率使其呈现出利益依附型的劳动关系。但由于国有企业用工制度不合理、工资收入差距扩大、政府未能充分发挥主导作用,导致了劳动者就业不公平、工人阶级群体分化及协调机制失效等问题。在国有企业中通过构建企业管理层、劳动者、政府三方利益平衡机制促进其劳动关系的和谐发展。[1] 现代企业组织中所涉及的利益的协调、民主管理体制的完善及职员之间信任关系的塑造都与文化有关。朱富强在对企业组织的文化塑造、企业组织的责任伦理以及责任性文化的儒家渊源进行分析的基础上提出,国有企业要建立新型的劳动关系需要在集体主义的社会责任文化之上建立起一个基于平等地位的社会共同治理机制。[2] 社会劳动关系和国企运营管理制度的变化,标志着社会经济发展和社

---

[1] 刘洋:《改制后国有企业的劳动关系:现状、问题与协调治理路径》,《教学与研究》2018年第7期。
[2] 朱富强:《契约主义企业观的责任性文化:再论国企改革中的新型劳动关系》,《人文杂志》2019年第10期。

会生产力水平提高,同时也对工会制度的改革和创新提出了全新的硬性要求。当前社会经济形态下的劳动关系的和谐发展需要通过充分构建国企工会制度建设方式,发挥国企工会创新能力,打造良好的社会生产形态,降低劳动关系当中冲突、矛盾事件的发生,形成劳动纠纷应对和有效解决能力。①毕金玉根据山东发布文件《中共山东省委、山东省人民政府关于构建和谐劳动关系的实施意见》,设计调查问卷题目,对山东省16个地级市及其下辖147个县的各行业的国有企业作问卷调查,分析构建国有企业和谐劳动关系中存在的劳动合同、工资机制、福利保障、权益保护等各个方面存在的问题及形成原因,建议完善劳动合同相关法律制度,合理分配薪酬,合理增加保险种类,完善企业安全生产管理制度、充分发挥工会职能、重视劳动争议等。②

(二)民营企业中和谐劳动关系的构建

2018年,陆玉梅和高鹏以民营企业为对象,以增加企业履行新生代员工社会责任的行为意愿与能力为目标,对其员工社会责任行为决策机制、效应与引导策略展开了研究,并形成了《民营企业新生代员工社会责任行为研究:机制效应引导》一书。③书中首先对研究背景与意义、基本概念、内容与方法、特色与创新进行概述,从新生代员工特性及其职场代际差异、员工视角下企业社会责任的行为表征、民营企业员工社会责任的影响因素3个层次进行文献研读和解析,构建了研究的整体逻辑框图。其次,以解决民营企业新生代员工社会责任缺失的现实问题为出发点,按照"现状调查与理论分析→实证研究与模拟仿真→企业实验与策略研究"这一思路开展研究。此书

---

① 罗大伟:《国企工会在构建和谐劳动关系中的作用分析》,《现代国企研究》2019年第12期。
② 毕金玉:《构建国有企业和谐劳动关系中存在的问题及对策建议》,《区域治理》2019年第46期。
③ 陆玉梅、高鹏:《民营企业新生代员工社会责任行为研究—机制·效应·引导》,经济科学出版社2018年版。

中针对新生代员工的利益需求和工作价值观特征，以增加民营企业履行员工社会责任的行为意愿和能力为目标，系统研究了民营企业新生代员工社会责任行为，不仅可以拓展企业社会责任的研究视野，还可以促进民营企业和谐劳动关系的形成。[1]徐景一、于桂兰指出在经济新常态下，新技术、新经济的发展对我国民营企业劳动关系争议调处机制造成了挑战。作者提出在建构旨在促成共建共享的劳资一体格局的新时代和谐劳动关系的顶层设计制度框架下，从创新党政主导的政府部门联动决策、发挥工会源头治理的职能、健全完善三方协商、创新基于新技术的劳动者权益表达保障、畅通劳动争议多元化调处渠道等路径来创新与建设新时代民营企业劳动关系协调机制，从而促进新时代和谐劳动关系的发展。[2]

民营企业是我国国民经济的重要组成部分，民营企业的和谐发展关系国民经济和整个社会的稳定发展，而民营企业因为种种原因还存在着很多不和谐的问题和因素。[3]邸敏学、宋璐鹏认为现阶段我国私营企业劳资关系是同一性与对立性共存的，但同一性占主导地位。而工会是劳资关系对立的产物，工会的职能要与私营企业劳资关系同一性的发展相适应。因此，现阶段工会按照"共建共享"原则处理与私营企业的关系，以职工群众为本，在"双维护"中突出维权职能，正确发挥其桥梁纽带作用，从而更好地促进劳动关系和谐发展。[4]陈仁涛指出新常态下，我国经济增速减缓、经济结构不断优化、人口红利优势降低、劳动者素质提高，这使我国非公有制企业呈现出农民工就业渐趋"短工化"、劳资矛盾日益"显性化"、诉求表达更

---

[1] 葛扬：《民营企业和谐劳动关系构建的新视角——〈民营企业新生代员工社会责任行为研究〉评介》，《江苏理工学院学报》2019年第5期。
[2] 徐景一、于桂兰：《新时代民营企业劳动关系协调机制创新路径研究》，《社会科学辑刊》2019年第5期。
[3] 贾怡静：《中小企业产业转型升级中如何构建和谐劳动关系》，《商场现代化》2019年第2期。
[4] 邸敏学、宋璐鹏：《我国私营企业劳资关系同一性及工会职能定位》，《山西大学学报》2018年第3期。

加"理性化"、矛盾治理主体愈益"多元化"等新趋势。加上我国实体经济发展陷入困境，欠薪治理体系不够完善，工人群体代际更迭明显，以及劳动法规政策体系存在缺陷等多重因素的影响，客观上增加了劳资矛盾爆发的风险，加大了劳资冲突治理的难度。要解决影响劳动关系稳定发展的问题，需要完善劳动法规政策体系、降低企业税费负担、优化基层工会维权机制、完善劳资关系协商协调机制，进而为促进经济健康发展及社会稳定奠定坚实的基础。[1] 李玲娥运用马克思主义政治经济学的经济理论及研究方法通过对山西省私营企业劳资关系进行调研，指出现阶段私营企业劳资关系不仅具有雇佣劳动、生产关系的从属性和依附性、政治法律地位平等和非对抗及共存共赢共享等属性，同时也具有非平衡性、非稳定性、非规范性及非协调性的特点。现阶段民营企业整体上呈现出和谐发展的态势，但劳资冲突时有发生。因此，需要政府、企业、工会、社会成员的共同努力以促进和谐劳动关系的发展。[2] 周歆栋从我国民营企业劳动关系现状入手，对民营企业劳动关系管理中的现实问题进行深入的分析，提出私营企业构建和谐劳动关系的策略。民营企业是国民经济的重要组成部分，也是劳动争议最为集中的地方，私营企业要想可持续地稳定发展，更新企业经营理念、依法建立并管理劳动关系、完善内部监督保障机制和薪酬激励机制是其构建和谐劳动关系的根本，只有根基稳固，员工才能稳定，企业才能和谐发展。[3]

（三）其他类型组织中的和谐劳动关系构建

高校、科研院所是一类特殊的组织，经济新常态下科研院所人才紧缺，正式在编职工、合同制职工、以企业化管理的职工、劳务派遣从业人员身份组成多样，原有事业单位人事管理条例不足以调节劳动关系和争议。政府应

---

[1] 陈仁涛：《经济新常态对非公有制企业劳资关系的影响与对策》，《甘肃社会科学》2018 第 3 期。
[2] 李玲娥：《中国现阶段私营企业劳资关系的属性及特点》，《政治经济学评论》2018 年第 5 期。
[3] 周歆栋：《私营企业构建和谐劳动关系的策略研究》，《劳动保障世界》2019 年第 9 期。

加强劳动关系制度建设和机制建设，加强用工单位制度建设和经营管理者社会责任感培养，切实加强工会在劳动关系中的作用，加强对员工的舆论正确引导和人文关怀。①高等院校由于普遍受到大规模人事制度调整和"放管服"改革的影响，劳动关系发生重大变化，这给高校工会工作带来极大挑战。当前高校工会工作主要面临用工形式多样化、聘用期限短期化、自身功能边缘化、劳动争议高发化和冲突协调滞后化五大挑战，必须结合"放管服"改革重构高校工会职责定位；强化工会职能，构建符合高校特点的劳动权益保障体系；坚持多方协调，有效应对劳动关系领域网络舆情冲击三个层面，来建构新时代高校工会应对策略，促进高校劳动关系和谐化正常化发展。②构建和谐劳动关系是新时代保障和改善民生的重要组成部分，党的十九届四中全会有坚持和完善共建共治共享的社会治理制度的要求，强调政府、工会、用人单位三方协商协调机制的建立与运行。民办高校应畅通劳动关系治理路径，完善三方机制、民主协商、内部纠纷解决机制等，进一步推进民办高校教师劳动关系治理。③此外，针对公立医院的数据样本，王慧卿等证明构建和谐劳动关系对员工的工作绩效、组织绩效、劳动关系氛围、工作幸福感会产生直接的正向影响。研究通过因子分析区分了劳动关系治理机制与劳动关系管理机制；发现劳动关系治理机制和措施对绩效和劳动关系氛围的影响更大，劳动关系管理机制和措施对工作幸福感的影响更大。因此，如果医院要提升员工个人绩效和组织绩效，应当在劳动关系治理机制和措施上投入更多。④

---

① 闫斌雁：《经济新常态下科研院所如何构建和谐劳动关系》，《企业改革与管理》2019年第9期。
② 段龙龙：《和谐劳动关系构建视域下高校工会面临的新挑战及应对策略研究》，《山东工会论坛》2019年第4期。
③ 赵冬玲、蒋汶桐：《共建共治共享理念下民办高校教师劳动关系治理对策研究》，《中国高等教育》2019年第24期。
④ 王慧卿、龚怡琳、冯宇彤、朱云乐、嵇月婷：《医院和谐劳动关系与人员绩效的相关研究》，《医院管理论坛》2019年第12期。

(四) 特定劳动群体中的和谐劳动关系构建

新时期农民工就业的总量与结构发生改变，同时伴随着新经济、新业态的快速发展，农民工劳动关系产生新特点，旧问题与新现象交织在一起。保障劳动者的休息休假权是劳动关系和谐发展的重要因素。农民工作为城市就业人群中的弱势群体，其就业主要是城市中的次要劳动力市场，所以农民工的超时工作问题比较突出。刘璐宁、孟续铎通过对农民工工作时间调查发现在非公有企业中，农民工工作时间较长是普遍存在的现象。他们利用边际效应分析得出教育程度、劳动合同的类型及单位类型是影响农民工超时工作的最重要的因素。为了促进劳动者的适度劳动、体面劳动，需要从法律规制、提升农民工人力资本及构建劳动力市场一体化角度进行。[1] 谌利民等在深入剖析的基础上指出构建农民工和谐劳动关系的最终途径是农民工市民化，在这一过程中，需要从构建以平等为核心的战略保障体系，健全农民工劳资协商机制，建立农民工长效工资支付机制，实现基本公共服务待遇城市化，完善法律法规对新经济下劳动关系的规制等方面入手，打出构建和谐劳动关系的"组合拳"。[2] 针对建筑业的劳资关系，常凯认为欠薪问题之所以久治不愈，是因为没有解决产生欠薪问题的内在问题，即我国建筑业普遍实行的工程层层分包转包的管理制度以及相应的用工制度，使建筑业的劳动关系不规范。构建建筑业规范和谐的劳动关系，呼唤建筑工人实名制，而建筑工人实名制的出台则为建筑业劳动关系法治化奠定了基础。[3] 李丙群分析了煤矿工会基于生产劳动保护的和谐关系构建策略，认为对于广大煤矿员工而言，生

---

[1] 刘璐宁、孟续铎：《构建和谐劳动关系背景下农民工超时工作问题探析》，《农村经济》2018年第7期。
[2] 谌利民、王皓田、郝思思：《以平等为核心构建新时期农民工和谐劳动关系》，《宏观经济研究》2019年第9期。
[3] 常凯：《以实名制为基础建构建筑业和谐劳动关系——从破解建筑业欠薪难题入手》，《人民论坛》2019年第18期。

产劳动保护是最根本的利益，煤矿工会应高度关注生产劳动保护工作，在工作实践中实现生产劳动保护方式的改进与完善。① 范伟对地勘单位劳动关系和谐构建方面的问题进行了分析探究，认为在体制改革逐渐深入的今天，地勘单位需提高对于劳动关系管理工作的重视程度并进一步推进相关工作的优化改革。②

还有一些专家学者就各地区、各阶段的劳动关系就其专业进行了研究。李长江以东部沿海地区制造企业的调查数据为基础对供给侧结构性改革背景下兼并重组企业劳动关系的协调力展开研究，从员工自制力、企业管理力、工会协商力、政府指导力和非政府组织监督力等5个维度构建了劳动关系协调力对雇员和谐感受的结构方程模型，分析了中国制造企业劳动关系协调力与雇员和谐感受之间的路径系数。研究表明，构建企业和谐劳动关系需要健全"五力联动"的劳动关系协调机制，其中，政府相关职能部门要发挥更大的指导作用，企业工会的使命和职责需要进一步明确和增强，非政府组织的监督和维权行为需要进一步完善和规范。③ 刘洋以吉林省为例对构建和谐劳动关系背景的劳动安全监管工作进行了研究。调查发现，当前企业在劳动安全监管工作取得很大的进展，但仍然存在劳动者卫生健康权益相关立法的长期缺位、劳动安全监管主体庞杂与监管职能分散、劳动安全监管保障体制机制建设滞后，以及企业工会劳动安全维权职能的虚置化等问题。通过借鉴发达国家安全监管与保障工作的实践经验，作者提出可以通过完善劳动安全监管立法工作，优化劳动安全监管的组织体系、创新劳动安全责任落实的体制机制、强化工会组织劳动安全监督保护职能来完善吉林省劳动安全监管

---

① 李丙群：《试析煤矿工会基于生产劳动保护的劳动和谐关系构建》，《中外企业家》2019年第12期。
② 范伟：《地质勘探单位劳动关系的和谐构建分析》，《人力资源》2019年第6期。
③ 李长江：《供给侧结构性改革背景下兼并重组企业劳动关系的协调力研究——以东部沿海地区制造企业为例》，《中国劳动关系学院学报》2019年第3期。

工作，从而促进劳动关系的和谐发展。[1]吕建萍以吉林地区为例、从法治视角，以劳动争议案件为例对劳动关系进行了研究。她认为劳动争议的成因比较复杂，从经济因素看，随着吉林地区经济稳步发展及转型升级加快，企业对劳动力进行重组、更新、调整而引发纠纷增多。从法治因素看，劳资双方的法治思维逐步形成；吉林法院深化司法公开，实现了裁判文书全上网司法裁判预测、引导功能的加强，也是劳资双方选择以诉讼解决纠纷的重要原因之一。从经济主体自身因素看，部分企业依法用工意识欠缺，尤其是中小民营企业和建筑、制造等劳动密集型民营企业，用工不规范产生的隐患逐渐暴露，劳资关系矛盾显性转化。吉林中院成立了劳动争议审判专业合议庭，适时就相关法律使用问题发布典型案例，坚持依法合理倾斜保护理念，对部分劳动纠纷依申请采取先予执行措施，开展劳动争议集中兑付专项活动，针对农民工开辟绿色通道，建立协调联动的调解机制。[2]

三、企业集体协商制度新发展

西方发达市场经济国家工会在长期的工人运动中探索出集体谈判这一维权的手段，以罢工作为最后手段。集体协商谈判是世界各国普遍采用的进行劳资谈判、协调劳资关系、缓解劳资冲突的主要手段和重要机制，其谈判内容包括工作时间、劳动报酬标准、工作场所条件、劳动安全保护、休息与休假制度等关系职工切身利益的各个方面。各国政治、经济、文化和法律等情况的差异，使得各国所采用的集体协商谈判的模式也有所不同，其中典型的有市场调节下的自由主义谈判模式（美国、英国）、劳资共决制模式（德国）、企业层面谈判模式（日本）、政府推动的谈判模式（加拿大、瑞

---

[1] 刘洋：《构建和谐劳动关系背景下劳动安全监管的现状分析与完善路径》，《社会科学家》2019年第7期。
[2] 吕建萍：《努力构建中国特色和谐劳动关系》，《吉林日报》2019年12月14日。

典、澳大利亚、法国、泰国)、基于产权或所有制形式的集体协商谈判模式(中国)。[①]

在2008年《劳动合同法》实施后,企业面对外部力量的强制约束,逐步建立起内部劳动力市场,促使劳动者和企业的关系变为长期的"合作博弈",促进了劳动关系的和谐发展。但对于我国劳动关系未来是呈集体化趋势还是个体化趋势学术界存在争议。孙中伟、刘明巍、贾海龙重回《劳动合同法》利用2006年至2010年对珠三角地区的问卷调查数据和田野案例分析指出,《劳动合同法》一方面通过强化和完善个体劳动标准,维护了劳动者权益,推动个体化劳动关系的发展;另一方面促使企业建立内部劳动力市场,提升企业人力资源管理水平间接促进个体化劳动关系的形成。因此,《劳动合同法》可以促进个体化劳动关系的发展,但仍然不会消灭集体化的问题。[②]在中国特色社会主义市场经济中,强调合作、协商、互利、共赢的和谐文化孕育出中国特色的集体协商维权之路。工资集体协商推动了中国劳动关系从依存状态走向和谐状态,目前已上升为"国家意志"和"国家行为",但制度建设和实施尚处于起步阶段。2018年,王黎黎在《集体劳动关系法律实证研究——以集体协商为例》[③]一书以工资集体协商制度为例,对我国从"国家统合"向"协约自治"过渡的集体劳动关系调整模式的演进背景、演进过程、比较优势进行了研究和思考。在新经济下,在集体劳动关系法律调整的国际背景下,此书对我国集体劳动关系法律调整进行了理论拓展、实践回应和制度设计,有助于中国方案的进一步完善,是中国应对上的良好探索。[④]此书能从实证出发深度剖析集体协商实践,总结我国极具特色

---

① 刘仁宝:《集体协商谈判模式的国际比较》,《山东工会论坛》2019年第4期。
② 孙中伟、刘明巍、贾海龙:《内部劳动力市场与中国劳动关系转型》,《中国社会科学》2018年第7期。
③ 王黎黎:《集体劳动关系法律实证研究——以集体协商为例》,法律出版社2018年版。
④ 章群:《集体劳动关系法律调整的国际背景与中国应对——兼评〈集体劳动关系法律实证研究——以集体协商为例〉》,《西华大学学报(哲学社会科学版)》2019年第6期。

的集体劳动关系法律调整状况，视角独特，观点新颖，为中国特色的制度构建提供了理论分析，为集体协商和集体劳动关系法律调整的不断完善提供了建议，具有一定的理论价值和实践价值。[①]

在当下劳动关系和谐构建实践过程中，呈现出一些新的变化，劳动关系主体在现阶段面临新的挑战，党的十九大报告提出"完善政府、工会、企业共同参与的协商协调机制，构建和谐劳动关系"，这为新时代中国特色社会主义和谐劳动关系如何构建提供了顶层设计方向，即政府、用人单位和劳动者三者可以形成稳定的三角关系，三者的诉求在协商中寻求最大公约数，雇主和劳动者的利益在此消彼长中得到有效统一。[②]工会组织在集体协商中应发挥更大更积极的作用。李龙熙结合新时代背景及工会组织自身特点，定义新时代劳动关系具有党和国家高度重视、建立运行多元复杂、职工技能转型压力提高以及受外部贸易影响增大等四个方面的典型特征，提出了工会组织要坚持互利双赢，坚持素质提升，坚持协商协调，坚持依法构建等四点构建和谐劳动关系的基本思路。[③]应进一步健全完善集体协商的制度规则体系，早日出台《集体协商法》并对《工会法》《劳动法》中相关规定进行补充完善；重视系统性，进一步推动形成党政主导、三方协作、工会力推、各方配合、企业和职工参与的工作格局；督促工会通过领导负责、资源统合、评价科学等层次把集体协商工作做好；进一步完善行业、区域集体协商，全方位、多层次推进集体协商工作体系；在集体协商人才和专业支持、社会舆论、企业文化等各个方面联合推进；等等。[④]张旭昆、寿菊萍对集体协商的工资效应展开了实证，利用员工—企业匹配数据，通过倾向性得分匹配法研究了工资

---

① 辜明安：《新时代背景下集体协商制度的有益探索——评〈集体劳动关系法律实证研究——以集体协商为例〉》，《西部经济管理论坛》2019年第2期。
② 沈嘉贤：《当前和谐劳动关系构建面临的挑战及应对》，《浙江经济》2019年第2期。
③ 李龙熙：《工会组织视角下的新时代和谐劳动关系构建》，《中国劳动关系学院学报》2019年第1期。
④ 张建国：《推进集体协商的几点思考》，《工会信息》2019年第23期。

集体协商的工资负效应,认为协商工资的向上黏性导致了工资负效应,应优化工资集体协商制度安排,减除此负效应。[1] 王奎、王小攀基于山东省各地市138家企业访谈统计结果对山东省企业工资集体协商的概况及特点、山东省各地开展工资集体协商存在的问题、影响工资集体协商制度实施效果的原因、提升工资集体协商制度实施效果的对策展开了研究,认为山东省在工资集体协商制度上依然存在实施效果参差不齐、协商代表水平不高等问题。工资集体协商工作宣传不到位、集体协商工作理念理解有偏差、专业人才不足等是导致问题的原因。在全社会范围加大集体协商理念的宣传力度,协调推进企业工会各项工作,不断培养专业人才,政府各部门协调合作,才能更好地提升工资集体协商的效果。[2] 王立明以集体协商的地方经验为观察视角,总结了青海省集体协商运行之特点、存在问题及其原因,并在此基础上寻找法律完善的对策。[3]

四、构建中国特色社会主义和谐劳动关系对策建议

新时代我国劳动关系总体上处于和谐稳定的状态,由于受经济新常态、互联网技术发展、相关法律法规缺失、劳动者维权意识提高等因素的共同影响,使得我国劳动关系面临劳动争议多、问题新、调解难度大、农民工劳动权益保障不足等问题[4],呈现出劳动者的"法定型"利益诉求与"发展型"利益诉求并存、个别劳动关系与集体劳动关系叠加、新型劳动关系日趋增

---

[1] 张旭昆、寿菊萍:《工资集体协商的工资负效应分析》,《社会科学战线》2019年第12期。
[2] 王奎、王小攀:《工资集体协商制度的实施效应研究——以山东省为例》,《山东工会论坛》2019年第6期。
[3] 王立明:《论集体协商的地方经验——以青海省为样本》,《青海社会科学》2019年第1期。
[4] 涂永前:《新时代中国特色社会主义和谐劳动关系构建研究:现状、问题与对策》,《社会科学家》2018年第1期。

多、劳动力市场由"人口红利"向"人才红利"转变四大特征。[①]面对劳动关系在发展过程中面临的挑战，学者们从劳动关系主体方面提出了促进劳动关系和谐发展的对策。

政府在劳动关系中，作为法律的制定者、劳动关系的监督者、集体谈判的协调者以及劳动争议的调解者，要不断地完善法律法规、壮大工会的组织力量、健全三方协商机制集体谈判制度、加强社会保障体系建设以促进劳动关系的和谐发展，维护劳动者的利益。但政府职能的发挥要以法律为依据、遵循市场规律、坚持适度原则，做到既不"缺位"也不"越位"。[②]闫冬提出作为劳动关系的监督者，政府单方面推动劳动法的实施过程中忽视了多元主体的互动，因此执法者应当把握新时代劳动关系的新特点，完善多元主体的合法维权通道，预留多元主体的自治空间，构建多元主体互相监督机制。[③]劳动关系和谐关乎劳动者、企业、社会的共同利益，而杨浩楠认为我国劳动法中的解雇保护制度更注重的是对劳动者个人职业稳定，对劳动关系所承载的社会利益保护甚少。他以美国公共政策理论对雇佣自由规则的限制为切入点，通过对违反美国公共政策理论之解雇行为的具体类型分析，认为和我国相比美国的公共政策理论充分体现了对社会公共利益的维护。因此，作者提出立法者应借鉴美国判例法中公共政策理论的经验，坚持个人本位与社会本位并重的原则来完善我国的解雇保护制度，只有这样劳动者权益才能得到最大限度的保护，从而实现劳动关系和谐发展。[④]唐烈英、陈永福指出当前我国是以静态的法律强制代替动态的劳资协商来平衡劳资双方的力量，从而实现劳动关系和谐发展。由于我国劳动关系矛盾日益凸显，此种劳动关系静态治理面临"强外部性"、"高标准"、很难在劳动关系当事人之间制造

---

① 刘泰洪：《新时代的劳动关系及其治理》，《理论视野》2018年第5期。
② 杨清涛：《发挥政府在构建和谐劳动关系中的主导作用》，《人民论坛》2018年第9期。
③ 闫冬：《论新时代实施劳动法的多元进路》，《河北法学》2018年第5期。
④ 杨浩楠：《完善我国解雇保护制度的路径选择》，《法学》2018年第6期。

"合意"的困境，因此作者提出应转换治理劳动关系思维，通过劳动关系动态治理实现劳动关系和谐发展，即国家为劳动关系当事人之间的交往活动提供激励和相互作用的法律规则和制度，使劳资双方能够借助这些规则和制度进行理性的协商和合作。[1] 我国现行劳动立法过分倚重劳动监察，劳动监察适用情形又非常宽泛且执行不力。与此同时，我国现行劳动立法对劳动行政指导、劳动行政服务、劳动行政激励手段基本虚置不用。因此，欲构建新时代和谐劳动关系，我国劳动行政法律制度亟待完善、创新。[2] 劳动保障监察是政府构建和谐劳动关系的关键性行政力量，中国特色和谐劳动关系发展理念决定了其既要履行为劳动权益实现提供国家保护的责任与义务，又要确保经济持续健康发展、社会和谐稳定的双重价值目标。劳动保障监察职能定位应以"二元"本质属性特征为基本出发点，基于对劳动监察职能国际发展趋势与新时代对劳动保护升级现实要求的综合考量，劳动保障监察职能范围广泛性的制度安排具有现实合理性。当前引发劳动争议的主因源自雇主劳动违法的客观现实，因此劳动保障监察的调解职能制度扩容也成为必要，但应按类型划分实行分类处理。[3]

雇主作为劳动关系的主体之一，所实行的管理策略对企业的发展、和谐劳动关系的构建具有重要的影响，因此一些学者从雇主的角度提出促进劳动关系和谐发展的对策。文化对于提高企业生产率、增进员工间的信任与认同及增强员工对企业的认同感等具有重要的作用，它能将组织的"理性"目标和成员的"非理性"动机有机结合起来。卢广志提出儒家的思想在生产生活中发挥重要的作用，他在分析了儒家"德治"思想在构建劳动关系中的作用的基础上提出将儒家"德治"思想融入企业的文化建设、企业管理、对职工

---

[1] 唐烈英、陈永福：《从静态到动态：劳动关系治理思维的变革》，《西南民族大学学报》2018年第10期。
[2] 赵红梅：《新时代和谐劳动关系构建——基于劳动行政法规视角的研究》，《中国劳动关系学院学报》2019年第4期。
[3] 黄国琴：《和谐劳动关系构建中劳动保障监察职能定位研究》，《中国劳动》2019年第6期。

的考核、职工的绩效及企业的制度框架，把企业建立成一个真正的"职工之家"，从而实现企业效益增长与劳动者福利提高双赢的局面。[1]刘春英、万利通过对 350 名服务行业的员工进行调查，分析劳动关系氛围、情绪劳动与创新行为三者之间的关系，指出企业不仅要营造良好的劳动关系氛围，而且要注重员工的情绪管理，以此来激励员工个体的创新行为。[2]张明真从规范企业劳动规章制度的制定、完善日常劳动关系管理、建立员工申诉途径及树立人本管理理念等方面入手，基于书面契约和心理契约融合的角度对企业和谐劳动关系的构建给出了分析。[3]

工会作为劳动者利益的代表者，在和谐劳动关系构建过程中同样发挥着重要的作用。许汇认为，为推进和谐稳定劳动关系建设，切实承担起引领职工群众听党话、跟党走的政治责任，非公企业工会组织建设必须跟进。在非公企业建会方面上级工会领导机构应有创新顶层设计，加强制度建设、创新工作方法，为基层开展工作提供政策支持，解除后顾之忧。[4]当前我国处于经济社会转型发展新时期，劳动关系所涉及的主体日益多元化，这使得我国劳动关系矛盾日趋复杂。孙永波、和文超、李霞基于主体视角对我国现有的劳动关系协调机制进行了分析，指出劳动关系协调机制的有效运作的前提是各主体角色的准确定位及作用的充分发挥。因此，除了劳动关系的基本主体外，探索将新的主体引入协调机制中，完善主体新功能，更好地发挥协调机制的作用，促进劳动关系和谐发展。[5]

除此之外，有的学者就新时代如何构建和谐劳动关系提出了对策。和谐

---

[1] 卢广志：《将"德治"思想融入企业建设》，《人民论坛》2018 年第 21 期。
[2] 刘春英、万利：《劳动关系氛围对员工创新行为的影响：情绪劳动的中介作用检验》，《经济与管理研究》2018 年第 6 期。
[3] 张明真：《浅析基于双契约融合的企业和谐劳动关系构建》，《全国流通经济》2019 年第 32 期。
[4] 许汇：《加大非公企业建会力度构建和谐劳动关系》，《工会博览》2019 年第 13 期。
[5] 孙永波、和文超、李霞：《基于主体视角的企业劳动关系协调机制探究》，《管理现代化》2018 年第 4 期。

稳定的劳动关系是实现经济健康发展社会稳定的重要基础。胡放之通过对湖北企业的调查发现，随着经济结构的调整，产业转型升级压力加大，劳动力市场的变化，新时代的劳动关系更加复杂，面临新旧矛盾并存、劳动争议案件多发且多发生在劳动密集型产业的问题。为此，要着力化解结构性矛盾、发挥政府在构建和谐劳动关系中的主导作用、完善构建和谐劳动关系的规则支持体系、发挥工会在构建和谐劳动关系中的作用、创新劳动关系协调体制机制，促进新时代和谐劳动关系的构建。[①] 王少林对新时代劳动关系和谐发展给出了全面的制度建议。在执行上强化，充分发挥制度效能依法保障劳动者合法权益。坚持立足当前，着眼长远，强化制度执行，深化标本兼治，不断加强劳动关系矛盾的系统治理、依法治理、综合治理、源头治理。要突出重点，紧紧围绕解决拖欠农民工资这一老大难问题，制定《保障农民工工资支付实施细则》，修订完善《农民工工资保证金管理办法》，扎实开展根治欠薪专项行动，全面排查隐患、限时解决问题、强化违法惩戒。同时，完善欠薪监测预警机制，积极推广建筑工地实名制管理系统，对全区建筑工地劳动合同签订、工资保证金收缴、工资按月支付情况实施线上监管，对欠薪苗头性问题及时发现、及早处理。要形成合力，健全协调劳动关系三方机制，大力推进集体协商和集体合同制度建设，依法规范劳务派遣用工，联合开展企业关爱职工、职工热爱企业活动，推进和谐劳动关系园区、企业创建工作。加强企业用工分类指导，重点引导经济结构调整涉及企业、经营困难企业，采取多种措施稳定就业岗位和劳动关系，依法规范经营性裁员行为。要与媒体联动，坚持负面问题曝光和正面典型宣传相结合，加强舆论引导，凝聚社会合力，形成构建和谐稳定的劳动关系的"最大公约数"。要健全机制，健全完善劳动争议多元处理机制，加快统一规范的劳动人事争议调解组织建设，加强对基层劳动人事争议调解仲裁工作的业务指导，做好调裁审衔

---

① 胡放之：《新时代和谐劳动关系的构建：影响因素与对策——基于湖北企业的调查》，《理论月刊》2018年第8期。

接，推进仲裁办案标准化管理，切实提升劳动人事争议处理能力。加强风险排查，完善应对预案，妥善处置突发性群体事件，确保劳动关系总体和谐稳定。[1] 从权力对比和利益分配角度，形成我国社会主义市场经济转型期的劳资关系的本质是劳资议价能力的差异，即资方的议价能力强于劳方，提出合作共赢是构建和谐劳资关系的努力方向，建议通过建立劳资利益认同机制、寻找利益平衡点、确立劳动要素的分配地位等路径以及加强政府的强制性法规改革或培养具有独立性的工会力量等举措，达到新时代构建社会主义和谐劳动关系的目标。[2]

---

[1] 王少林：《以制度之力推动新时代人社事业高质量发展》，《中国组织人事报》2019年12月16日。
[2] 李晓宁、冯颖：《基于合作共赢的和谐劳资关系构建研究》，《经济问题》2019年第6期。

第四章

新时代工会组织建设

党的十九届四中全会提出，健全劳动关系协调机制，构建和谐劳动关系，促进广大劳动者实现体面劳动、全面发展。工会作为劳动关系主体劳动者的集体代表和劳动关系的协调者，承担着"协调劳动关系、维护职工权益"的职责，是构建和谐劳动关系不可或缺的重要组成部分。2018年至2019年，学者们对工会与劳动关系的研究主要集中于"调解冲突与争议""提高企业凝聚力""影响企业工资率"和"提升员工幸福感"等方面。

一、工会与劳动关系

（一）工会调解集体劳动冲突与争议

随着我国经济体制改革和市场经济的不断发展，劳动关系问题已经成为影响经济发展和社会稳定的突出问题。工会作为职工利益的代表者和维护者，协调劳动关系是其重要职责。

关于工会在协调集体劳动冲突与争议中的作用，学者们主要从工会职能转变、工会有效性、工会独立性、工会集体交涉能力等方面开展研究。有学者通过使用文本分析、干预效应模型和工具变量等方法，从理论和经验两个方面论证了工会的职能及其转变。研究结果表明：第一，工会确实发挥了维护职能，显著改善了职工权益；第二，工会已经发生了职能转变，不再表现为企业利益的协同者，而是实现了向劳工组织的角色回归；第三，服务于党和政府的工作重心调整，行政建制可以推动工会改变工作模式和组建方式，这是工会职能转变的原因而非障碍。

因此，加强党和政府对工会组织的领导，明确工会在群体劳动争议处理中的法律地位、制定工会参与具体形式可以有效发挥工会的组织、协调职能，有效降低集体劳动争议发生的可能性，维护劳动者合法权益。[1]有学者研究认为，群体劳动争议因其争议主体的集体性和组织性、争议内容的多元性和争议手段的集体对抗性而内在地需要工会作为劳方代表参与争议解决。然而，在行政主导的争议处理机制下，忽视了规范化的制度建设，工会的角色定位不明晰，再加上工会自身存在较大缺陷，集体劳动关系协调机制与群体劳动争议解决机制不衔接，造成了工会难以参与群体劳动争议处理的困境。因此，需要完善相关制度，确立三方机制的处理方式，明确工会在群体劳动争议处理中的法律地位，制定工会参与的具体形式、条件和程序，克服工会自身缺陷，构建群体劳动争议解决机制与集体劳动关系协调机制对接制度。[2]有学者研究认为，工会有效性在提升职工民主参与程度和提高职工人力资本水平上的表现均有利于去产能企业集体争议的预防，并形成了两条不同的预防路径，民主参与在保证工人集体劳权的基础上实现降低集体争议发生可能性的目的，而提升人力资本水平则主要通过增强职工就业信心、保障工人个体就业权来预防集体争议发生。[3]有学者研究认为，应增强企业工会的独立性，加强工会的集体交涉能力，让工会作为劳动者的利益代表参与劳资利益谈判，增强劳动者在劳资博弈中的议价能力，以形成相对平衡的劳资关系；工会要把工资集体协商当作基本工作，把维护职工合法权益作为基本职责，要在源头参与、劳动法律监督、劳动争议预警和处理、职工民主管理等服务职工方面发挥工会组织职能，为维护劳动者合法权益提供根本支持。[4]有学者研究发现，工会对员工就业权、劳动报酬权及职业培训权的保障有显著正向作用，但对休息权和社会保险权的实现无显著影响。基于此，

---

[1] 靳卫东、崔亚东：《中国工会的职能转变：从企业利益协同到职工权益维护》，《经济学动态》2019年第2期。
[2] 刘焱白：《工会参与群体劳动争议处理的法律保障》，《浙江工商大学学报》2018年第2期。
[3] 詹婧、潘美智、马漪娴：《去产能企业工会有效性对集体争议的预防效果研究——民主参与和人力资本提升的双路径》，《中国人力资源开发》2019年第8期。
[4] 李晓宁、冯颖：《基于合作共赢的和谐劳资关系构建研究》，《经济问题》2019年第6期。

以机会成本理论视角明确工会未促进员工部分劳动权实现的根源在于其维权职能界限不清，干预了员工有自主选择意愿的消极性权利，进而导致员工面临"被动闲暇"和"非最佳投资"的困境。建议工会维权应以员工积极性权利的实现为动力，以消极性权利的实现为界限，即工会维权重在"保障底线"，不可"过度保护"。[①] 工会要广泛参与劳动关系协调，更好地承担起自己的职责，应以上代下，将制度性特点转化为制度性优势；推动相关法律制度的完善与运用；实现自身的全面改革。[②]

（二）工会提高企业员工凝聚力

企业凝聚力是构建和谐劳动关系的基础。关于工会如何提高企业凝聚力的问题，学者们主要从减少反生产工作行为、提升员工留职意愿、促进员工建言、提升劳动关系气氛四个方面进行深入研究。减少员工反生产工作行为是提升企业凝聚力的基本条件。有学者研究认为，工会实践的员工服务归因显著提高员工的情感承诺，并显著减少员工的工作压力和反生产工作行为；工会实践的绩效提升归因显著降低员工的情感承诺，但对工作压力和反生产工作行为的影响不显著；工作压力和情感承诺在工会实践员工服务归因与反生产工作行为之间发挥显著的中介作用；工会在改革过程中与员工保持紧密联系的必要性，对引导工会、员工和企业各方共同构建和谐、共赢的劳动关系有重要价值。[③] 员工留职意愿是工会凝聚力的直接体现，是构建和谐劳动关系的基础。有学者研究发现，工会主席身份对员工留职意愿有显著影响。工会主席越是来自基层管理者的企业，其员工留职意愿越强，且该结论不受

---

① 程虹、王越：《工会维权与员工的消极性权利——基于中国企业—劳动力匹配调查数据的实证检验》，《暨南学报（哲学社会科学版）》2018年第4期。
② 赵冬玲：《新时代我国工会组织参与企业劳动关系协调研究》，《北京交通大学学报（社会科学版）》2019年第4期。
③ 张毛龙、胡恩华、张龙、王凌云、单红梅：《工会实践归因对员工反生产工作行为的影响》，《管理科学》2019年第11期。

员工特征、工会主席特征和企业（主）特征的影响。来自基层的工会主席主要通过谈判、协商等方式，促使企业增加薪资、改善福利，促使企业签订劳动合同、延长劳动合同期限以及提升员工的安全感，通过这三条路径来降低员工的离职意愿。工会主席身份对于私营企业员工留职意愿的影响甚于非私营企业，对于高新技术企业员工留职意愿的影响甚于非高新技术企业，对于"90前"老一代员工留职意愿的影响甚于"90后"新生代员工。[①] 有学者则从心理联系视角出发，通过文献演绎和开放式调查明确中国情境下员工——工会组织之间存在勉强接受、利益得失、承诺和认同四种心理联系，并以问卷调查获得的数据为基础进行量表信度分析和效度分析，探索不同类型工会承诺与工会改革成效之间关系。研究结果表明：心理联系指数越高的员工，即对工会组织心理卷入程度越高的员工，越有可能表现出积极的工会公民行为和组织公民行为，离职倾向程度更低；四种心理联系类型的工会承诺测量量表信度、区分效度和聚合效度较高；员工与工会组织之间的心理联系类型以及不同心理联系类型的强弱程度能够预测员工工会公民行为、组织公民行为和离职倾向，说明量表的效标关联效度较高。[②] 员工建言对组织面临复杂多变的外部环境能快速而有效地作出反应至关重要，对提高企业凝聚力具有重要作用。有学者认为，企业承诺正向影响促进性建言和抑制性建言；工会承诺是促进性建言和抑制性建言的新的前因变量；工会承诺对促进性建言和抑制性建言的预测效应强于企业承诺对促进性建言和抑制性建言的影响。企业人力资源管理系统与工会系统间的有效合作为构建和谐劳资关系提供了实践指导即只有当企业和工会两个系统相互配合、彼此协作，形成有效的耦合时，才能被员工作为一个完整的组织环境系统感知到。企业与工会要相互尊

---

① 罗永华、魏下海、吴春秀：《工会主席身份是否影响员工留职意愿——基于2016年广东南海"雇主—雇员"匹配数据的实证研究》，《财经研究》2018年第4期。
② 周恋、刘明巍、李敏、林敏婉：《中国情境下的工会承诺研究：量表开发及对员工公民行为和离职倾向的预测作用》，《中国人力资源开发》2019年第8期。

重对方的主体性地位，就员工权益、管理运作展开平等交流与协商，积极展开互动与合作，形成良好的组织间沟通机制，进而作用于员工建言行为频率和质量。①有学者研究发现，工会实践水平越高，员工越倾向于建言；工会实践通过心理安全感、建言效能感和建设性变革责任感影响员工建言。工会实践不仅可以提高员工的心理安全感和建言效能感，解决员工不敢建言和建言无效的"后顾之忧"，而且能够激发员工为企业发展建言献策的责任感，从而促进员工建言。研究结果既为企业管理者提升员工建言水平找到一条新的途径，又为增强工会——企业合作、构建和谐劳资关系提供理论支持。②劳动关系氛围是企业凝聚力形成的重要影响因素。劳动关系氛围是企业凝聚力形成的重要影响因素。有学者研究发现，目前企业工会实践和劳动关系气氛都不太好。工会实践主要包括维权实践、参与实践、教育及服务实践三个维度，其中维权职能履行最糟，其次是参与职能，再次是教育和服务；不同企业的工会实践存在显著差异，处于东、中部地区的大规模国企的工会在工会实践各维度方面明显优于其他企业。工会实践的不同方面对劳动关系气氛的影响有明显差异，工会教育及服务职能对积极劳动关系气氛产生的作用最大，工会维权则对消极劳动关系气氛产生的作用最大。企业工会应建立健全组织加大维权职能，开展实质性的劳资集体谈判，维护工人分享企业利润的权益，并吸纳工人参与企业管理和决策，在生产中有发言权、参与权、监督权，维护工人日常权益。③

---

① 胡恩华、章燕、单红梅、张龙：《企业承诺和工会承诺对员工建言行为的影响研究》，《管理学报》2018年第8期。
② 胡恩华、韩明燕、单红、张龙、韦琪：《工会实践能促进员工建言吗？——计划行为理论的视角》，《外国经济与管理》2019年第5期。
③ 谢玉华、刘美艳、陈培培：《企业工会实践及其对劳动关系气氛影响研究》，《财经理论与实践（双月刊）》2019年第1期。

(三) 工会影响企业工资率提升

关于工会对企业工资率的影响，学者们通常从工会实践、制度环境、会员效应等方面进行分析和解释，但并未获得一致性结论。在工会具有协调矛盾、维护权益等职能的基础上，大量学者认为工会有助于提升部分企业或人口的工资率，具有"收入溢价"效应。有学者研究指出，中国企业工会有助于提升民营企业的工资率，企业工会的这一作用受其所在地区政府的自主性和法制水平两大制度环境因素影响；地方政府的自主性越强，越有意愿和能力推动绩效目标，从而促使工会协助工人更多地服从企业和地方经济的发展目标；另外，法制发展为工人运用法律进行个体维权提供了更多的合法机会，加强了工人对司法机构的信任，因此法律维权在一定程度上会替代工会维权。① 有学者研究发现，工会能显著提升流动人口的收入，但工会的"收入溢价"效应具有异质性，城城流动人口高于乡城流动人口、签订合同者高于未签订合同者，个体私营企业的表现要优于国有集体企业和外资企业。② 工会显著地促进了企业的原产品规模扩张、新产品研发以及工艺创新；工会对投资的作用大小取决于管理层对员工权益的回应，在员工权益保护较好的企业，工会促进投资的效应将放大。③ 一些研究则认为工会身份对工资没有产生显著性差异影响，但工会通过劳动合同、集体合同等严格执法手段保护了雇员的劳动收入，提高了会员的谈判能力，解决了局部劳动力市场失灵，并减少了会员性别工资歧视的程度。④ 还有学者研究发现，工会影响工资分

---

① 陈宗仕、张建君：《企业工会、地区制度环境与民营企业工资率》，《社会学研究》2019年第4期。
② 阳玉香、莫旋、唐成千：《工会的"收入溢价"效应研究——基于中国流动人口动态监测数据的分析》，《财经理论与实践》2018年第5期。
③ 张皓、吴清军：《工会、劳动保护与企业新增投资》，《世界经济》2018年第5期。
④ 袁青川：《中国工会会员效应下的工资溢价实证研究——来自2012年雇员雇主匹配数据的经验》，《中央财经大学学报》2018年第3期。

布的两种机制,即"扭曲效应"和"压缩效应",前者是工会通过采用工作工资率谈判改变技能要素回报率,从而实现工资优势;后者是缩小会员工资分布范围,降低工资差异。按照劳动技能水平对员工进行分类后,高收入组会员技能要素回报率扭曲程度最大,中等收入组工会影响最小。工会组工资基尼系数小于非工会组,且工资分布集中程度更高。虽然中国工会由于长期以来的不作为和矛盾的功能定位而饱受批评,但是工会对企业员工工资的影响不容忽视,不管是通过工资集体协商还是监督法定标准,工会通过"扭曲效应"和"压缩效应"改变了工资分布,实现了工资溢价。但是工会对中低收入组关注还不够、影响还不大。不论是工会对低收入组的客观覆盖率低,还是由于工会的"失位"导致会员认可程度不高,工会对低收入组保护偏弱的事实有待改善。且随着中国产业转型升级,低技能劳动密集型企业逐渐失去竞争空间,新行业新产业对工人技能水平提出更高要求,工会应该更多关注低技能劳动者的技能升级,使他们更好地适应产业的需要,提高收入水平。[1]

(四)工会提高企业员工幸福感

企业员工幸福感既是构建和谐劳动关系的要求,又是实现美好生活的目标。关于工会对企业员工幸福感的影响,学者们主要从工会参与度和文娱活动效用两方面进行了系统分析。有学者研究发现,参加工会显著提升了国有企业员工的幸福感;国有企业雇用结构越稳定,员工参加工会可能性越高,且加入工会提高了员工工资水平、医疗保险覆盖率和身心健康,进而提升了其幸福感;参加工会对提升女性国有企业员工幸福感影响更大;与东部地区相比,中部地区和西部地区国有企业员工参加工会能够带来更高的幸福感。为进一步提高国有企业员工幸福感,加强工会对员工幸福感的影响,国有企

---

[1] 孙兆阳、刘玉锦:《工会对企业员工工资有什么影响?——基于中国综合社会调查2008—2015年混合截面数据的分析》,《管理世界》2019年第2期。

业工会必须努力为员工提供高质量服务,要关照和帮助女性员工加入工会组织,也要更多关注男性员工切身合法权益,积极同工会建立平等协商制度;政府要加强对国有企业的监管,以防止国有企业为追逐最大化利润而减少对工会的经济投入,要尽快理顺和夯实工会活动的财力来源,加强工会的经济基础,从而为确保工会各项活动的顺利开展提供可靠的经济支持。此外,政府应努力消除劳动力市场中户籍门槛限制,增强员工就业稳定性,做到精准帮扶困难员工群体,让广大员工过上更加幸福美好的生活。[1]有学者研究发现,工会文娱休闲活动对员工福祉具有正向影响,心理契约在其中发挥重要的中介作用,情绪衰竭的中介作用没有得到验证。这与现实相符合,尽管工会文娱休闲活动加强了员工与组织之间的联系,但在多目标导向下,工会争取的利益与员工需求往往出现了不一致,员工情绪衰竭得不到有效缓解,进而阻碍了员工福祉的充分提升。研究结论不仅丰富了工会领域的理论研究,也为增强工会—企业合作、构建和谐劳资关系提供了理论支持。[2]

二、新时代工会建设与发展

(一) 中国特色社会主义工会发展道路

习近平总书记关于工人阶级与工会工作的重要论述,围绕中国工会在新时代"举什么旗、走什么路""什么是中国特色社会主义工会、怎样建设中国特色社会主义工会"的问题,形成了"一个宗旨、两个原则、三个特性、'四论'为经、五策为维"的全方位理论体系,是新时代工运事业和工会工作创新发展的行动指南与根本遵循。深刻把握习近平总书记关于工人阶级和

---

[1] 张抗私、刘翠花:《工会是否提升了国有企业员工的幸福感?》,《财经问题研究》2018年第3期。
[2] 胡恩华、韩明燕、胡彩红、张朦月、张龙、单红梅:《工会文娱休闲活动对员工福祉影响的实证研究》,《预测》2019年第2期。

工会工作重要论述的内在逻辑和核心要义，对于坚持和拓展中国特色社会主义工会发展道路、充分发挥工人阶级在推进中华民族伟大复兴的主力军作用具有重要和深远的意义。[①]

有学者研究认为，中国特色社会主义工会发展道路是中国特色社会主义道路的重要组成部分，是马克思主义工会学说中国化的理论表达。理解这一概念的核心要义，要遵循从"语义"到"历史"再到"制度"的认识路径。语义是概念的外化，历史是概念的根蒂，制度反映概念的行动逻辑。只有在回归历史逻辑和结构化的制度分析中，才能避免"外部反思"，准确把握中国特色社会主义工会发展道路的实体性内容。中国特色社会主义工会发展道路，是语义形态、历史形态和制度形态的辩证统一，是当代中国马克思主义工会学说发展的三个基本维度。[②] 面对当前劳动关系深刻变化、国家治理方式转型的新形势，有学者研究提出通过借鉴西方工会改革出现的"服务模式"和"组织模式"两条路径，结合以上海"工会购买服务"和深圳"工会促进工人有序组织化"为代表的工会改革实践，可以将"社会服务"与"组织动员"总结为目前中国工会改革的两种模式。探究这两种模式的理论内涵、形成缘起及其对中国工会改革的适用性和挑战，可以推导出未来中国工会改革的发展方向是一种"以组织动员为内核、社会服务为外延"的新时期工会改革模式。这种模式旨在服务于党政体制下的国家治理能力提升，是对中国特色社会主义工会发展道路的有益探索。[③] 学徒制是职业教育的最早形态，也是现代市场经济国家提升劳动力质量的重要制度。《关于全面推行企业新型学徒制的意见》的实行，标志着我国劳动力综合素质建设迈上了新台阶。有学者研究认为工会作为劳动者的利益代表，其对新型学徒制的参与既

[①] 钟雪生、王永玺：《新时代中国工运事业和工会工作的行动指南与根本遵循——深刻把握习近平关于工人阶级与工会工作重要论述的核心要义》，《科学社会主义》2019年第6期。

[②] 刘佳：《从概念到行动：中国特色社会主义工会发展道路的理论表达》，《理论月刊》2019年第10期。

[③] 岳经纶、陈泳欣：《中国工会改革的"第三条道路"》，《探索与争鸣》2019年第3期。

有着一定的法制基础、丰富的实践印证和成熟的域外经验之支持,也在客观上有助于减轻政府及企业的负担,并能促进我国职业教育治理体系现代化。然而,工会参与也面临着法治建设滞后、企业重视不够和工会自身能力不足等多种问题。对此,工会应当通过拓展组织类型、细化基本职能、积极推动相关制度的改革等途径,实现对职业教育之有理、有利、有效的参与,从而帮助产学研三方开展良好合作,确保新型学徒制的推行取得实效。①

(二) 新时代工会组织社会化发展要求

工会组织作为最主要群团组织之一,其组织机构健全、社会影响力广泛,在激发社会活力、整合社会力量等方面具有重要潜能和优势,是社会治理体系建设的重要依靠力量。有学者研究认为,在当前社会多元格局背景下,社会治理面临着诸多整合难题和治理碎化问题,为此,工会组织需要通过组织形式和运行机制创新,有效整合体制内外资源,实现工会组织的社会化,发挥工会组织作为枢纽型组织的引领功能,实现角色和功能的转换。②"枢纽型社会组织"是近年来社会治理领域出现的一种创新的组织形态,其初衷是为了实现对社会的整合与凝聚。有学者研究认为,枢纽型组织形态的构建,不仅是理顺社会组织管理、促进社会组织发展的一种策略选择,还是新时代国家治理体系和治理能力现代化背景下,执政党建设、党的群团改革、政府治理现代化、社会组织管理体制改革等多维度、多层次的需求。兼具政治性与联系性,独特的"组织身份"决定了工会组织能在社会治理网络中填充"结构洞"位置;当前工会组织改革瓶颈的突破,还有赖于其在劳动关系领域填充"结构洞"位置,发挥政治、资源和组织优势。枢纽型社会组织要实现社会整合,可通过"安全阀"机制,构建"枢纽型党建"确保社会组织发展的政治安全性;通过协同机制,助力"放管服"改革促进政

---

① 喻术红、赵乾:《企业新型学徒制实施中的工会定位问题》,《社会科学家》2019年第4期。
② 汪杰、汪锦军:《社会治理体系创新视野下的工会组织角色》,《治理研究》2019年第1期。

府职能转变;通过价值培育机制,"增能"社会组织,促进共享价值的形成;通过统筹机制,增强群团组织"内聚力"并撬动"外聚力"。[①]

在统合主义视角下,工会是由国家自上而下建立的、由国家控制的官僚系统内的组织,因此工会的改革必然始于自上而下的顶层设计。然而,有学者研究发现,工会改革不仅仅是只能萌芽于国家层面的制度安排,还能始于工会系统内部的主动实践。具体表现在:以试验区工联会为突破口增强基层工会力量,并辅之以社会工作化的工作方法,以及在观念层面上,突破以往依靠自上而下的行政力量进行工会改革的理念,以自下而上的草根思维强化基层工会、在基层促进劳工团结、预防和减少劳资纠纷。工会的这种主动改革似乎突破了统合主义对工会角色的定位。不过,需要看到这种改变依然是在国家既定框架下进行的,是党政支持和工会能动改革两者合力的结果。[②]

(三)工会组织效能的改革与建设任务

围绕工会组织效能改革与建设问题的研究,学者们关注的重点主要集中于失业人员再就业、私企组建工会、高校工会协商民主和职业运动员工会法律体系构建等方面。在去产能的背景下,大量企业职工会面临失业的困境,而大量人员的失业会造成社会福利负担的加重、社会秩序的不稳定等多种负面影响,如何妥善解决失业人员的再就业成为一大难题。

有学者认为,政府促进失业人员再就业的主体责任毋庸置疑,而作为维护职工权益的工会组织同样有着义不容辞的责任。尽管工会组织在促进去产能失业人员再就业工作中发挥了重要作用,但仍存在着就业信息掌握不充分、维权职能发挥有所欠缺、再就业培训落实不到位、扶贫帮困效果不理想

[①] 余茜:《结构性位置与能动性作用:作为枢纽型社会组织的工会组织》,《行政论坛》2019年第6期。
[②] 岳经纶、陈泳欣:《超越统合主义?社会治理创新时期的工会改革——基于深圳市试验区工联会的实践》,《学术研究》2018年第10期。

等问题。需积极探索工会组织在新时代下促进去产能失业人员再就业的新路径，通过不断完善就业服务体系，加强教育宣传和心理疏导；积极履行工会维权职责，构建和谐劳动关系；加强职业技能培训，提高就业能力水平等；促进失业人员再就业问题的有效解决，产业结构的优化升级，经济社会可持续健康发展。[1]

关于私营企业组建工会的情况，有学者研究发现中国私营企业中有工会组织的比例在 20 年间呈上升趋势，近年略有下降，但仍占半数比例；基于第十次私营企业调查数据研究表明，私营企业组建工会的影响因素不仅包括企业层面的特征，也包括私营企业主的体制内经历、政治嵌入情况、是否工商联会员等。私营企业或企业主与国家关系越密切，越有可能在企业中建立工会组织。组建工会对员工待遇有显著的改善，对员工待遇低的企业，工会组织有更强的积极效应。[2] 针对高校工会组织改革，有学者研究认为高校工会要完善以教代会制度为核心的高校民主协商监督机制，建立健全校内不同群体的利益诉求表达机制，增强高校民主决策的效率及有效性，提升大学治理体系与治理能力现代化水平。具体建设路径为：通过顶层机制，将工会协商嵌入高校重大决策；实现表达充分，将协商嵌入利益表达的内容界定；凝聚诉求，从"有纷争"到"求共识"；构建多元治理，从"独唱"到"合唱"，建立多元治理平台；保障权利，从"共识"到"共为"，把学校所需、教职工所盼、工会所能结合起来，确保教职工利益得到有效保护。[3] 在对国内外职业运动员工会法律体系进行系统研究的基础上，有学者研究认为职业运动员工会基本职能包括谈判职能、维权职能、服务职能以及教育职能；我国运

---

[1] 宋凤轩、杨竹晴：《去产能背景下促进失业人员再就业的路径选择——以新时代工会组织之效能为探讨中心》，《河北学刊》2019 年第 7 期。
[2] 王雅静、周旅军：《私企组建工会的趋势、影响因素及后果分析——基于中国私营企业调查的实证研究》，《北京工业大学学报（社会科学版）》2019 年第 7 期。
[3] 朱向峰、付德波、陆颈浩：《利益表达视野下高校工会协商民主研究》，《中国高等教育》2020 年第 8 期。

动员个体维权时常用的三种途径与不足，它们分别为自立救济、司法救济与行政救济，前者维权效果不佳；司法救济耗时耗力；行政救济因缺乏指导性文件与听证环节，判决随意性强。我国现行的《中华人民共和国工会法》等法规文件并不能满足于运动员工会对于法律层面的需求，体育法律的建设步伐已经明显滞后于职业体育发展的速度。为了避免运动员工会落入传统工会条款的窠臼，应当尽快成立职业体育快速仲裁与协商机构，建议相关职能部门与法律工作者应尽快制定并颁布职业体育法，在此基石上建立我国职业运动员工会，让我国职业体育联盟、职业运动员与运动员工会三者间在处理相关事务时真正做到"有法可依、有律可查"，在充分维护职业运动员自身权益的基础上，平衡好三者之间的利益关系。[1]

（四）西方工会改革发展的回顾与启示

西方国家针对工会发展问题的研究已经持续多年，但是对于中国工会改革的研究开始不久。尽管劳动关系情境不同，工会的基本属性相异，但我国依然可以在一定程度上辩证地借鉴西方工会研究的理论产出。有学者研究认为，随着西方工会成为制度化社会组织，其本质已经成为一个具有自身独特利益的组织，且为了组织生存无法摆脱二重性矛盾所带来的困扰与压力；而中国工会仍受传统模式的影响和困惑，工会的多重性矛盾不仅钳制着改革的深入进行，而且也使理论分析的框架结构更加复杂。国内学术界还需要在概念内涵、逻辑内涵上对工会理论重新进行界定，尤其是在理论要素的涵盖上，要注意对工会多重性矛盾和工会本质之间的内在关系给予持续的关注。西方学术界对工会复兴的主要争论反映出劳动关系理论发展的新趋势，以及在经济全球化的背景下对社会思潮、政经体制和劳工运动的全面审视，可以说这些发展和变化对中国工会改革研究领域的理论建构具有极其重要的对照

---

[1] 陆广、邹师思、周贤江：《我国职业运动员工会之法律体系构建：域外经验与本土实践》，《武汉体育学院学报》2019年第7期。

作用。[1]世界工会联合会是第二次世界大战结束后不久成立的一个具有广泛代表性的国际工会联合组织，也曾是国际工会运动史上影响最广泛的工会组织。有学者研究认为，世界工联在反帝、反殖、支持民族解放运动、维护工人权益、维护世界和平以及促进世界经济发展中作出过一定贡献，对国际工人运动的发展产生了积极影响。世界工联自成立之日起，内部成分复杂、政治主张存在差异、国际共运分裂和分歧长期存在并最终陷入低潮等多种因素制约了其发展，甚至一度沦为"推行苏联外交政策的工具"。苏联解体、东欧剧变后，特别是新世纪以来，世界工联进行了政策调整，取得了一定的成绩，却也面临较多的问题与挑战。[2]针对中东欧国家劳动关系发展问题，有学者研究认为，基于历史传统和不同的政策导向，中东欧国家的产业关系可以被划分为以斯洛文尼亚为代表的社会伙伴关系模式、维谢格拉德集团模式以及波罗的海模式。受到历史背景、经济发展环境和国际化进程等类似因素的影响，中东欧国家工会的发展面临共同的挑战。他们从会员招募、集体谈判和抗议活动、工会重组与合作、政治参与和三方协商以及国际合作五个方面对工人权益进行维护，保护其成员免于失业，促进国内工会加强合作，使得三方协商机制更加完善，并进一步深化国际合作。[3]关于美国冷战时期工会的发展情况，有学者研究指出，美国政府在冷战初期颁布马歇尔计划，目的是通过振兴西欧各国经济来稳定那里的资本主义秩序。然而要实施这项政策，仅仅依靠西欧政府的合作还远远不够。当时，西欧左翼工会都反对马歇尔计划，并不断发动罢工以抵制它的实施。在这个关键时刻，美国主流工会发挥了白宫和国务院所不能起到的作用。在1947年至1949年这段时间里，由于劳联和产联的上层在西欧工会中做了大量工作，致使右翼工会纷纷出来

---

[1] 孟泉、曹学兵：《工会何以复兴？——西方工会复兴研究的主要议题、学术争论及启示》，《中国人力开发》2019年第3期。
[2] 余维海、杨青青：《国际工人运动中的一支重要力量：世界工会联合会的回顾与前瞻》，《当代世界社会主义问题》2018年第3期。
[3] 代懋：《中东欧国家工会发展：共同挑战与战略选择》，《教学与研究》2019年第7期。

支持欧洲复兴,同时也导致西欧左翼工会的分裂,从而削弱了反对阵营的力量。这一切都为马歇尔计划的实施创造了条件,同时也充分显示出美国工会上层极端保守的政治性格。[①] 在处于不断变化的劳动关系情境下,中国工会在处理内部与工人的关系和外部与国家、资本的关系时,必然在冲突与妥协中不断寻求组织的存续、发展和新的道路,也会给劳动关系领域不断带来新的研究视野、观点碰撞与理论交锋。如何回归工人运动的本质、工会组织发展的终极目标,将是下一阶段在理论和实践上建构中国工会行动理论框架的主要任务。

三、新时代工会发展与特色

新时代中国特色社会主义的新方位、社会主要矛盾出现了新变化,按照党中央关于群团改革的新部署新要求,工会的创新发展也体现出了新的特点。政治性、群众性和先进性,把握坚定政治方向,深化改革创新,将最广泛最紧密地把职工群众团结在党的周围作为工会组织的新使命、新目标、新要求。我国现行《中华人民共和国工会法》(以下简称《工会法》)第二条明确界定了工会的功能和性质:"工会是职工自愿结合的工人阶级的群众组织。"党的十八大以来,面对劳动关系的新变化、职工群众的新期待,习近平总书记对我国新时代工会工作的理论和实践作了全面深刻的重要论述,为新时代我国工会创新发展提供指引。习近平总书记指出:"时代在发展,事业在创新,工会工作也要发展,也要创新。"[②] 作为群众性组织,工会在新时代工会工作创新发展中要深入学习贯彻习近平新时代中国特色社会主义思想,学习贯彻习近平总书记关于工人阶级和工会工作的重要论述,按照

---

① 王心扬:《美国工会与马歇尔计划——从外交活动看美国工会上层的保守性格》,《史学集刊》2018年第3期。
② 《习近平谈治国理政》第一卷,外文出版社2018年版。

党中央关于群团改革的新部署新要求，奋力谱写新时代工运事业和工会工作新篇章。坚持推动工会理论创新。明确习近平新时代中国特色社会主义思想的指导地位，不断总结实践新经验，推动工会理论创新，发挥理论引领作用。时代是思想之母，实践是理论之源。实践没有止境，理论创新也没有止境。要深入学习贯彻习近平新时代中国特色社会主义思想，包括群团改革思想和工运思想，强化理论武装，始终坚持新时代我国工运事业的正确前进方向。要大兴调查研究之风，经常、广泛、深入开展调查研究，要深入研究工人阶级发生了什么变化，研究工人阶级的时代特征、时代内涵和时代作用。工运理论要与时俱进，要着力加强对习近平新时代中国特色社会主义思想特别是群团改革思想和工运思想的学习研究，着力围绕新时代职工群众新情况新需求扎实研究，着力聚焦工会改革创新深入研究，坚持以理论创新引领，带动制度创新、实践创新，为推进新时代党的职工群众工作，展现工会组织新作为提供重要理论支撑。

王艳霞撰写的《新时代中国特色社会主义与工会工作新探索》认为新时代中国特色社会主义工会的发展要有新作为，必须作出新的探索。[①] 新时代中国无论是社会主义的主要矛盾还是发展目标、工人阶级的定位与诉求都出现了新的变化，这就需要以习近平新时代中国特色社会主义思想武装工会；扩大工会工作覆盖面；拓展劳动竞赛载体，促进企业增值提效；创新工会服务理念和方式，维护职工合法权益；建设高素质职工队伍等方法实现。

钟雪生、王永玺撰写的《新时代中国工运事业和工会工作的行动指南与根本遵循》一文认为，习近平总书记关于工人阶级与工会工作的重要论述，围绕中国工会在新时代"举什么旗、走什么路""什么是中国特色社会主义工会、怎样建设中国特色社会主义工会"的问题，形成了"一个宗旨、两个原则、三个特性、'四论'为经、五策为维"的全方位理论体系，是新时代

---

① 王艳霞：《新时代中国特色社会主义与工会工作新探索》，《工会理论研究（上海工会管理职业学院学报）》2018年第2期。

工运事业和工会工作创新发展的行动指南与根本遵循。[①]具体而言：一个围绕是指工会为职工追求和实现美好生活是工会工作的宗旨；遵循两大原则是指坚持中国共产党的领导和中国特色社会主义的信念；三个特性是政治性、先进性和群众性；坚持"四论"是指坚持工会工作重要论、全心全意依靠论、产业工人发展论、职工为本维护论；"五策"包括教为先、撸袖干、真代表、抓基层、深改革。

涂永珍在《新时代工会维权功能定位及其法治化思考》中，引述了习近平总书记对新时代我国工会工作的重要论述，以及在所赋予中国工会组织"政治性、先进性、群众性"新的丰富内涵上，更强调了工会维权功能创新。[②]在文章中指出工会的发展需要突出政治性：工会必须以自觉接受党的领导为最高原则；突出先进性：把牢新时代工会维权的历史使命；也要突出群众性：增强新时代工会组织生命力。在此基础上，工会维权的职能在新时代也需要得到强化，从社会组织功能论角度，可将工会维权功能大致分为四种类型：利益冲突型、行政依附型、功能参与型、利益代表型。新时代中国工会维权功能模式，既不同于早期工业化国家的"冲突型"，也区别于计划经济体制下的"依附型"，同时也迥异于党的十八大之前的"协调型"。新时代中国工会维权功能创新应避免"冲突型"、改革"依附型"、完善"参与型"、走向"代表型"。在工会的维权职能强化上要加强工会源头参与立法及法律执行力度、重塑工会独立社团的私法人属性、赋予工会在合作性博弈行为中的劳方排他性代表权。

综上所述，新时代下工会发展和特色既包括了群众路线与坚持党的领导的继承，也包括了突出职工技能提升和维权职能等符合新时代发展要求的新特点。

---

① 钟雪生、王永玺：《新时代中国工运事业和工会工作的行动指南与根本遵循——深刻把握习近平关于工人阶级与工会工作重要论述的核心要义》，《科学社会主义》2019年第6期。

② 涂永珍：《新时代工会维权功能定位及其法治化思考》，《学习论坛》2019年第9期。

新时代工会发展的核心在于坚持党的领导。坚持主动自觉地接受党对工会的全面领导，是做好工会工作的根本政治原则和政治保证。贯彻新时代党的建设总要求，牢固树立抓好党建是最大政绩的理念，推动工会系统全面从严治党向纵深发展。发挥好党联系职工群众的桥梁纽带作用，牢固树立党的一切工作到基层的鲜明导向，切实承担起引导职工群众听党话、跟党走的政治责任。工会必须以自觉接受党的领导为最高原则，习近平总书记在党的十九大报告中强调指出："坚持党对一切工作的领导。党政军民学，东西南北中，党是领导一切的。"[1]这既是新时代推进工会创新发展所必须始终坚持的正确政治方向，也是工会组织发挥党和职工群众之间桥梁纽带作用的根本原则。中国工会是在中国共产党领导下发展壮大的，坚持党的领导是中国工会的最本质特征，工会组织的任何行动策略都必须服从党的政治要求。习近平新时代中国特色社会主义思想是马克思主义原理同新时代中国特色社会主义的结合，是实现中华民族伟大复兴的行动指南，更是我国工会发展的指路明灯。工会工作在思想上、政治上、行动上要始终与以习近平同志为核心的党中央保持高度一致。用新思想指导工会工作，提升服务职工的水平和能力，关键是剖析在工会工作中如何明确"四个意识"，坚定"四个自信"，革除工会"四化"，增强工会"三性"。实现习近平新时代中国特色社会主义思想与具体工会工作相结合，以习近平新时代中国特色社会主义思想指导工会克服"行政化、机关化、贵族化、娱乐化"现象，紧跟党的领导，积极贯彻党的意志和主张，保持工会的政治性。2015年7月，党中央召开党的群团工作会议并发布了《中共中央关于加强和改进党的群团工作的意见》，强调新时期工会等群团组织要自觉维护党中央权威，严守政治规矩，为党排忧，自觉承担起党密切联系职工群众桥梁的历史重托。可见，中国工会不仅是劳动者利益的代表组织，还肩负着巩固党的执政基础的政治使命，因此，

---

[1] 李辽宁：《坚持党对一切工作的领导》，《红旗文稿》2018年第1期。

中国工会必须坚持自觉接受中国共产党的领导，以忠诚党的事业、竭诚服务职工为己任。在把握时代主题、凝聚奋斗伟力中体现先进性，把服务党政工作大局作为中心任务，牢固树立大局意识，紧紧围绕统筹推进"五位一体"总体布局、协调推进"四个全面"战略布局来谋划、推进工会工作。

坚持群众路线是工会发展的纽带。从本质上看，工会是劳动关系的产物，维护劳动者权益是其基本职责，所以，群众性是中国工会维权职能的根本属性，是增强工会生命力及激发工会活力的根本所在。党的十八大以来，习近平总书记多次强调群众性是工会的根本属性。2013年4月，习近平总书记在全国劳动模范代表座谈会上强调，工会要把竭诚为职工群众服务作为一切工作的出发点和落脚点，让职工群众真正感受到工会和工会干部是"职工之家"和最可信赖的"娘家人"。2015年7月，在党的群团工作会议上进一步强调，工会工作应当着力解决脱离群众问题，要努力为职工排忧解难，成为职工的知心人和贴心人。当前，虽然我国劳动关系出现了矛盾和冲突，但这是职工群众基于具体利益诉求导向的社会行动，是市场经济发展导致社会利益分化进程的必然结果。工会组织完全可以通过政治协商、立法参与、合作性博弈等非对抗方式实现劳资或者劳企利益和谐。从某种程度上讲，突出劳动关系矛盾的非对抗性，倡导劳动关系合作共赢，是对马克思主义工运理论的创新发展，是走中国特色工会道路的根本，牢牢把握群众性这个根本特点，把工会组织建设得更加充满活力、更加坚强有力。工会组织通过自觉坚决地根植于职工群众可以进一步体现广泛性和代表性，吸引更多的基层和一线人员到工会组织中，增强工会组织的吸引力、凝聚力。工会组织的群众路线也体现在对新产业、新业态、新模式发展和职工就业、生活、聚集方式变化的适应上。通过形成完善的工会组织体系，工会组织的根系更发达，成为基层劳动者的鲜明导向。山东省总工会坚持政策向基层倾斜、资源向基层汇聚、力量向基层投放，为基层工会开展工作提供更加有力的支持，让基层工会组织建起来、转起来、活起来。针对新时代健全长效机制、走到职工中间。建立健全加强和改进调查研究、工会基层联系点等制度，加快推进"智慧工会"建设，走好网上群众路线，深入基层、深入职工。应倾注满腔热情、走进职工心间。要发扬工会优良传统，真心实意与职工交朋友、结对子，尽心竭力为职工群众解难题、做好事，以扎实的工作作风、工作成效取信于职工，让职工群众真正感受到工会是职工之家，工会干部是最可信赖的娘家人、贴心人。更加自觉坚决地提升群众工作水平。谋划工作听取职工意见。通过改革，一方面，要克服以主观想象代替职工群众真实需求的倾向；另一方面，凡是工会重大决策，都要广泛听取基层工会和职工群众的意见建议，力求为职工提供精准、对路的服务。推动工作请职工参与。要切实建立依靠职工推进工作机制，坚持组织活动请职工一起设计，部署任务请职工一起参与，表彰先进请职工一起评议。评判工作请职工阅卷。要始终关心职工群众的认同感、获得感，真正把评判权交给职工群众，做到"靶向"发力、持久用力，努力交出让职工群众满意的答卷。同时，在新生产业、行业和企业创建工会，是工会平衡不同劳动者差别、缓解新主要矛盾的着眼点。习近平总书记明确要求，要积极扩大工会工作覆盖面，努力把工作做到所有职工群众中去，把更多职工群众吸引到工会中来、吸引到工会活动中来，使工会工作更贴近基层、贴近职工群众，更符合职工群众意愿探索创新共享平台企业工会工作。共享经济是利用互联网信息技术搭建平台，共同分享各种类型的闲置资源，满足不同客户需求的新型经济模式。共享模式降低分享成本，方便生活出行，已快速发展到我国衣食住行等各个领域。在共享经济领域，以企业为中心的雇佣关系转变为松散、临时、边缘化的劳资关系，劳动者可能同时服务于多家企业，员工具有高替代性，工作稳定性差，合法权利无法受到充分保护。工会要及时覆盖此类行业，为职工提供"后台"保障和成长"平台"。

　　工会的发展要在团结工人阶级的基础上以引领工人阶级向上发展为目标。新时代的工会发展必须形成崇尚劳动，树立劳动最光荣、劳动最崇高、劳动最伟大、劳动最美丽的观念。弘扬正能量，思想觉悟提升是前提。要把思想政治工作贯穿于工会各项活动之中，教育引导广大职工自觉用习近平新时代中国特色社会主义思想武装头脑、指导实践、推动工作。弘扬正能量，工作阵地打造是基础。必须造福劳动者，为实现中国梦提供持久动力。在弘扬主旋律、凝聚正能量中体现先进性必须重视加强工会实体阵地建设。做强工人文化宫、职工书屋等阵地，加强网上阵地建设，牢牢把握职工网上舆论引导权。弘扬正能量，先模人物引领是关键。大力弘扬劳模精神、劳动精神、工匠精神，引导广大职工群众共同弘扬时代主旋律、传递社会正能量。创新工会服务理念和方式，为职工提供人性化服务深化工会改革，剖析职工群众多层次、多角度的需求，提升惠及各领域职工群众的服务理念。厦门市同安区以突出问题为导向，以找准职工需求为渠道强化精准优质服务，把握主要矛盾，明确工会新任务。①深入了解各领域职工的美好生活需要，如分流职工的再就业和防贫、防困需求，在职职工的职业发展需求，农民工的入会和维权需求，困难企业及其员工的脱困需求，等等。当前工会工作要以需求引领任务，以任务促进改革，将职工是否获得满足感作为检验工会改革成效的标准之一。扩大工会工作网上覆盖，实现工会工作网络化和信息化。互联网早已不是简单的单向信息发布平台。工会工作应当以"信息化、自动化、可视化"为目标，深入适应和研究不断更新换代的互联网技术，不断探索"互联网+工会"的新模式，提高工会网上工作水平，让职工"动动手"就能办理常规事务，使工会干部有间隙"跑跑腿"，下基层了解职工需求。创新工会领导机构，建立一支以专职为主、兼职与挂职相结合的干部队伍，是我国工会改革中的一项重大突破。例如，新疆工会改革方案中拟定，在自治区工会代表大会代表中，基层和一线职工代表比例将提高到60%以上；自治区工会全委会委员中劳模和一线职工比例提高到20%左右；在领导班子中增设1名劳模、1名一线职工（农民工）任兼职副主席，2名劳模或一线职工（农民工）任常委会委员。2018年福建省总工会撰写的《福建

---

① 《福建厦门市同安区工会以改革创新强化精准优质服务》，《工人日报》2017年11月6日。

省产业工人队伍建设改革调研报告》显示，产业工人普遍希望参与本单位的民主管理、民主监督、民主参与和民主选举。在建立职工代表大会制度的单位中，77.2%的职工表示愿意担任职代会代表。对于职工参与单位管理，82.4%的职工认为有利于维护职工利益，79.5%的职工认为是职工应当享有的权利，76.8%的职工认为有利于促进单位发展。[1]

维护职工合法权益、竭诚服务职工群众是工会的基本职责所在。习近平总书记指出："工会维权要讲全面，也要讲重点。"[2] 在做强主责主业、坚定信心决心中体现先进性。用贴心的服务感召职工。只有把竭诚服务职工群众作为工会一切工作的出发点和落脚点，才能把职工群众紧紧团结在党的周围。用精准的帮扶温暖职工。要把更多注意力放在困难职工身上，及时帮助因各种原因返贫致困职工解困脱困，为广大职工提供具有工会特点的普惠性、常态性、精准性服务。做好维护职工权益的"后台"保障民主管理作为工会的一项长期性、基础性工作，要在不断改革中积累经验做法，运用典型案例推进民主管理工作。新一代企业普通职工已不是处于底层的"沉默者"，而是敢于通过集体方式同强大资方力量进行抗衡的现代公民。这就迫切需要工会站在职工立场上来为其利益代言，并采取有效方式实现其利益诉求。同时，根据相关法律法规，工会也必须依法维护企事业单位职工享有的民主参与权。工会可以建立企业职工利益诉求表达机制，保护企业职工的合法权益，还可从强化民主管理提升工会监督力、体现人文关怀优化工会亲和力、提升文化建设构建和谐的劳动关系等方面，实现对劳动关系的治理。[3] 因受专业人员少而不精、力量薄弱的限制，协商能力与职工不断演化的权利诉求失衡。通过创新多维联动的维权机制，如石家庄市总工会联合石家庄市

---

[1] 《新疆工会改革启动》，《人民日报》2017年11月8日。
[2] 《习近平总书记系列讲话精神学习读本》，中共中央党校出版社2013年版。
[3] 刘继光：《国企工会在构建和谐劳动关系中的作用研究》，《中小企业管理与科技》2017年第20期。

人社局、公安局、法院、发改委、司法局、住建局七部门成立职工维权法律服务中心，打破了工会维权唱"独角戏"的局面。[①] 健全完善劳动和工会法律体系，依法依规维权，独立自主开展工作。全面依法治国是中国特色社会主义的本质要求和重要保障。工运事业和工会工作要自觉融入全面依法治国的伟大实践，在推进科学立法、严格执法、公正司法、全民守法中充分发挥作用。推动形成完备的劳动和工会法律规范体系，加强群众性劳动法律监督，推动劳动法律贯彻落实。要努力提高工会工作法治化水平，善于运用法治思维和法治方式，依法依规按章程办事。

---

① 《凝心聚力促发展 砥砺奋进立新功》，《河北工人报》2018年12月17日。

第五章

劳动文化与劳动教育

劳动是人类社会赖以生存和发展的基础，随着社会的发展和时代的进步，劳动的内容和形式紧跟时代发展的步伐不断发生变化。劳动创造文化，劳动文化作为新时代中国特色社会主义先进文化的重要组成部分，高度彰显劳动的真正价值和意义，极力赞扬劳动者在创造人类历史过程中的主体地位，具有价值取向引导、极力典型示范、塑造健康社会心态的强大育人功能。劳动作为人类的一种重要实践形态，蕴含着非常重要的思想政治教育因素，劳动教育作为思想政治教育工作的重要内容，是新时代高校落实党的教育方针的客观要求，是实现立德树人的题中之义，具有重大的时代价值和鲜明的现实针对性。近年来，关于劳动文化与劳动教育的讨论已然成为学术界研究的热点，研究成果不断涌现，进而把劳动问题的研究推向一个新的历史节点。

一、新时代劳动文化的主要论题

（一）新时代劳动文化的科学内涵

第一，新时代劳动文化的科学内涵包括劳动精神。有学者指出，劳动精神既是劳动本身，又是对劳动的超越，是劳动和劳动认知（体验、意识）的总和。新时代劳动精神是以劳动为基础的精神信仰，是劳动"事实"与劳动"价值"的高度统一，是马克思主义劳动历史观与劳动认识论的高度统一，赋予了劳动新的时代内涵，拓宽了劳动视界，升华了劳动的本质。[①] 有学者指出，新时代劳动精神与社会主义核心价值观一脉相承。社会主义核心价值

---

① 赵浚、田鹏颖：《新时代劳动精神的科学内涵与培育路径》，《思想理论教育》2019年第9期。

观从国家、社会和个人三个层面作出了科学诠释,为青年学生的劳动教育提供了基本的理念支撑、参考的价值目标和行为的价值准则。[①] 有学者指出,劳动精神是劳动文化的本质内核,劳动精神重在劳动的创造性,是富有劳动精神的劳动者通过辛勤劳动在遵循自然界客观规律的基础上对自然界进行合理改造,体现在创造人类生存发展的适宜环境和物质文明、精神文明的过程中。[②] 有学者指出,新时代劳动文化是党的劳动思想进行不断探索和创新的理论成果和劳动实践智慧的结晶,激扬"辛勤劳动、城市劳动、创造性劳动"的劳动品格,蕴含着劳动者杰出代表的劳模精神和工匠精神。劳动文化具有实践的品格,在实践中产生,也在实践中不断丰富发展,在不同的历史时期为了满足时代需要提出了城市劳动、义务劳动、自觉劳动、体面劳动、创新劳动等劳动主旨,彰显时代精神。[③]

第二,新时代劳动文化的科学内涵包括劳模精神。有学者指出,劳模精神作为一种社会价值观,并非政府或知识分子凭空臆测出的价值悬设;事实上,劳模精神不仅是一个思想领域的问题,更是一个实践领域的问题,因为劳模精神以现实劳动为立论基础。劳模精神作为一种价值引领,它源于人民,并将人民作为其发挥作用的有效载体。劳模精神的核心价值取向是满足最广大人民需求,因为人民是劳动实践的主体,是社会物质财富与精神财富的创造者,也是推动社会发展与变革的最终决定力量,可以说,人民群众是社会发展目的与动力的辩证统一。劳模精神只有真正说服并牢牢掌握人民群众这一历史的创造者,才能转化为物质力量以改造客观世界。[④] 有学者指出,劳模精神是劳模在平凡工作岗位上作出不平凡业绩所坚持的基本信念、

---

① 鲁满新:《论新时代弘扬劳动精神的重大意义与实践路径》,《思想政治教育研究》2019年第4期。
② 张志元、聂昱:《新时代劳动文化的时代价值及实践路径》,《劳动教育评论》2020年第4期。
③ 马其南:《新时代劳动文化育人研究》,《学校党建与思想教育》2020年第17期。
④ 田鹏颖、王圆圆:《论劳模精神的科学性及其当代价值》,《东北大学学报(社会科学版)》2018年第5期。

价值追求、人生境界及展现出的整体精神风貌。"爱岗敬业、争创一流，艰苦奋斗、勇于创新，淡泊名利、甘于奉献"的劳模精神，是伟大时代精神的生动体现。劳模精神丰富了民族精神和时代精神的内涵，生动诠释了社会主义核心价值观，是我们的宝贵精神财富和强大精神力量。[①] 有学者指出，劳模精神是劳动模范和先进工作者在劳动过程中体现出来的一种特殊的精神，它体现了劳动模范热爱劳动、乐于劳动的态度，不计得失、无私奉献的道德境界，反映了一个民族在特定的历史时期的价值取向和道德水平。新时代的劳模精神是在创新成为社会经济发展的主要动力背景下适应改革开放的要求，对传统劳模精神的创新性发展，是一种旨在驱动社会主义核心价值观的培育与践行过程中的思想创新。[②]

第三，新时代劳动文化的科学内涵包括工匠精神。有学者指出，"工匠精神"是我们对工匠印象的一种体认，一种抽象的再现，它更主要是手工业时代工匠赖以生存的制度文化的产物。有学者指出，当代工匠精神不仅具有精益求精的精神，更有孜孜不倦的刻苦精神、专业敬业的爱岗精神和求实创新的时代精神。无论工匠精神的基本内涵如何变化，精益求精和追求极致始终是贯穿其中的重要内容和重要特征。[③] 厚植工匠精神，培育工匠气质，前提是建立文化认同，加快消除脑力劳动和体力劳动分工的差别，真正提升工匠的物质待遇和社会地位。同时，精益求精作为工匠精神的核心体现，需要心无旁骛，心无旁骛需要定心稳性，而定心稳性需要安居乐业，使每一位工匠都无后顾之忧，充分将精力集中到产品的研发和制造上，最终得到社会的真正认可和由衷的尊重，这样工匠队伍才会逐步壮大并实现可持续发展。因而，只有全社会充分认识到和肯定工匠的工作价值与劳动贡献，工匠精神才

---

① 刘向兵：《弘扬劳模精神　加强劳动教育》，《中国高等教育》2019年第24期。
② 卢霄、赵书靓：《劳模精神驱动社会主义核心价值观践行的历史与实践逻辑》，《东北大学学报（社会科学版）》2018年第5期。
③ 张祝平：《劳模精神与工匠精神的内涵、传承及其弘扬路径》，《学习论坛》2019年第6期。

能发扬光大。① 有学者指出，工匠精神是人类劳动实践过程中特有的价值呈现，是精益求精、一丝不苟的工作精神和劳动态度，新时代的劳动文化必须从最根本的劳动入手，追求高质量劳动过程和生产高品质的产品，在劳动过程中始终践行工匠精神，将工匠精神贯穿于我国经济社会发展的全过程。②

（二）新时代劳动文化的时代价值

第一，有助于营造脚踏实地、踏实肯干的社会风气。 有学者指出，弘扬劳动精神对于发挥工人阶级先进性、彰显工人阶级伟大品格、推动工人阶级成长进步、塑造"尊重劳动、热爱劳动、崇尚劳动"的社会文化风气具有重要的理论价值和实践意义。③ 需要在社会、学校、家庭、企事业单位等领域积极培育劳动文化，营造与新时代相适应的全方位的劳动文化环境。有学者指出，积极向上的劳动文化培养出来的是尊重劳动、热爱劳动、崇尚责任与奉献的新时代劳动者，在全社会范围内广泛传播"劳动最光荣、劳动最崇高、劳动最伟大、劳动最美丽"的劳动认知，对于发挥工人阶级先进性、彰显工人阶级伟大品格、推动工人阶级成长进步、营造"尊重劳动、热爱劳动、崇尚劳动"的社会文化风气具有重要的理论价值和实践意义。④ 有学者指出，新时代劳动文化对健康社会心态具有塑造作用，有利于培育健康的社会心态，激励社会形成尊重劳动、尊重劳动者、尊重劳动价值的良好氛围，增强社会成员的劳动意识、服务意识、责任意识和担当意识，让人们在追求美好生活向往中形成正确的社会认知、价值取向和社会共识，让勤奋做事、勤勉做人、勤劳致富在全社会蔚然成风。⑤

---

① 祁占勇：《工匠的文化认同及其实现路径》，《陕西师范大学学报（哲学社会科学版）》2019年第6期。
② 张志元、聂昱：《新时代劳动文化的时代价值及实践路径》，《劳动教育评论》2020年第4期。
③ 赵浚、田鹏颖：《新时代劳动精神的科学内涵与培育路径》，《思想理论教育》2019年第9期。
④ 张志元、聂昱：《新时代劳动文化的时代价值及实践路径》，《劳动教育评论》2020年第4期。
⑤ 马其南：《新时代劳动文化育人研究》，《学校党建与思想教育》2020年第17期。

第二，有助于切实培育和践行社会主义核心价值观。有学者指出，劳模精神是在劳动过程中孕育生成的精神，它直接源于并联结着人们日常的生产生活；劳模精神的重要元素和构成因子，像岗位意识、职业精神、进取精神、拼搏精神、创新精神、家国情怀和奉献精神，是对社会主义核心价值观的生动诠释和现实呈现。[1]有学者指出，作为社会主义核心价值的文化映射，劳模精神既体现着以爱国主义为核心的民族性，又不断丰富发展着以改革创新为核心的时代精神，影响着国家形象和国人形象的建构，为社会主义核心价值观提供生根土壤。[2]有学者指出，劳动的实践活动推动经济社会发展，孕育政治民主，催生人类文明，促进自然界、人类社会、人类自身的三者和谐，体现着国家层面的劳动价值目标；劳动的环境优化涵养自由理想，制定平等标准，维护公平正义，实现法治管理，为社会层面的核心价值落地生根提供无形的劳动文化浸润氛围；劳动的精神理念升华了民族认同与爱国情怀，巩固了爱岗敬业的职业信念，推动了诚实守信认识的不断深化，催生了团结友善的和谐人际关系。[3]有学者指出，工匠精神也是民族精神与时代精神的集中体现，与社会主义核心价值观的爱国、诚信、敬业等内容有着密切的联系。加强工匠精神的培育和弘扬，也有助于推进社会主义核心价值观的深入认同和践行。[4]

第三，有助于筑牢实现中华民族伟大复兴的思想基础。有学者指出，以"爱岗敬业、争创一流，艰苦奋斗、勇于创新，淡泊名利、甘于奉献"为核心的劳模精神，将会持久地激励着一代代人用辛勤劳动创造人民的美好生

---

[1] 彭维锋：《习近平总书记关于劳模精神的重要论述研究》，《山东社会科学》2019年第4期。
[2] 李建国、刘芳：《建国70年来劳模精神的发展演进、理论诠释及新时代价值》，《学习与探索》2019年第9期。
[3] 田鹏颖、王圆圆：《论劳模精神的科学性及其当代价值》，《东北大学学报（社会科学版）》2018年第5期。
[4] 刘向兵：《思想政治教育视域下工匠精神的培育与弘扬》，《中国高等教育》2018年第10期。

活、创造中华民族的美好未来。[①] 有学者指出，用劳模精神激发社会成员践行社会主义核心价值观的积极性与创造性，在整个中国就会形成人人尊重劳动，各尽所能，勇于创新与创造的社会风气，就会为实现富强、民主、文明、和谐、美丽的民族复兴之梦提供良好的社会价值基础。[②] 有学者指出，中国特色社会主义进入新时代，中国人民将以"实干兴邦"的劳模精神继续谱写中国特色社会主义伟大事业的新史诗，继续谱写中国特色社会主义伟大事业的新篇章，焕发出人民创造历史的强大生命力。在迈向新征程、实现新目标的进程中，需要弘扬劳动的精神价值、唱响劳动的时代赞歌，以拼搏赓续传统、以奋斗开创明天。[③] 有学者指出，劳动精神是新时代社会发展的风向标，是民族精神和时代精神的集中体现，凸显了新时代社会发展的整体精神风貌，习近平总书记多次强调要大力弘扬劳动文化，通过思想宣传、教育引导、实践养成等途径广泛传播劳动文化，促使社会全体成员弘扬劳动文化，推动全社会热爱劳动、投身劳动、爱岗敬业，为改革开放和社会主义现代化建设贡献智慧和力量，为实现中华民族伟大复兴注入源源不断的精神动力。[④] 有学者指出，实现中华民族伟大复兴是中国人民近年来努力奋斗的中国梦，中国梦的实现需要中国千千万万辛勤劳动者用实实在在的劳动进行努力奋斗。受过高等教育、饱受劳动文化熏陶的劳动者，有助于在全社会树立正确的劳动价值观，成长为具备敬岗爱业工作认真负责、乐于奉献的优良品质的优秀劳动人才，为我国经济高质量发展，进而全面建设社会主义现代化国家提供重要的人才支撑。[⑤]

---

① 赵浚、田鹏颖：《新时代劳动精神的科学内涵与培育路径》，《思想理论教育》2019年第9期。
② 卢霄、赵书靓：《劳模精神驱动社会主义核心价值观践行的历史与实践逻辑》，《东北大学学报（社会科学版）》2018年第5期。
③ 李珂：《用劳模精神激励当代大学生做新时代的奋斗者》，《中国高等教育》2018年第11期。
④ 刘映芳、朱志明：《习近平关于劳动的重要论述及其时代价值》，《思想理论教育导刊》2021年第4期。
⑤ 张志元、聂昱：《新时代劳动文化的时代价值及实践路径》，《劳动教育评论》2020年第4期。

(三) 新时代劳动文化的实践路径

第一,开展系统的劳动文化教育。有学者指出,高校要以立德树人根本任务为中心,以劳模精神进校园为重要抓手,将劳模精神贯穿劳动教育全过程,实现劳模精神进校园与思想政治教育、专业教育、实习实训教育、社会实践和志愿服务、创新创业教育、职业生涯教育、就业指导、校园文化建设相结合,立足校园讲好劳模故事,以劳模的先进事迹感动青年学生,以劳模的卓越贡献激励青年学生,以劳模的高尚情操带动青年学生,以劳模的创新创造引领青年学生,使劳模精神成为高校劳动教育的重要支撑和重要载体,成为学校培育和践行社会主义核心价值观的重要动力。[1]有学者指出,高校不仅要培养学生的专业知识,也要培养学生精益求精、敬业守信、勇于创新的职业态度,要把工匠精神贯穿到专业课程的教学中,从企业、行业、专业的发展角度,帮助学生理解精益求精、勇于创新是提升专业知识、技能和素养的必备条件,潜移默化地引导学生职业素养的形成。另外,工匠精神也要和实践教育相融合,加大实践教学的比重,加强理论与实践的密切联系,积极推进产教融合。[2]有学者指出,在大、中、小学中适当增加劳动技能的培训课程,营造学生热爱劳动、尊重劳动的社会氛围,同时培养学生的劳动兴趣,增强学生的动手能力,构建灵活的教育培训体制,逐步形成普通教育和职业教育相辅相成、相互促进的良好局面。[3]有学者指出,劳动教育中的"劳动",不是指专业化的劳作,而是充满了丰富性、完整性、变通性、实践性、全面性的劳动。这样的劳动教育,会使个体摆脱现代分工所导致的人发展的片面性,为塑造"完整的人"提供充分的发展条件,促进人的自由全面发展。[4]

---

[1] 刘向兵:《弘扬劳模精神 加强劳动教育》,《中国高等教育》2019年第24期。
[2] 刘向兵:《思想政治教育视域下工匠精神的培育与弘扬》,《中国高等教育》2018年第10期。
[3] 张祝平:《劳模精神与工匠精神的内涵、传承及其弘扬路径》,《学习论坛》2019年第6期。
[4] 张磊、倪胜利:《身体视域下的劳动教育:文化内涵、价值意蕴与实践路向》,《国家教育行政学院学报》2019年第10期。

第二，强化社会的舆论导向，构建弘扬劳动文化的价值认同体系。有学者指出，找出最具有代表性的劳模人物，广泛宣传、弘扬劳模精神，丰富工匠精神和劳模精神的内涵，让全体劳动者在两种精神的光辉洗礼下形成崇尚匠心、渴望匠心的自觉追求。同时，要重视舆论导向作用，促进劳动者社会地位的提升，赋予他们参与政事掌握话语权的机会，提升其职业自豪感。[1]有学者指出，对社会而言，要营造社会尊重劳模、爱护劳模、学习劳模的氛围，要通过加大宣传力度、创新宣传手段、拓展宣传渠道、丰富宣传载体，要讲好新时代劳模故事，加快推进劳模精神进企业、进校园、进社区等方面的工作，使劳模精神融入广大劳动者诚实劳动、勤勉工作的全过程。特别需要指出的是，要通过舆论宣传、社会营造和组织涵育，在全社会构建"劳动最光荣、劳动最崇高、劳动最伟大、劳动最美丽"的劳动价值认同体系，真正实现全社会对于劳动、知识和创造的普遍认同与尊重。[2]有学者指出，劳模创新工作室成为劳模施展才干、干事创业、发挥作用的新平台，充分发挥了劳模骨干带头作用。此外，在创建"工人先锋号"活动的同时，深入开展技术革新、技术协作、发明创造、合理化建议、网上练兵和"小发明、小创造、小革新、小设计、小建议"等群众性经济技术创新活动方面，充分发挥劳模的引领示范作用。[3]有学者指出，要引导公民崇信劳动最光荣、奋斗最幸福的劳动理念；加大宣传教育，使不同群体、不同行业都高度认同弘扬劳动精神的现实意义和理论内涵，深刻认识劳模精神和工匠精神的时代价值和实践导向，倡导社会大众通过辛勤劳动、诚实劳动、创造性劳动创造更加美好的生活。[4]

第三，切实增加对劳动者的激励举措，促进劳动文化深入人心。有学者

---

[1] 张祝平：《劳模精神与工匠精神的内涵、传承及其弘扬路径》，《学习论坛》2019年第6期。
[2] 彭维锋：《习近平总书记关于劳模精神的重要论述研究》，《山东社会科学》2019年第6期。
[3] 杨冬梅：《新中国70年劳模事业成就与经验》，《湖北社会科学》2019年第8期。
[4] 鲁满新：《论新时代弘扬劳动精神的重大意义与实践路径》，《思想政治教育研究》2019年第4期。

指出，应完善收入分配机制，提高劳动报酬在初次分配中的比重；完善再分配调节机制，建立公共资源出让收益合理共享机制；在具体政策、劳动报酬制度等方面不断提高劳动者的地位，使劳动者获得应有的劳动报酬和劳动保障，努力使劳动者的根本利益得到最大限度的实现，促进社会主义和谐劳动关系的形成。① 有学者指出，要全力打造优良的择业、就业的社会环境，建立健全社会劳动保障关系，让劳动者尤其技术工人享受到包容且宽松的社会劳动氛围，促使劳动者积极主动地在劳动实践中弘扬劳动文化正能量，为全面建设社会主义现代化国家作出积极贡献。② 有学者指出，要从教育导向，基本内涵以及激励机制3个方面扩充劳动精神培育的教学维度，高校劳动文化建设要突出社会主义建设者和接班人的劳动精神面貌，劳动价值取向和劳动技能水平，同时延伸劳动精神"以劳树德、以劳增智、以劳健体、以劳育美、以劳创新"的内涵，结合德智体美劳展开教学内容的整合升级，营造劳动文化氛围。③ 有学者指出，要在全社会积极倡导自觉劳动义务劳动和志愿者服务活动，激励社会成员，不计报酬，自愿组织从事各种形式的劳动，广泛传播志愿精神和志愿服务理想，培养正确的劳动价值观。要在广大知识分子和青年大学生中广泛开展劳动文化教育，搭建有利于知识分子和青年学生干事创业的平台，让他们在劳动中充分发挥自身优势，充分展现才华，充分释放能量，为实现国家发展民族振兴提供重要的人才支撑、智力支持、创新支撑。④

二、新时代劳动教育的主要论题

党的十八大以来，习近平总书记围绕劳动文化和劳动教育提出了"培养

---

① 赵浚、田鹏颖：《新时代劳动精神的科学内涵与培育路径》，《思想理论教育》2019年第9期。
② 张志元、聂昱：《新时代劳动文化的时代价值及实践路径》，《劳动教育评论》2020年第4期。
③ 邓旭升、程娟：《新时代劳动精神培育的逻辑脉络、价值内核、困囿与路径》，《中国职业技术教育》2020年第33期。
④ 马其南：《新时代劳动文化育人研究》，《学校党建与思想教育》2020年第17期。

德智体美劳全面发展的社会主义建设者和接班人""培养担当民族复兴大任的时代新人"等重要论述,明确了劳动在人才培养和立德树人过程中的重要作用。2020年3月26日,中共中央、国务院发布《关于全面加强新时代大中小学劳动教育的意见》,对新时代中国特色社会主义劳动教育作了系统设计和全面部署。随着国家对劳动及劳动教育重视程度的不断加强,劳动文化和劳动教育作为重要的研究课题日益受到学术界的广泛关注。习近平总书记在全国教育大会上提出劳动教育命题后,社科理论界围绕劳动教育的科学内涵、时代价值、实践路径等进行了集中研讨,着重回答了劳动教育是什么、为什么要开展劳动教育、如何推进劳动教育等三个方面的问题。

(一)关于新时代劳动教育科学内涵

第一,关于新时代劳动教育的科学内涵研究。教育部部长陈宝生指出,"习近平总书记对劳动最光荣、劳动最崇高、劳动最伟大、劳动最美丽的重要论述,从劳动教育的价值评判、目标追求、历史创造、审美活动四个层面,完整系统地阐释了劳动教育的核心内涵。教育系统要全面贯彻党的教育方针,抓紧做好顶层设计,深入推进劳动教育。做好四件事,摆准位子,立好柱子,搭实台子,探索路子,充分发挥劳动教育在立德树人中的重要作用"[1]。四个层面的内容是关于劳动教育内涵的官方权威表述。有学者指出,劳动教育随着社会发展、人的需求不断调整,在时代发展中拥有生生不息的力量。劳动教育具有时空延伸性,时间上,劳动教育是超越时段,扩展为人的一生的教育。空间上,劳动教育的时空延伸性要求,劳动教育必须依赖社会、学校、家庭和学生为载体,形成支持系统,构成四位一体的全面育人新战略。[2] 有学者指出,劳动教育不完全等同于学生参与劳动实践,劳动教育作为一种教育,就必然是有意识的以影响人的身心发展为直接目标的社会活

---

[1] 《教育部召开主题教育大中小学劳动教育专题调研座谈会》,《中国教育报》2019年7月8日。
[2] 黄如艳、成丽宁:《论新时代劳动教育支持系统的构建》,《教学与管理》2021年第15期。

动,蕴含着师生的交互过程,即公共知识、观念向学生心灵转化的过程。既包括关于劳动的价值理念方法层面的教学,也包括师生共同参与的具体劳动实践,是劳动意识准备过程与劳动实践过程的综合统一。[①] 有学者认为,习近平总书记关于劳动的重要论述为新时代劳动教育注入了新的内涵,必须深刻理解和把握劳动教育的基础作用、劳动教育同德智体美劳的辩证关系,新时代劳动教育的新意蕴以及高校劳动观教育与中小学劳动教育的区别与联系。[②] 有学者认为,劳动教育主要是为了作为社会主体的劳动群众受教育,推动知识分子和劳动结合,让劳动群众有知识,让知识分子劳动化,改造知识与劳动的对立或脱节,我国处于社会转型科技和经济跨越式发展的时期,让学生通过劳动知道人民生活与工作的朴实与艰苦,保持社会主义社会的劳动本色,充分激发各级各类劳动主体的活力。

第二,关于新时代劳动教育的主要内容和属性的研究。关于新时代劳动教育的主要内容,有学者指出,劳动教育主要担负着三个方面的主要内容:一是形成正确的劳动观念和态度,劳动教育必须从认识富强来自劳动、美好生活靠自己去创造的道理开始,尊重劳动、崇尚劳动,弘扬劳动精神;二是积累劳动经验和智慧,劳动者不仅要有预先的谋划,还要在行动中观察思考,通过劳作和使用工具获取经验;三是养成劳动习惯与品质,必须养成随时随地、自始至终、坚持不懈的劳动习惯,以及严谨认真、专注耐心、精益求精的劳动品质。[③] 关于新时代劳动教育的属性研究,有学者指出实现人的全面发展和社会全面进步是新时代劳动教育的价值旨归,新时代劳动教育具有四重属性。其一,价值属性;其二,社会属性;其三,历史属性;其四,

---

① 李政林:《"五育融合"视域下劳动教育的过程逻辑与未来路向》,《教育理论与实践》2021年第4期。
② 刘向兵:《新时代高校劳动教育的新内涵与新要求——基于习近平关于劳动的重要论述的探析》,《中国高教研究》2018年第11期。
③ 刘夕浪:《全面准确地把握劳动教育内涵》,《教育研究与实验》2019年第4期。

审美属性。① 有学者指出，劳动教育作为高校教育的重要组成部分，其主要目的是树立"劳动最光荣、劳动最崇高、劳动最伟大，劳动最美丽"的劳动价值观，养成劳动精神并形成劳动习惯。劳动本身具有塑造品德、激发智力、促进身心健康以及培育美德的价值，高校劳动教育具有"树德、增智、强体、育美"的综合育人价值，能够与德智体美教育一同构筑起协同育人的格局，实现共同培养时代新人的教育目标。②

（二）关于新时代劳动教育的时代价值

第一，加强新时代劳动教育有助于实现立德树人的根本任务。国务院副总理孙春兰予以高度概括，她指出，"习近平总书记把劳动教育纳入社会主义建设者和接班人的要求之中，提出'德智体美劳'的总体要求，并从六个方面对如何培养社会主义建设者和接班人提出明确要求，这是党的教育理论的重大创新"③。劳动教育的提出是党的教育理论的重大创新，这是对劳动教育理论贡献的最高概括。有学者指出，劳动教育是培养社会主义劳动者的需要，是高校培养优秀人才的需要，是学生成长成才的需要。高扬劳动教育的旗帜，凸显五育并举的人才培养格局，功在当代，利在千秋，不仅体现了党和政府对劳动、对劳动者的褒奖，体现了党和政府对社会主义教育方针、教育规律的探索和完善，更体现了党和政府对教育对象健康成长、全面发展的高度重视。④ 有学者指出，学校实施劳动教育具有多重价值。劳动教育具有育人导向价值，这是劳动教育的首要价值，也是最核心的价值。劳动教育具有德育创新价值，劳动教育与德育具有天然的有机联系，甚至一度被视为德

---

① 曲波：《新时代劳动教育的思想意涵与实践要义》，《光明日报》2019年5月6日。
② 谢晓娟、李文俊：《全面把握高校劳动教育的四重维度》，《现代教育管理》2021年第3期。
③ 孙春兰：《深入学习贯彻习近平总书记关于教育的重要论述 奋力开创新时代教育工作新局面》，《求是》2018年第19期。
④ 刘向兵：《劳动教育：功在当代，利在千秋》，求是网2018年9月17日，http://www.qstheory.cn/wp/2018-09/17/c_1123440139.htm。

育的内容。劳动教育具有课程创新价值,劳动教育必须落实到课程中才能实现其目的。劳动教育具有综合素质价值,劳动教育包括劳动观念、劳动态度、劳动知识和劳动技能等的教育。① 只有通过劳动,才能激发人自身潜在的主体意识,才能提高人的创新能力;只有通过劳动教育,才能重建人与自我的丰富关系;只有通过劳动教育,才能使人在创造性劳动中享受作为存在意义上的人的价值美好。② 要实现人的全面发展,更好地进行人力资源开发,劳动和劳动教育是其中的重要途径。劳动教育,能帮助人们对劳动从心理上、思想上、态度上有更加完整的了解和认知,促成人格的完善。③

第二,加强新时代劳动教育有助于促进社会和谐、进步和发展。有学者指出,在思想认识上,劳动教育对于不断增强学生服务国家服务人民的社会责任感、勇于探索的创新精神、善于解决问题的实践能力,具有不可替代的重要作用。④ 有学者指出新时代劳动教育具有社会文化意义,当今时代,中国正在被全世界瞩目,正在实现从中国制造向中国创造的跨越。在这一特殊历史时期,劳动教育的意义是深远的,劳动教育应该放在国民基本素质养成、人生幸福的获得、国民创造精神培育、良好社会根基打造这个大视野内去理解。劳动教育和手工活动,弥补互联网时代的弊病和人性缺憾,让人回归本心,在简单平实的工作中,找回踏实、安宁、幸福,再造社会根基,助力社会和谐。⑤ 有学者指出,劳动教育的根本目标是为人类劳动提供正确的理论指导和方法指引,培养遵循社会发展规律、利用科学知识更好改造主观世界和客观世界的合格人才。因此,教育只有与劳动充分结合,才能更好发

---

① 马开剑:《新时代劳动教育的新境界》,《中国教育报》2019年4月11日。
② 袁利平:《劳动教育:让身心获得全面发展》,《光明日报》2019年10月29日。
③ 刘向兵、闻效仪:《通过新时代劳动教育引领和推动人力资源开发建设》,《教育经济评论》2019年第4期。
④ 岳海洋:《新时代加强高校劳动教育的价值意蕴与实践路径》,《思想理论教育》2019年第3期。
⑤ 曹凤月:《浅谈新时代劳动教育的社会文化意义》,《工人日报》2019年8月13日。

挥教育促进个体发展的本质功能，才能为人民幸福、社会稳定提供根本动力和支撑。劳动教育，可以引导青年学生树立正确的劳动观念，养成积极的劳动习惯，涵养浓厚的劳动情感，弘扬和践行劳动精神，加强社会主义精神文明建设。①

第三，加强新时代劳动教育有助于内化社会主义核心价值观。有学者指出，劳动教育关系国家命运和民族未来。需要从国家命运、民族未来的角度思考劳动教育体系的建构，传承中华民族勤奋进取的优秀文化，在劳动教育中融入社会主义核心价值观，培育敬业奉献精神，使劳动教育与中国特色社会主义建设一脉相承，相伴相行。②在实现"两个一百年"奋斗目标的关键时期，更需要全面发展的社会主义建设者和接班人，需要对劳动内涵、劳动价值有深刻理解的人才，所以要强化劳动教育，使劳动教育回归价值本源，即通过劳动教育培养学生尊重劳动、尊重劳动人民的价值观，帮助学生树立正确的价值观，引导学生自觉践行社会主义核心价值观。③有学者指出，加强高校劳动教育，深刻理解习近平总书记关于劳动的重要论述的时代意蕴，从而引导学生形成正确劳动价值观、培育积极劳动态度、养成良好劳动品德、掌握必备劳动知识技能，赋予大学生全面发展以新动能。④有学者指出，劳动教育可以塑造和涵养社会主义劳动观，社会主义劳动观与社会主义核心价值观一脉相承，主要包含社会主义劳动价值观、劳动道德教育和劳动素养教育。坚持以马克思主义劳动论为基础的社会主义劳动价值观，自觉坚持人民立场，帮助学生确立劳动幸福观和奋斗观，加强学生社会主义劳动道德教育，引导学生厚植劳动情怀，加强学生新时代劳动素养教育，使学生高

---

① 鲁满新：《论新时代弘扬劳动精神的重大意义与实践路径》，《思想理论教育导刊》2019年第4期。
② 万作芳：《劳动教育要顺应社会发展趋势》，《光明日报》2018年10月9日。
③ 郭维刚：《新时代劳动教育的实现路径探析》，《教学与管理》2019年第30期。
④ 刘向兵：《新时代高校劳动教育的新内涵与新要求——基于习近平关于劳动的重要论述的探析》，《中国高教研究》2018年第11期。

度践行社会主义核心价值观。[1]

第四,加强新时代劳动教育有助于实现中华民族伟大复兴的中国梦。有学者指出,在我国转变经济增长方式、做强实体经济、建设知识型技能型创新型劳动者大军的今天,高度重视劳动教育,是富国强民的大事,具有更加迫切的现实意义和历史意义。高校加强劳动教育,既能引导新时代大学生努力学习科学文化知识、练就过硬本领,又能教育大学生坚定理想信念、培育劳动情怀,自觉把人生理想、家庭幸福融入国家富强、民族复兴的伟业之中,建构个人与集体、个人梦与中国梦融合统一的发展共同体和命运共同体,最终推动劳动教育在广大青年学生的接力奋斗中实现伟大复兴中国梦。[2] 有学者指出,劳动生产是社会存在的必要条件,为国家的永续发展提供着不竭的动力,人民创造历史,劳动开创未来,劳动是推动人类社会进步的根本力量。重视劳动、开展劳动教育成为实现民族复兴的题中应有之义,劳动教育是实现民族复兴的重要托举。[3] 有学者指出,追求精益求精、质量至上的工匠精神是爱岗、敬业、专注、创新、拼搏等可贵品质的具体实践,也是劳模精神、劳动精神的深化和提升。新时代加强劳动教育,培育精益求精、一丝不苟、坚韧不拔、追求卓越的劳动品格,大力弘扬工匠精神,培养创新型、技术型、知识型劳动大军,才能真正汇聚起中国经济社会发展的强大正能量,真正为实现中华民族伟大复兴中国梦增砖添瓦。[4]

---

[1] 李丹:《从"德智体美"到"德智体美劳":加强高校劳动教育的逻辑审视》,《中国职业技术教育》2019年第33期。
[2] 刘向兵、李珂、彭维锋:《深刻理解新时代加强劳动教育的重大意义与现实针对性》,《中国高等教育》2018年第21期。
[3] 古帅:《新时代劳动教育的四重维度审视》,《大连理工大学学报(社会科学版)》2021年第3期。
[4] 冯刚、刘文博:《新时代加强大学生劳动教育的时代价值与实践路径》,《中国高等教育》2019年第12期。

（三）新时代劳动教育的发展现状

第一，劳动教育体系有待完善。有学者指出，由于制度构建的过程性和复杂性，部分高校劳动教育制度缺乏规范，劳动教育结构性失衡，部分高校为提高自学考试升学率，存在"重智育轻德育、劳育"的现象，劳动价值观培育被忽视，劳动教育被边缘化。劳动教育保障机制不完善，部分高校劳动教育内容模糊，局限于社会实践，校内外劳动实践平台较单一劳动教育，师资队伍缺乏劳动教育，宣传力度不够，没有在校园形成浓厚的劳动氛围和劳动文化。[1]有学者指出，新时代高校劳动教育对象存在"三化"价值判断"个性化"、人生目标"理性化"、活动行为"网络化"，导致学生创造性劳动能力不强。具体表现在：一是高校劳动教育价值被弱化，对劳动教育的实施不到位；二是高校劳动教育机制被虚化，对美育和劳育没有评价体系与激励机制，在设计、规划、投入、考核等方面机制不健全；三是高校劳动教育内容被窄化，劳动课程设置不完善，不适合学生特点，方式方法陈旧，劳动教育内容狭隘化。[2]有学者指出，新时代高校劳动教育主要面临着认知困境、取向困境和制度困境。将劳动教育狭义化、简单化理解，部分人将劳动教育等同于劳动课、课外实践活动、社会实践活动，从而忽略了劳动观念、劳动价值取向、劳动精神的培养。对马克思主义劳动观进行曲解，部分人没有理解和掌握马克思主义劳动观的本质属性，造成认知错位；劳动教育被边缘化，高校劳动教育管理制度体系、教师人才队伍培养制度体系、劳动教育课程育人制度体系面临着不完善不健全的困境，影响了高校劳动教育的实施。[3]有学者指出，劳动教育在思想认识方面、学校实践方面、家庭配合方面对劳动教育地位的

---

[1] 王志娟、王荣：《高职院校劳动教育存在的问题及对策研究》，《学校党建与思想教育》2021年第8期。
[2] 陈阳：《新时代高校劳动教育实施路径探析》，《教育理论与实践》2020年第36期。
[3] 董伟武、龚春宇：《新时代高校劳动教育探讨》，《学校党建与思想教育》2020年第24期。

实践性认识缺失，对劳动教育在人的全面发展中的重要地位、战略意义认识不足，对劳动教育简单化理解、简单化对待，尚未把劳动教育确定纳入国民教育体系，部分家庭淡化和放弃劳动教育，助长了学生不良习惯的滋生。[1]

第二，劳动课程流于形式。有学者指出，当前人们在对劳动教育及劳动教育课程的认识上存在许多问题，影响了劳动教育课程建构和课程实施。对劳动教育的重视不足，对于劳动教育的内涵与外延认识不到位，对于劳动教育课程的育人功能认识不足，导致课程意识相对滞后。同时劳动教育实践基地作为劳动教育课程实施的基础资源保障，劳动教育校内外实践基地的缺乏，导致学生劳动实践不足，缺乏劳动的兴趣。[2] 有学者指出，劳动教育课程系统化建设不足，影响了劳动教育的突出效果。一是课程方向不统一。虽然学校会开展各种各样的劳动课程，但各种劳动课程的总体方向并不一致，缺乏关联性。二是课程内容碎片化。部分高校的课程内容虽然丰富，但未能基于特定的教育目标而实现模块化整合，大多数内容呈现碎片化状态，内容之间互不关联。三是课程布局无序化。部分高校的劳动课程并没有按照合理的顺序来组织，未能就学生从思想到行为的发展形成因果排序，未能形成有机联系的课程布局。四是课程节奏不紧凑。现有学校的劳动课程实践往往间隔时间较长，劳动教育课程的开展未能就学生思想行为的变化，由内到外地稳步推进，时常插入新的内容，打破原有的劳动教育课程节奏。[3] 有学者认为，虽然高职院校很重视劳动教育，但因课程认知片面化，课程内容刻板化，教学方式单调化，考核方式单一化导致劳动教育课程边缘化和形式化，严重劳动教育内涵有待提升。部分高校领导和教师对劳动教育的内涵和目标认识不清，在劳动课程教学中表现为重技术技能教学，轻新思想观念引导。部分高校将劳动教育课程等同于专业实践课程进行设置，缺乏整体性的课程

---

[1] 徐长发：《新时代劳动教育再发展的逻辑》，《教育研究》2018 年第 11 期。
[2] 范涌峰：《新时代劳动教育课程的现实样态与逻辑路向》，《教育发展研究》2020 年第 24 期。
[3] 陈娟：《新时代劳动教育课程的系统化建设》，《教学与管理》2021 年第 3 期。

设计和开发。部分高校以课堂教学的形式开展劳动教育课程,缺少以体力劳动为主的实践活动,使学生很难得到实践锻炼。[1]

(四)新时代劳动教育的实践路径

劳动教育生命力体现在实践上,深入贯彻落实习近平总书记关于劳动教育的重要论述,需要统筹部署,多维度推动、综合施策。正如国务院副总理孙春兰指出的那样,要"制定各学段劳动教育大纲,通过课程教学、校内劳动、校外劳动、家务劳动等适应当前环境和条件的有效措施,培养学生热爱劳动的习惯"[2]。

第一,坚持思想教育与劳动教育相结合,在劳动教育目标上突出价值塑造。有学者指出,开展新时代劳动教育,要从传承弘扬中华优秀传统劳动文化、推动劳动教育融入学生学习生活全过程、营造崇尚劳动的社会氛围等几个方面重点把握。[3] 有学者指出,劳动教育作为高校育人工作中的重要内容,具有独特的思想教育价值属性。加强劳动教育,努力把大学生培养成勤于劳动、善于劳动、热爱劳动的高素质劳动者,是新时代党和国家对教育的重要要求。要把社会主义核心价值观教育融入劳动教育的全过程,充分挖掘劳动教育活动中深层次的思想教育内涵,推出一批富有思想性、知识性、教育性的劳动实践项目,通过多种形式,培养学生的创新精神和实践能力,实现以劳育德、以劳增智、以劳强体、以劳育美,为成就大学生的幸福人生奠定坚实基础。[4] 有学者指出,要推动课程育人,增强劳动教育实效。高校劳

---

[1] 王志娟、王荣:《高职院校劳动教育存在的问题及对策研究》,《学校党建与思想教育》2021年第8期。
[2] 孙春兰:《深入学习贯彻习近平总书记关于教育的重要论述 奋力开创新时代教育工作新局面》,《求是》2018年第19期。
[3] 曲波:《新时代劳动教育的思想意涵与实践要义》,《光明日报》2019年5月6日。
[4] 冯刚、刘文博:《新时代加强大学生劳动教育的时代价值与实践路径》,《中国高等教育》2019年第12期。

动教育课程化就是要选择和依托"课程育人"这一形式,深入挖掘育人要素,统筹育人资源,聚焦学生发展的劳动素养,做好课程实施中的价值整合,体现课程外在功用和内在价值的统一,更好落实课程的实效性,确保劳动教育实效得到提升,时代价值得以彰显。[1]有学者指出,要将劳动教育融入"四史"教育全过程,用科学的劳动观念去分析人类历史发展规律,阐释历史引领时代,阐释正确劳动观的历史意义和实践价值,站在劳动者的立场上,展现先进劳动群体及其劳动观的世界历史意义和本质内容,不断增强青年学生的马克思主义理论素养,培养青年劳动者艰苦奋斗、勇于创新、甘于奉献、崇尚劳动、热爱劳动、辛勤劳动、精益求精、一丝不苟的精神。[2]有学者指出,要重建劳动教育文化绝不是简单的重生劳动,其内在目的是重塑劳动地位,复兴劳动文化,进而发挥劳动的育人价值,善于用新媒体倡导"天道酬勤""实干兴邦"的劳动文化,从学校、家庭与社会三方面达成共识,营造劳动育人的良好氛围,形成全社会重视劳动教育的新风尚。[3]

第二,细化落实劳动教育,促进学生全面发展。劳动教育不能泛化,不能简单认为动手动脑都是劳动,不能简单用学习、体育等替代劳动。劳动教育要培养劳动情感、劳动技能,培养吃苦精神、奋斗精神,要以体力劳动为主、手脑并用,实实在在地干活,实实在在地出力流汗。劳动教育涉及大中小学各学段,涉及不同部门不同机构。要明确职责是第一位的,避免推脱扯皮、只打雷不下雨。同时,要细化大中小学各学段劳动教育目标、内容、项目、方式、评价等,把社会各方面的资源和场所利用起来。在系统的文化知识学习之外,有目的、有计划地组织学生参加日常生活劳动、生产劳动和服务性劳动,让学生切实经历动手实践,出力流汗,接受锻炼,磨炼意志。将

---

[1] 汤素娥、柳礼泉:《高校劳动教育课程化的价值意蕴与实践方略》,《思想理论教育导刊》2021年第1期。

[2] 盛春:《"四史"教育和劳动教育相结合是培养本色接班人的基本要求》,《毛泽东邓小平理论研究》2020年第11期。

[3] 靳玉乐、胡月:《劳动教育与学生品格的形成》,《教育研究》2021年第5期。

劳动教育与智力教育区别开，防止用文化课的学习取代劳动教育。有学者指出，劳动教育不仅能培养学生的生活技能，而且能促进人的体力发展和智力发展，培养学生的创新精神和实践能力，养成尊重劳动的思想品德，教育工作者要认真学习习近平总书记讲话，领会讲话的精神，并在学校中贯彻落实，加强劳动教育，帮助学生实现全面发展。[1] 有学者指出，高校劳动教育目标任务的落实要始终坚持教育与生产劳动相结合的方针，实现知行合一，要坚持以学生为本，遵循教育教学规律，设计切合人才培养目标、适应大学生生理心理特点、满足专业学习实际、具有自身特色的分级分类分层次的劳动教育课程体系和实践体系，科学设计劳动内容，精心组织劳动实践，注重大学生劳动价值观念的树立、劳动习惯技能的养成、劳动精神的激发、提高劳动教育的实效。[2] 有学者指出，要将生活视作劳动教育的源泉，改变传统劳动教育忽视学生主体性，忽视学生直接经验掌握等问题，倡导劳动教育学习内容和学习方式的变革，鼓励学生积极参与各种社会实践活动、公益性劳动等，在实践学习中学习劳动知识、培养劳动能力，发展劳动素养，增长才干智慧，推动劳动教育从"疏离生活"向"走进生活"转变。[3]

第三，推动劳动教育与德智体美的"五育"融合。有学者指出，劳动教育与德智体美是相互促进、互为一体的关系。劳动涵育品德，劳动增进智能，劳动强健体魄，劳动孕育美好生活，劳动是全面提升人才素质的基本要求和重要保障。劳动涵育品德反映出劳动实践在培养人的良好品德中具有重要作用，品德修养不能依靠说教来培养，需要躬行实践，学生在劳动中才能体验生活的不易，体验到父母和老师的艰辛，体验创新创造的乐趣。同时，劳动能够培养学生自强不息、吃苦耐劳、勤俭节约、艰苦奋斗、团结协作等

---

[1] 顾明远：《加强劳动教育　促进全面发展》，《人民日报》2018年10月18日。
[2] 黄小芳、黄红武：《新时代高校劳动教育体系的构建路径》，《中国高等教育》2021年第Z1期。
[3] 徐海娇：《劳动教育的价值危机及其出路探析》，《国家教育行政学院学报》2018年第10期。

优良道德品质。① 有学者指出，德智体美劳全面发展是一个"全人"整体目标，也是一个内容整体，必须把德育为先、五育并举作为新时代劳动教育的根本途径。劳动教育具有树德、增智、强体、育美的综合功能，是其他四育所无法替代的，必须坚持以德为先、以劳育德，发挥好劳育的德育功能，实现劳育德育及各育有机融合，以劳育支持德育的发展。② 有学者指出，在具体的教育过程中，从认识主体转变为实践主体，主要体现为劳动教育与德育、智育、体育、美育之间的融合。劳动教育渗透于德、智、体、美四育的教育过程，成为教学目的得以达成的组成部分。要形成德、智、体、美、劳相互融通的教育结构，引导学生从理论层面的学习走向实践层面的反思与行动，培养学生的问题意识与创造力，发展德、智、体、美、劳全面发展的社会主义建设者和接班人。③ 有学者指出，劳动教育具有德育属性，德育以劳动教育重要形式和重要内容。劳动教育实践可以间接地对学生进行正直、爱心、诚实等思想品德教育，培养学生形成健全心智，以劳树德。充分挖掘劳动教育课程的内在潜能，向受教育者传播现当代生产的基本知识和技能，以劳增智。揭示劳动教育课程的劳体综合形态，实现理论与实践的结合，以劳强体。开展丰富多样的劳动教育活动，美化学生的日常生活和周围的生活环境，帮助学生形成良好的审美情趣，以劳育美。④

三、新时代劳动文化和劳动教育研究述评

(一) 新时代劳动文化研究的基本特点

2018年至2021年，学界关于新时代劳动文化的科学内涵、时代价值及

---

① 程德慧：《习近平新时代劳动教育观论析》，《职业技术教育》2019年第40期。
② 尹冬梅：《用劳动教育要求指引高校实践育人》，《中国高等教育》2021年第5期。
③ 李政林：《"五育融合"视域下劳动教育的过程逻辑与未来路向》，《教育理论与实践》2021年第4期。
④ 康翠萍、龚洪：《新时代中小学劳动教育课程的价值旨归》，《教育研究与实验》2019年第6期。

实践路径研究呈现出如下几个方面的研究特点。

第一，直面理论热点、重点问题，从学理视角全面解读和阐释马克思主义理论关于新时代劳动文化的科学内涵、时代价值及实践路径。无论是从马克思主义理论著作中阐述的劳动理论，还是习近平总书记在系列重要讲话中谈及的劳动精神、劳模精神和工匠精神，理论界都给予了精准解读和充分阐释，不仅理论性强，而且思想性、实践性强，达到了解疑释惑的研究效果。

第二，持续关注重大理论问题，不断推动重大理论问题研究的系统化。对于劳动精神、劳模精神、工匠精神等重大理论问题，理论界都始终保持研究的连续性，不断丰富和拓展研究的内容、视角和方法，推动重大理论问题研究向系统化、学理化方向拓展。

第三，从理论与实践、历史与现实、国内与国外、现象与本质相贯通的视角展开研究，多视角、多元素把理论问题理解透彻和阐释清楚。以解决现实的劳动问题为导向，通过深入的学术研究、理论思辨，构筑新时代劳动文化的学理框架，具有很强的学术张力。

第四，围绕重大理论问题的专题研究，基本形成了马克思主义理论学科领衔、其他人文社会科学学科补充并支撑的研究格局。纵观2018年至2021年重大理论问题研究的学术成果，其中不乏国内经济学、政治学、教育学、哲学、历史学等专业学科领域知名学者高水平的研究文献，这种跨学科、交互性的理论研究拓展了重大理论问题的研究视野，形成了对重大理论问题研究各学科之间的交融与互补。

从文献成果统计数量上看，在2018年至2021年，理论界在研究阐释新时代劳动文化的科学内涵、时代价值及实践路径方面作出了大量努力，取得了一系列代表性成果，研究成绩有目共睹。特别是部分研究成果紧扣学术热点和时政热点，学术味厚重，思想性和理论性强，在一定程度上代表了国内理论研究的水平和质量。但是仍然存在一些不足，主要表现为六个方面：一是，质量优、水平高、具有一定学术影响的标志性研究成果相对较少；二是，研究视角不新、研究方法相对滞后，研究成果的创新性有待提高；三是，研究主题相对单一，研究内容扎堆，重复性研究成果较多；四是，部分研究成果缺乏扎实的理论功底，为了发表论文而研究、跟风应景作品不少；五是，部分研究成果对新时代劳动文化的把握不准，缺乏整体、全面的认知和掌握；六是，研究成果分散，系统集成有待加强。

（二）新时代劳动文化研究的展望

理论每向前发展一步，理论研究也要同步跟上，及时做好理论的学理性阐释，这是理论界的职责和使命。一方面，对于一些重要思想、重要观点、重大论断、重大判断和重大举措，理论界要推动相关研究进一步深化、细化，对于那些重大而又未破题的理论，要继续加强协同攻关，不断补短板、强弱项，消灭理论空白点。另一方面，要坚持理论研究与时俱进，要立足理论前沿，紧跟理论最新创新成果，及时开展研究，做好理论成果的学理性转化，从而促使始终发展着的理论研究与始终发展着的理论创新相适应、相同步，达到同频共振效果。今后，理论界应着重从以下几个视角展开研究。

第一，开展已有研究成果的系统集成。在既有的研究成果基础上进行整合，去粗取精、去伪存真，形成经得住推敲和检验的，体现科学化、学理化、体系化的研究成果。

第二，深化对重要和新生学术热点问题的研究。现阶段专门研究劳动文化的学术较少，因而可以着重开展对劳动文化的专门学术研究。而对于劳动精神、劳模精神和工匠精神的研究较多，可以针对这些重要的学术热点问题进行深层次的挖掘研究，继续不断丰富和充实其研究成果。这些都是理论界必须予以解读和阐释的重大理论问题，是未来一段时期理论研究的重点领域。

第三，开展集体协作跨学科研究。关于新时代劳动文化的研究可以在各学科各领域展开具体研究，学者可以根据不同学科的不同情况从不同视角对新时代劳动文化进行研究，求同存异、具体情况具体分析，共同推进对新时代劳动文化的科学内涵、时代价值及实践路径的研究。

（三）新时代劳动教育研究的特点

习近平总书记关于劳动教育的一系列论述及重要讲话，在学术界掀起了巨大的波澜和研究热潮，众多专家学者围绕劳动教育的理论背景、主要内容、当代价值作出了一系列的论述及研究。从文献成果统计数量上看，在2018年至2021年，理论界在研究阐释新时代劳动教育的科学内涵、时代价值及实践路径方面作出了大量努力，取得了一系列代表性成果。从学术研究视角来看，关于劳动教育研究方面，主要分为三种视角：一是基于劳动教育政策的视角，梳理劳动教育政策的历史演变以及嬗变特点，并从中得到启示；二是从劳动教育相关理论视角出发，包括辨析劳动教育的内涵、价值，探讨劳动教育在认知逻辑、情感逻辑和实践逻辑中的内在层次，探讨著名教育家关于劳动教育的思想，探讨各级各类学校如何构建劳动教育体系；三是从劳动教育相关实践视角出发，调查研究各级各类学校开展劳动教育现状以及各级各类学生对劳动教育的认知情况等。可见，现有研究成果紧扣时政热点，思想性和理论性较强。

虽然学者对劳动教育进行了深入的研究，但总体来说目前的研究仍然处于起步阶段，存在一些不足，主要表现为五个方面。一是研究力量薄弱，研究成果较为分散。整体来说缺乏建设性研究，尚未形成完整的理论体系。二是关于劳动教育政策解读较多，理论成果相对较少。三是研究仍处于起步阶段，研究视角有待创新。四是研究不够深入，一些具体问题尚待加强研究，研究的社会影响力不足。五是国际化程度不高，研究成果主要集中在国内。国内对劳动教育的理论背景研究较少，并缺乏对其来源的深入思考。

（四）新时代劳动教育研究的展望

党的十八大以来，学术界有关"劳动教育"问题的探讨和研究呈现井喷式上升趋势。结合新时代中国特色社会主义教育的发展需要，学者们从不同学科领域不断探析劳动教育的科学内涵、时代价值、发展面临的问题和发展的新路径作了深入探析，研究成果丰富。理论研究要保持和理论发展同步，及时做好理论的学理性阐释。对于劳动教育的未来研究，可以从以下几方面着手。

第一，增强理论自觉。挖掘研究马克思主义经典作家关于劳动教育的理论和实践。理论界要运用理论与实际相结合的方法，立足劳动教育发展的现状出发，深入研究与劳动教育相关的重大理论、重大问题和重要思想，直面社会实践及其变化，自觉提升当代中国理论的解释力，形成对理论的理性认识和研究行为的自觉。

第二，要坚守理论自信。新时期习近平总书记重提劳动教育，这对于我们学习研究其关于劳动教育的重要论述具有重要意义。坚守理论自信和社会主义办学方向，使劳动教育自觉服务于社会生产和国家经济建设，避免劳动教育的政治化、虚无化的倾向。

第三，坚持理论研究与时俱进。打破原有关于劳动教育文献研究方法的桎梏，使研究方法日益综合化，注重理论与实践的联系，注重劳动教育的现实意义，及时开展理论研究，紧跟理论最新创新成果，使理论与理论研究创新发展同步。

第四，吸收借鉴传统劳动思想的精华。不完全照搬，立足于新时代劳动教育的具体实践，坚持古为今用的态度，取其精华，去其糟粕，实现劳动教育理论的创造性转化和创新性发展。

第六章

新业态下的劳动关系

近年来，党中央、国务院高度重视数字经济发展，先后出台实施"互联网+"行动和大数据战略等一系列重大举措，加快数字产业化、产业数字化发展，推动经济社会数字化转型。在新发展理念的引领下，数字经济持续上行，新业态蓬勃发展也成为新就业的沃土。2017年7月，国家统计局在《新产业新业态新商业模式统计监测制度（试行）》中，对"新业态"进行了首次定义：新业态是顺应多元化、多样化、个性化的产品或服务需求，依托技术创新和应用，从现有产业和领域中衍生叠加出的新环节、新链条和新活动形式。具体表现为："一是以互联网为技术基础开展商业活动的'互联网+企业'，如网约车、众包、众创平台、共享单车等；二是'产品+服务创新'，即经营服务创新、产品创新，如创客基地、车库咖啡、网络订单配送服务等；三是'服务+扩展'，即定制化、快捷化、灵活化服务，如定制服饰、定制课堂等。"[1] 2020年7月15日，国家发展改革委等13个部门联合发布《关于支持新业态新模式健康发展激活消费市场带动扩大就业的意见》，提出"把支持线上线下融合的新业态新模式作为经济转型和促进改革创新的重要突破口"[2]。新业态新模式是根植数字经济发展土壤，以数字技术创新应用为牵引，以数据要素价值转化为核心，以多元化、多样化、个性化为方向，经产业要素重构融合而形成的商业新形态、业务新环节、产业新组织、价值新链条，是关系数字经济高质量发展的活力因子。[3] 在抗击新冠肺炎疫情中，新业态对于我国就业结构调整、产业结构转型及经济创新发展都

---

[1] 国家统计局：《新产业新业态新商业模式统计监测制度（试行）》。
[2] 国家发展改革委、中央网信办、工业和信息化部、教育部、人力资源和社会保障部、交通运输部、农业农村部、商务部、文化和旅游部、国家卫生健康委、国资委、市场监管总局、国家医疗保障局：《关于支持新业态新模式健康发展激活消费市场带动扩大就业的意见》。
[3] 中国电子信息产业发展研究院：《数字经济新业态新模式发展白皮书（2020）》。

起到了不容忽视的作用。与此同时，新业态发展也引发了劳动关系的变革，使劳动关系状况呈现出新的特征。

一、新业态的特征及劳动关系重构

（一）新业态的特征

1. 新业态与数字经济深度融合。新业态与信息技术的数字化发展有着密不可分的关系。"数字经济是以数字化的知识和信息作为关键生产要素，以数字技术为核心驱动力，以现代信息网络为重要载体，通过数字技术与实体经济深度融合，不断提高数字化、网络化、智能化水平，加速重构经济发展与治理模式的新型经济形态。"[1] 数字经济兴起以来，已逐渐由数字产业化、产业数字化的"两化"框架，演变为包括数字化治理、数据价值化在内的"四化"框架[2]，并成为构建新发展格局的关键支撑。

根据中国信息通信研究院历年数据，2020年在疫情的冲击和全球经济下行的大环境影响下，我国数字经济逆势发展，数字经济增加值规模由35.8万亿元增至39.2万亿元，占GDP比重达38.6%。在数字经济持续发展的推动下，我国经济创新力和竞争力也在不断提升。特别在抗击新冠肺炎疫情中，数字经济充分发挥优势，一方面通过数字产业发展，不断创造出电子信息制造业、前沿数字技术等领域的就业岗位；另一方面通过产业数字化的融合，持续提升传统行业对劳动力的吸纳能力，对于保障稳定就业、促进就业结构整体转型升级亦发挥了不可替代的积极作用。根植于数字经济，新业态也与着数字经济的持续上行而蓬勃发展。一方面，数字技术的发展以及数字技术与各产业的深度融合成为新业态发展的关键动力，新业态不仅在覆盖

---

[1] 中国信息通信研究院：《中国数字经济发展白皮书（2020年）》。
[2] 中国信息通信研究院：《中国数字经济发展白皮书（2021年）》。

的广度和深度上不断延展,其模式也在不断迭代升级,并继续推动数字经济"四化"框架的完善及发展。另一方面,抗击新冠肺炎疫情的实践要求全面促进了数字化向日常生活的渗透以及社会关系的数字化迁移。产业生产、日常生活、文化消费等诸多领域的需求迫切要求新业态的扩张。2020年7月,国家发展改革委、网信办、工业和信息化部等13部委联合印发了《关于支持新业态新模式健康发展激活消费市场带动扩大就业的意见》,提出"把支持线上线下融合的新业态新模式作为经济转型和促进改革创新的重要突破口"并支持15种新业态新模式,其覆盖领域包括:大力发展融合化在线教育;积极发展互联网医疗;鼓励发展便捷化线上办公;不断提升数字化治理水平;培育产业平台化发展生态;加快传统企业数字化转型步伐;打造跨越物理边界的"虚拟"产业园和产业集群;发展基于新技术的"无人经济";积极培育新个体,支持自主就业;大力发展微经济,鼓励"副业创新";强化灵活就业劳动权益保障,探索多点执业;拓展共享生活新空间;打造共享生产新动力;探索生产资料共享新模式;激发数据要素流通新活力。这也为新业态健康发展提供了充分的政策支撑。

2. **新业态催生新就业形态**。《中华人民共和国职业分类大典》(2015年版)颁布以来,先后进行了三批新增职业修订,共发布38个新职业。随着数字经济的深发展,未来会孕育更多新职业,同时政府将加大支持灵活就业,为新就业形态开启顶层制度设计。2020年7月,国家发改委等13个部门联合发布《关于支持新业态新模式健康发展激活消费市场带动扩大就业的意见》,共同支持各种类型的新就业形态。产业方面包括平台化发展生态和虚拟化产业集群带来的新就业,行业方面包括数字技术与教育、医疗、办公以及公共治理深度融合后产生的系列新就业,企业方面包括传统企业数字化转型过程中的新就业,新技术方面包括智能化、自动化以及无人化技术进步过程中的新就业,个体新职业方面包括借助新技术、新业态的市场化劳动参与认定,新就业方式包括创业型就业以及弹性分时就业、副业就业以及多点执业,共享平台方面包括从服务共享新就业扩大到生产力和生产资料共享新就业，生产要素方面包括数据建设和数据流通过程中的新就业。[①]

据此，新就业形态可分为四种类型。第一，创新驱动型就业；第二，新技术与传统经济相融合产生的新经济所创造的就业，即新经济就业；第三，创业式就业；第四，依托于信息技术和市场分工细化带来的新兴职业。[②]

3. 赋予传统行业。新零售业态提出以来，零售行业掀起了一股"鲇鱼效应"。许多新型业态纷纷出现，一些电商龙头和实体巨头的线上线下融合布局加速推进，零售业态正发生着明显的变革。阿里巴巴、苏宁等集团不断开展线下业态布局，业务范围明显增广。批发和零售之间从传统的竞争博弈关系转变为大范围的"顾客关系"，为了维持"顾客关系"，批发商需不断围绕供应链的上下游争取有利资源，而零售商也需想方设法优化采购渠道和开拓对外销售渠道，从而提高零售效率。因此，批发业与零售业之间形成了密切的互动关系。[③]在文化生活领域，以"互联网＋"为主要推动力的新业态突出表现为要素重构、场景再造、价值创新以及普惠民生等特征。文化产业在"数字数据＋计算力"[④]这一新型生产模式的框架建构下，对创意、内容、资本、技术、空间等要素禀赋进行重新评估与有效配置，资源的充分整合与深入开发促进报酬递增效应的实现。进一步地，产品数字化、传输在线化以及交易虚拟化成为文化行业新业态的代表性形态。新业态的跨界融合，是以互联网为基础生产力，对固有文化资源、商业模式和组织架构构成的生产关系所进行的深层次颠覆或重组，是对各相关行业产业要素的重新配置。[⑤]文化新业态有机整合在线、在地以及在场三种文化生产方式，结合

---

① 纪雯雯：《中国新就业形态的主要特征与发展趋势》，《新经济导刊》2020年第3期。
② 王娟：《高质量发展背景下的新就业形态：内涵、影响及发展对策》，《学术交流》2019年第3期。
③ 张蕊：《区域批发市场一体化建设对新零售业态效率的影响》，《商业经济研究》2019年第16期。
④ 花建：《在新经济与中国文化产业新业态：主要特点、国际借鉴和重点任务》，《同济大学学报（社会科学版）》2021年第3期。
⑤ 王林生：《互联网文化新业态的产业特征与发展趋势》，《甘肃社会科学》2017年第5期。

新兴互联网技术，满足海量的个性化需求。思维与价值的个性化创新促进文化新业态生产模式的转变，以个体的精神文化需求为价值旨归，在文化产业发展的进程中深植人文关怀，文化新业态的价值创新特性推动新的消费市场的形成。新业态的文化惠民特征具体表现为其以互联网连接海量的文化消费者，形成点对点、点对面、一对多等多种对接形式。而以数字化形式呈现的文化产业供应链及在线政务、在线法律服务、互联网金融等形式，又为大中小微各类文化企业提供更多的服务。①

（二）新业态与就业结构变革及劳动关系的重构

事实上，新业态的具体表现包括激活消费新市场、壮大实体经济新动能、拓展消费和就业新空间、生产要素供给新方式等诸多方面②。新业态的快速发展在催生传统雇佣型岗位的扩大和多样化之外，也产生了自主创业、自由职业、兼职就业等多种灵活就业的新模式。正是这种"新业态灵活就业"的出现，对于传统就业结构的形塑产生了重要影响，并为劳动关系的构建引入了新要素和新特征。

1. 灵活就业形态与劳动用工模式多元化。

（1）新业态灵活就业。"灵活就业"（flexible employment）这一说法最早来源于国际劳动组织所提出的"非正规部门就业"的概念，其"灵活"性主要与"铁饭碗"式的、低流动性、高稳定性的传统就业模式相对应，其就业方式更加灵活，就业人员与雇主之间的关系也更加灵活、松散，在具有较强的自主性的同时，也存在着低稳定性的风险，尤其在工资报酬与福利保障等方面，与正规就业人员或存在较大差距。目前，我国的灵活就业市场中的灵活就业人员可以划分为三种类型：一是自雇型，即自我雇佣，就业人员兼

---

① 花建：《在新经济与中国文化产业新业态：主要特点、国际借鉴和重点任务》，《同济大学学报（社会科学版）》2021年第3期。
② 中国电子信息产业发展研究院：《数字经济新业态新模式发展白皮书（2020）》。

具雇主和雇员的双重身份，如个体经营户、小型私有企业家等；二是受雇型或雇佣型，即被他人雇佣，包括兼职、劳务派遣等形式，与传统雇佣型相区分；三是独立雇佣型，即没有固定雇主，根据自身兴趣意愿及实际情况提供服务，这种类型的灵活就业者又可以根据其专业技术能力划分为专业技能人才和低技能劳动者。

从制度关系上进行区分，我国传统的主流就业模式下的劳动者，一般与用人单位签订有正式的劳动合同，劳动合同内容相对稳定、各项制度保障相对完善，劳动者需要严格遵循用人单位的管理制度，形成了建立在现代工业工厂制度之下的正式劳动关系。而灵活就业模式下的劳动者，一般没有固定或唯一的劳动单位，与用人单位签订的劳动合同往往具有临时性或非正规性，用人单位对该类劳动者的约束力相对弱化，具体包括自谋职业劳动者、兼职就业人员等。

新业态灵活就业（Flexible employment in new formats）则将范围聚焦在新业态行业领域，但其并非完全是灵活就业的分支，而是呈现出诸多特征的新型灵活就业方式。具体来说，新业态灵活就业以数字经济的发展为基础，以互联网平台为依托，以共享参与为重要特征，劳动者从互联网平台获取劳动信息、提供劳动或服务并获取劳动报酬，是一种灵活程度更高的灵活就业形式。

在此基础上，本文所研究的新业态劳动关系主体对象为新业态灵活就业人员，主要指在互联网平台下借助平台软件工具提供服务或产品，来获取劳动报酬的就业群体，如外卖员、网约车司机、快递员、电商主播等，这一类劳动者通常未与企业或平台签订正式劳动合同，而是以兼职就业、自雇就业、劳务派遣等方式提供劳动。该群体一般受雇主管理约束程度较低，具有一定的自主决策权，且通常在一个以上的企业平台提供劳动。

（2）新业态灵活用工的多种模式。在对新业态灵活用工模式进行描述时，围绕劳动者主体展开的劳动关系有诸多维度，可以具体包括劳务派遣关系、非全日制用工、业务外包中的用工关系、业务承包中的用工关系、从业者承接多家平台业务型用工关系等。而综合考虑新业态灵活用工模式中互联网平台的参与程度，则可以将新业态灵活用工模式划分为以下三类。

第一，劳动者与平台结成双向劳动关系，并双向约束。在这种模式下，劳动者与平台之间以劳动合同为纽带相互约束，劳动关系的双方角色明确且相对稳定，无论是平台向劳动者指派或分包工作，还是劳动者通过平台选择或承接业务，平台需要为劳动者提供报酬和劳动保障，劳动者则需要遵守平台规则和管理要求，如直播平台签约主播、线上教育专职教师等。

第二，劳动者对平台存在依赖关系，平台对劳动者责任则相对较弱。在这种模式下，劳动者与平台之间并不具有稳定雇佣关系，有时劳动者也可能会以"个体工商户"的身份与平台合作，劳动关系的主体双方都具有解除关系的自由性和灵活性。但劳动者为获取劳动机会，可能会以牺牲自由性、被迫遵守平台规则为代价，平台抽成比例高、分配规则不明晰以及对劳动者权益保障不足等风险也极有可能出现。这种劳动关系覆盖的岗位包括外卖骑手、网约车司机、电商主播等，是目前新业态用工模式中最为常见的类型。

第三，劳动者与平台关系松散，平台仅作为渠道工具或合作者，并不存在任何管理关系。在这种模式下，劳动者更倾向于自主创业、自由职业或兼职就业，平台起到的仅仅是中介作用而不带有任何劳动关系的主体色彩，劳动者既不需要对平台负责，平台也不需要为劳动者承担风险。

2. **新业态劳动关系的重塑。**

新业态灵活用工多种模式的出现，不仅为传统劳动关系引入了新要素，同时也促进了劳动关系的全面调整。一方面，新业态灵活用工的多种模式为传统劳动关系增添了新特征，也促进了传统劳动关系的升级。实际上，劳动者与平台双向约束的劳动关系与传统的雇佣型劳动关系具有极强的相似性，但在数字经济和互联网平台的参与介入后，用工方式的稳定性和长期性下降，人员的流动性大大增强，劳动者与平台的双向认同感明显下降，劳动者自身的权责意识往往较为模糊，这在一定程度上也为劳动权益保障增添了难度。另一方面，伴随新业态而兴起的外卖骑手、网约车司机、电商主播等职业和岗位以及自由职业、兼职就业者群体的大量出现，使得劳动关系难以简单用"雇佣者与被雇佣者"或者"劳资双方"的概念界定或概括。新业态灵活用工模式下,劳动者与平台之间是否能够成立典型意义上的"劳动关系"亦存在模糊地带。这种情况的出现也在事实上要求传统劳动关系的意涵需要进行调整和重构,以更好地匹配实践中的模式形态,将新业态灵活用工模式下的新型关系纳入劳动关系的范畴下考量,从而实现对劳动者权益的保障,构建健康和谐的新业态劳动就业环境。与此同时,当聚焦于劳动关系主体间的联结程度时可以发现,新业态灵活就业模式下的劳动关系的从属性同时呈现出增强和减弱的两种截然相反的趋势,两极化特征明显。从整体上看,当平台与劳动者之间的关系为双向劳动关系或倾向于雇佣关系、需要从平台获取报酬时,平台企业在劳动关系中更易占据主导地位,其在劳动关系中从属性的增强主要体现在对劳动者的约束和控制能力上;而当劳动者与平台之间不存在管理关系的合作模式下,二者间劳动关系的从属性则明显弱化。

(1)平台控制力增强:劳动关系从属性的强化趋势。在共享经济的影响下,平台企业如果想实现良好的控制与监管,需要构建与传统劳动关系相比更强的从属性。在新业态用工的常见模式下,如直营模式、加盟模式、劳务派遣模式或众包模式等,劳动者即便未与平台签订正式劳动合同、即便劳动者与平台之间名义上表现为合作关系,但事实上却仍然是从属性的雇佣劳动。平台企业通过等级评分机制、物质激励机制、惩罚或退出机制等一系列措施强化对劳动者管理,并极大程度利用了数字经济的交互性,把监督的任务转化到市场中的消费者身上,从而促使其对劳动者的工作时间、工作方式、工作环境产生了实质性监督和控制,达到了相当于雇主监督与惩戒的作用,劳动者则更可能被卷入超时劳动、低层次就业竞争的陷阱。因此,雇佣关系仍然是互联网经济中用工关系的基本形态,其性质仍然是一种其实质为内在的严格控制与表面的松散管理、真实的失衡关系与名义上的平等权利、实质的劳动从属与形式上的独立自主,劳动关系的从属性进一步加强。[1]

---

[1] 刘瑞华:《共享经济背景下劳动关系变化及协调对策》,《人力资源》2020年第10期。

（2）劳动者自由度增强：劳动关系从属性的弱化趋势。但新业态用工在赋予互联网平台资源优势的同时，也为劳动者技能的发挥提供了充分空间，并极大增强了劳动者的自由性。相较于传统劳动关系较为单一的劳资属性，在新业态灵活用工模式下，劳动者与雇佣者之间原本牢固的"监督和管理"关系出现了显著的改变。劳动者并非员工，对于平台的人身从属性或认同归属感都大幅下降，其更多采用"平台＋个人"或"项目＋个人"的运作模式，使得传统用工模式中存在的科层制体系被全面打破，自上而下的强约束性极大弱化。在这一过程中，平台虽然带有或高或低的管理者色彩，但更多扮演的是机会提供者或媒介服务者的角色，工作安排互联网化和任务安排项目化使得雇佣者不再主导性地严格限定劳动者的工作时间以及工作地点等，转而由劳动者自主决定，自由裁量自身的工作进入和退出时间、工作时间长短和工作地点等等，雇佣者可以通过大数据、定位系统、项目化管理等方式进行日常的工作任务发放、报酬和福利的分配以及绩效考核等，呈现出与传统用工管理截然不同的特点。劳动者工作更为弹性，如"网约车驾驶员""代驾""快递小哥""电商主播""在线咨询师"等劳动形式使劳动者灵活性增强，可以根据自身的主观意愿安排劳动时间以及可以接纳的劳动强度。

新型劳动关系的从属性趋于弱化与其多元化特征存在一定的因果关系，这不仅是新发展理念的具体表现，同时更有助于劳动者实现全面发展，符合我国以人民为中心的发展理念。从某种意义上讲，互联网经济中的劳动者"可以选择"就意味着其"可能自由"，也就意味着新型劳动关系的从属性将会以新的形式表现出来，并将趋于弱化。一方面，互联网经济中的劳动者不再局限于互联网企业为其限定的劳动时间和劳动场所，甚至可能不必局限于互联网企业为其规定的业绩指标和劳动方式，而是拥有更多的自主性和选择权。此时，互联网企业并不必担心其无法对劳动者实施支配和掌控。劳动者对劳动报酬的主动追求会促使其积极主动地去获得工作机会。正是因为互联网经济中的劳动者在一定程度上获得了参与配置社会生产资料的权利，因此，极大地降低了其被支配、控制的程度。另一方面，互联网经济中的劳动者实现再次就业的机会成本降低，就业信息的丰富性和获得就业信息的便利性客观上弱化了互联网经济中劳动者之于互联网企业的从属性。从这个角度来说，互联网经济中的劳动者较为充分地享受到了互联网技术进步和互联网经济发展的成果。

（3）两极化特征明显。新业态灵活用工模式下，劳动关系从属性呈现出的强化和弱化两种截然相反的趋势，并非意味着其将走向紧密固化或存在解散风险，事实上，两极化趋势的出现正是新业态劳动关系的明显特征。

一方面，劳动关系从属性的强化虽然使平台处于优势地位、劳动者透明化加剧，但这种模式也有利于填补数字产业化和产业数字化迅速发展所带来的管理缺位，能够促进新业态发展质量和服务能力的提升。另一方面，劳动关系从属性的弱化虽然增强了劳动者的主体性和自由性，但平台的低度参与则将劳动者推向了前台，无形中增加了劳动者应对风险的压力。在管理关系的基础上再引入报酬获取这一要素可以发现，劳动关系的从属性强弱既可能造成对劳动者的剥夺，也可能成为保障劳动者权益的基础，其劣势将更多下沉在低技术、低门槛、高体力劳动等职业岗位，而优势则会更多地呈现在掌握较多技能的劳动者身上，宏观上则会促进新业态领域的全面结构调整和优化。

此外，在许多新业态劳动纠纷案例中，劳动关系从属性的弱化往往会成为认定劳动关系是否成立的阻碍。例如，"简单信息共享"这一网约车模式下，网约车司机接到网约车公司的派单任务后可以凭个人意愿决定是否完成、如何完成该订单，因此有观点认为网约车公司与司机之间的关系不符合传统的从属性认定标准，从而认为网约车司机与网约车公司之间不成立劳动关系。实际上，这种模式正是新业态灵活用工模式下劳动关系从属性的特征，其关键不在于互联网平台能否精准控制劳动者的行为，而在于其是否有能力让劳动者为其行为而承担相应的不利后果。实践中，劳动者不服从平台支配和管理的情形主要包括拒单、挑单或不按订单要求提供服务等，作出以上行为的互联网经济中的劳动者则会接受一定的惩罚，根据情节轻重减少对其派单甚至中断派单等。虽然表现形式各异，但这种减少派单或中断派单实际上意味着工作信息和机会的减少或中断,这与传统劳动关系中用人单位采取的扣工资、扣奖金等惩戒手段在功能与效果上具有同等性,而如果平台彻底剥夺劳动者的注册资格或不再允许劳动者通过平台提供服务,则相当于将其"开除"。

3. 新业态劳动用工模式的效果。

新业态灵活用工模式对于稳定就业以及调整就业结构起到了巨大作用,也使得我国劳动就业方面的一些问题暴露出来,但整体上对于经济发展韧性提升的重要作用仍不容忽视。

数字经济被誉为中国就业岗位的"孵化器",新业态灵活用工模式的不断出现功不可没。随着新业态的快速发展,数字产业以及一、二、三产业对于劳动力的需求都大大增加,不仅保障了就业的稳定性,许多特色新工种的出现对于我国经济发展的质量提升也起到了巨大作用。新业态创造出的新职业,对于缓解就业压力和剩余劳动力转移至关重要。尤其是在新冠肺炎疫情的影响下,新业态也有利于应对就业市场的不确定性,有效为劳动者增加收入来源渠道以应对传统用工模式下行的冲击,从供需关系双向帮助和改善民生。

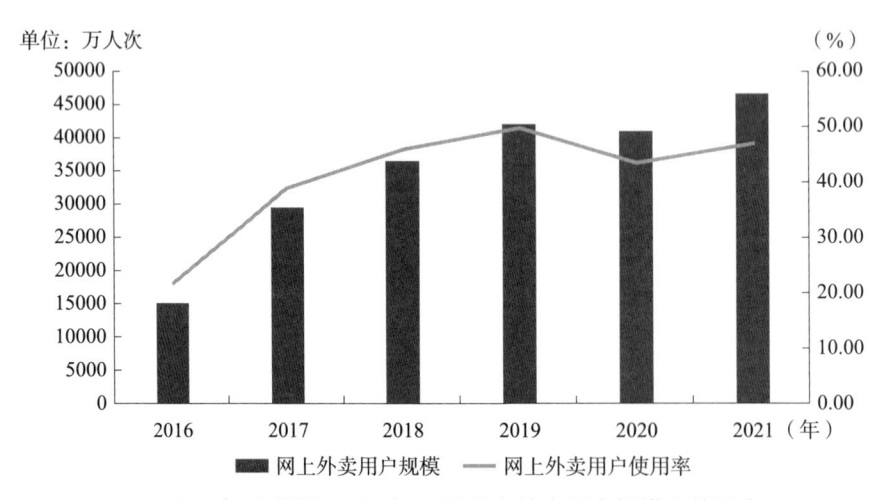

2016年6月至2021年6月网上外卖用户规模和使用率

新业态也有效承接、抵消了传统就业的风险压力。数据显示,新冠肺炎疫情期间外卖骑手就业呈现出"V"形复苏,其有效吸纳了大量二、三产从业人员，且这一职业的高灵活性、高自由性也吸纳了大量就近就业的建档立卡贫困人口，2020年上半年美团平台吸纳国家建档立卡贫困人口近8万人[①]，成为实现稳定脱贫的重要手段之一。

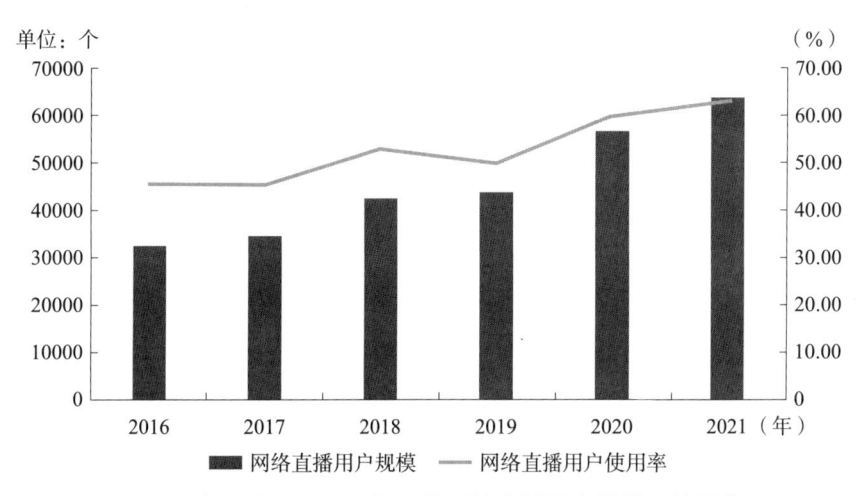

2016年6月至2021年6月网络直播用户规模和使用率

新业态衍生的服务业发展和消费市场的扩大都成为提升经济韧性的重要力量。以互联网平台为依托的高参与度的共享经济使得服务和消费都取向多样化和灵活化，极大增强了结构质量以及风险应对的有效性。2019年10月，工信部印发了《关于加快培育共享制造新模式新业态促进制造业高质量发展的指导意见》，新业态与传统产业的深度融合也在持续助推我国发展创造力和竞争力的提升。

（三）新业态劳动关系变化及其潜在风险

1. 新型劳动关系的合法性及兜底保障。

（1）对劳动关系认定标准的挑战。目前，我国对劳动关系的法律认定还采用"一刀切"式的认定模式，表现为对不同类型用工企业和多样化的用工

---

① 美团研究院：《2020年上半年骑手就业报告》。

方式采取同一化处理标准。将劳动者与企业之间的用工关系，简单划分为受法律保护的劳动关系和不被法律承认的劳动关系两大类。现有的法律以稳定的劳动关系为导向，将法律规制的重点放在对标准用工关系的规制上。学者调查发现，仅25.7%的从业者与平台（雇主）签订了劳动合同，其他大部分人没有签订任何合同或签订了合作协议。①

在法律规定的角度，劳动法对劳动关系的认定以签订书面劳动合同为前提；对于非标准化用工关系，劳动合同法仅把非全日制用工和劳务派遣作为劳动合同工的补充形式。在具体司法实践中，判定劳动关系成立的依据只有2005年劳动和社会保障局发布的《关于确立劳动关系有关事项的通知》中的"三要素"，由此体现了现有劳动法律覆盖面的狭窄。从劳动法原理的角度，"从属性"是认定劳动关系的核心标准。可目前非标准化劳动关系从属性削弱，导致传统劳动关系的认定方法对当前非标准化劳动关系难以为继。②

（2）劳动关系主体权责关系确定困难。新业态经济下用工更加灵活多样，对劳动争议中权责的认定带来巨大挑战。平台经济中，主体间多元化，主体间关系更加复杂，各主体间的权责关系不能清晰地捋顺。如平台经济中，便存在着平台自身运营和维护的工作人员、依托平台向消费者提供服务的人员、平台自身雇佣向消费者提供服务的人员等。新业态经济下，企业与劳动者在劳动关系上可以设计为劳动关系，也可以设计为劳务关系、合作关系等。劳动者究竟是"雇员"还是"自由职业者"或"独立承包者"，首先要确定被雇佣的劳动者身份，才能进行包括法定工作时间、最低工资标准、失业和工伤救济资格、退休金领取，乃至集体谈判等活动；否则，所谓"标准劳动关系"③要求的劳动立法、集体协议、司法裁决便无从谈起。这种"对

---

① 严妮、黎桃梅、周雨、李梦婷、王世娇：《新就业形态下平台经济从业者社会保险制度探析》，《宏观经济管理》2020年第12期。
② 魏益华、张爽：《新科技革命背景下的劳动关系变化及协调机制》，《求是学刊》2019年第3期。
③ 秦国荣：《网络用工与劳动法的理论革新及实践应对》，《南通大学学报（社会科学版）》2018年第4期。

企业来说是弹性用工，对劳动者来说是灵活就业，对劳资双方来说则是非标准劳动关系"[1]的就业方式，传统的劳动关系已不好说明。[2]

通过规避劳动关系主体的权利和义务，降低企业的法律风险，本应由用人单位承担的责任往往转移到劳动者身上。劳动主体间劳动关系、劳务关系、代理关系、加盟关系等混杂，难以界定，权责利不清。这就造成面临劳动争议的时候，劳动者维权困难，同时也增加了调解劳动纠纷的难度。劳动者劳动报酬、二倍工资、经济补偿等诉求一旦存在劳动关系争议，普遍难以得到支持。[3]

（3）既有法律及制度体系难以充分保障劳动者基本权利。传统的劳动关系中，用人单位拥有对劳动者的管理权和劳动支配的权利，但同时具有支付劳动报酬、劳动保障、相关福利待遇的义务，劳动者具有劳动的义务以及获取劳动报酬、保障等方面的权利。目前，与劳动者密切相关的法律法规，均建立在劳动合同或正规劳动关系的基础之上，但对于新业态经济中的非正规就业、灵活就业等难以适从。[4]

我国有关劳动法规的调整目前对于"互联网＋"背景下灵活就业者的工时规定、待遇保障、劳动安全、社会保险以及集体谈判等内容均未涉及；但现在越来越多的劳动争议已经暴露有关制度法规供给的明显不足，既无法实现劳资利益的平衡并保护劳动者，也因为法制短板还将导致互联网企业不能健康发展。另外，由于"互联网＋"背景下的灵活就业者难以形成与资本对应的劳动者身份认同，即便处于同一平台，同事之间很少交流，因此对有关劳动争议权、集体谈判权和组织工会权等都比较陌生，普遍缺乏体现集体力量的表达渠道和维权机制，集体谈判、集体行动更是无从谈起，一旦发生严

---

[1] 詹婧、王艺、孟续铎：《互联网平台使灵活就业者产生了分化吗？——传统与新兴灵活就业者的异质性》，《中国人力资源开发》2018年第1期。
[2] 肖巍：《关注"互联网＋"灵活就业的劳动关系新变化》，《工会理论研究》2020年第1期。
[3] 王静媛：《新业态下劳动关系及工会工作》，《天津市工会管理干部学院学报》2020年第3期。
[4] 王静媛：《新业态下劳动关系及工会工作》，《天津市工会管理干部学院学报》2020年第3期。

重纠纷，容易引发一些无序乃至可能失控的抗争活动。①

2. 新型劳动关系的稳定性及权益保障。

（1）灵活性与稳定性的平衡。劳动关系的灵活性与稳定性是一对辩证关系。有学者认为，灵活性是指劳动者享有对工作时间的自我管理，可以自由决定自己的工作时间、地点、休息休假，甚至可以通过供给接单量的多少来决定薪资水平。随着灵活性的增强，劳动关系稳定性相对而言减弱，出现弹性用工，在非固定工作场所和工作时间进行网络办公，不确定性增强。在共享经济背景下，劳动关系的稳定性发生减弱变化，进一步向灵活性增强。②有学者认为，稳定的劳动关系指的是劳动者与用工单位直接建立标准用工关系，需要满足无固定期限、签订书面劳动合同和全日制用工等条件。而灵活性劳动关系则是相对于稳定劳动关系而言，以劳务派遣、非全日制用工以及其他分离式用工的弹性用工方式为特征的用工关系。③进入信息化时代，互联网提供了更为扁平化和低壁垒的劳动力市场，信息的即时跨时空传递让劳动者不再受到固定工作场所的限制。有学者提出，互联网空间是生产资料与劳动者发生结合的平台和关节点，生产资料和劳动者在互联网中不再需要以物质形态和现场形态出现。④互联网企业与劳动者的关系从"雇佣者—劳动者"转变为"平台—劳动服务提供者"，企业与劳动者都获得了更大的自由度。

对于劳动者而言，互联网提高了劳动关系的流动性，劳动者获得更多的劳动自由，也因此让劳动者处于随时可能被人替代的风险之中。劳动者处于随时失业却又无法维护自身劳动权益的状态下，使得企业对于劳动权益的侵犯变得更为容易。而对于企业而言，缺失的法律规范使行为后果不可预测，

---

① 肖巍：《"互联网+"背景下灵活就业的劳动关系探析》，《思想理论教育》2020年第5期。
② 刘瑞华：《共享经济背景下劳动关系变化及协调对策》，《人力资源》2020年第10期。
③ 魏益华、张爽：《新科技革命背景下的劳动关系变化及协调机制》，《求是学刊》2019年第3期。
④ 马艳、李韵、蔡民强：《"互联网空间"的政治经济学解释》，《学术月刊》2016年第11期。

从而让劳动者失去对企业的归属感。而频繁更替的短期劳动者的劳动质量不稳定,产品质量的波动幅度难以预测,也提高了企业的容错成本。同时,商业秘密泄露的风险也随之加大,这对于以创新为核心竞争力的企业无异于灭顶之灾。[1]

(2)劳动者权益与社会保障。就平台经济个体而言,从业者参加社保的意识比较淡薄,对社会保险制度认识不足;就平台或企业而言,存在从业关系转变与责任规避的问题;就政府角度而言,政策设计的合理性和政策宣传方式的有效性有待提升。[2]平台经济从业者因其自身职业的灵活特性,劳动关系、工资水平、福利待遇等具有较强的不稳定性,所面临的社会风险较大且规避风险能力低,在没有社会保险的兜底保障时,极易遭遇健康风险和经济风险,陷入生存危机。[3]劳动者的权益维护面临着众多障碍。比如,高度缺乏工作保障、缺乏工资保障、没有社会保障权利、工作场所福利差、产生不利的社会性影响、缺乏代表性与发言权。[4]其中最为突出的问题是从业人员的养老保险、医疗保险、工伤保险、失业保险等保障问题。[5]新业态企业为他们缴纳社会保险,尤其是工伤保险的比例较低。《新业态从业人员劳动权益保护(2019)》表明,只有38%受访者所在公司为其缴纳了工伤保险。[6]

有学者认为,我国现行的社会保障制度和体系是建立在劳动合同基础上的。而新就业形态的劳动关系比较松散,收入水平不易跟踪且很难准确衡量,不一定具备参与保险的基本条件。此外,现行社会保障体系建立在工厂

---

[1] 魏益华、张爽:《新科技革命背景下的劳动关系变化及协调机制》,《求是学刊》2019年第3期。
[2] 严妮、黎桃梅、周雨、李梦婷、王世娇:《新就业形态下平台经济从业者社会保险制度探析》,《宏观经济管理》2020年第12期。
[3] 严妮、黎桃梅、周雨、李梦婷、王世娇:《新就业形态下平台经济从业者社会保险制度探析》,《宏观经济管理》2020年第12期。
[4] 《中国社会保障》编辑部:《社会保障面临新时代劳动关系的"挑战"》,《中国社会保障》2020年第2期。
[5] 方长春:《新就业形态的类型特征与发展趋势》,《人民论坛》2020年第26期。
[6] 北京义联劳动法援助与研究中心:《新业态从业人员劳动权益保护——北京地区快递从业人员职业伤害保护调研报告(2019)》。

或生产线人员流动低的前提下，在不同地区存在着差异，而新就业形态下劳动者的就业具有灵活性和流动性，劳动者极易在不同地区间更换或从事工作，而用人单位不给劳动者提供社会保险或者将劳动者工伤、生育、养老等社会保障义务转嫁给劳动者个人或者正规社会，给劳动者造成负担、带来社会不稳定因素。①

2019年国务院印发了《降低社会保险费率综合方案》。现在各个地方降低社会保险的费率都不一样，应该尽快完善社会保险法，由国家法律来规定统一的社保制度，调节降低社保费率，减轻企业负担。2020年5月，习近平总书记在全国政协经济界联组会上指出对"新就业形态"要顺势而为，但"这个领域也存在法律法规一时跟不上的问题，当前最突出的就是'新就业形态'劳动者法律保障问题、保护好消费者合法权益问题等。要及时跟上研究，把法律短板及时补齐，在变化中不断完善"。

（3）劳动者透明化与弱势地位。有学者认为，调查发现平台对于从业者有一定程度的管理和控制，劳动者的工作灵活性是在平台控制下的有限灵活性。第一，平台从业者可以自主决定工作与休息时间，但有的平台会要求从业者的在线时长达到一定标准；第二，劳动者对工作任务的选择权与否决权有限；第三，劳动者完成工作任务须达到平台要求的标准。平台采用消费者评价、投诉等方式对劳动者的服务质量进行管控。②

有学者认为，劳动者面临互联网企业垄断经营的风险。一旦互联网企业取得了垄断地位，劳动者就可能丧失非垄断情形下的选择优势，被动接受互联网企业的利益分配方式和风险分担方式。如果缺乏规范的法律制度和有力的政府监督，就无法有效维护互联网企业垄断经营状态下劳动者的合法权益。③

---

① 王娟：《高质量发展背景下的新就业形态：内涵、影响及发展对策》，《学术交流》2019年第3期。
② 张成刚、冯丽君：《工会视角下新就业形态的劳动关系问题及对策》，《中国劳动关系学院学报》2019年第6期。
③ 魏益华、谭建萍：《互联网经济中新型劳动关系的风险防范》，《社会科学战线》2018年第2期。

劳动者没有组织，劳动诉求缺乏集体协商机制的主张。集体劳动关系的形成，使得劳动关系双方的力量能够获得相对平衡，它是为矫正个别劳动关系的从属性而产生的。[1]新业态劳动者的劳动诉求缺乏工会等集体协商机制的主张。一方面，新业态劳动者通过网络用工平台开展工作，分散在不同地点和不同时间。对用工单位的实际运作、同一用工平台员工之间的交流，处于网络虚拟的淡薄状态。再加上新业态劳动者工作流动较大，换工作频率高，个体之间较少存在传统业态的人群聚合和情感交流，很难形成比较亲密和稳定的同事关系。另一方面，新业态劳动者不像传统业态的劳动者类型单一，即便是在同一个用工单位，也存在着全职员工与兼职员工、外包员工与加盟店员工、自营员工等多种类型。劳动类型的多样性意味着劳动者的诉求可能具有较大的差异。工会等集体协商机制建立的前提是劳动者稳定和紧密团结，然而，新业态劳动者表现出来的分散化、高流动性、诉求差异化等特征，导致工会等集体协商机制的作用发挥面临很大的挑战。[2]

3. 新型劳动关系的可持续性及发展保障。

（1）劳动关系可持续性受到冲击。新业态经济下，劳动关系最大的特点就是适应了市场经济的灵活性，但也同样带来用工的不确定性、不稳定性。对企业而言，当前许多新业态企业尚处于萌芽阶段，很多平台企业的发展主要依赖于风险投资，对于自身的盈利模式和盈利路径仍处在发掘之中。此外，近年来，新业态经济扩张激进，盲目扎堆，淘汰率高，行业发展中的波动性、行业洗牌、行业整合、投资中断等因素都对新业态企业的发展带来冲击。对于劳动者而言，一方面互联网企业发展的核心动力是掌握信息技术的知识劳动者，知识劳动者的自主性是企业发展的动力，但同时也带来企业管理中劳动关系的不确定性。另一方面非全日制劳动者、临时雇佣人员、小时工等灵活就业人员明显地表现出动态、短期等特点，外卖、代驾、快车等行

---

[1] 常凯：《劳动关系的集体化转型与政府劳工政策的完善》，《中国社会科学》2013年第6期。
[2] 堵琴囡：《新业态劳动者权益保障的政策工具选择研究》，《中国行政管理》2020年第9期。

业的准入门槛低,大量的劳动者仅从事一些周期性、碎片化的工作,参与和退出工作的成本低,导致劳动者自身流动性增强。[1]大量企业与劳动者不再选择建立标准用工关系,企业将劳动者视作劳动产品的"供应商",按劳动者所提供的劳动产品数量"计件"支付报酬;而劳动者对未来职业的规划也更倾向于短期收入增长,不再关注个人职业的长期规划发展,频繁跳槽成为常态。[2]

研究表明,平台灵活就业者受教育程度要高于传统灵活就业者,年轻化趋势更加明显,就业方式更容易被女性接受,对外地户籍的劳动者也更有吸引力。[3]但是灵活就业者的工作满意度差异非常大,这种差异主要取决于他们的个人意愿,以及年龄、性别、受教育水平和技能水平。[4]

(2)劳动者可雇佣能力的提升。"可雇佣性是关于获得最初就业、维持就业和获取新的就业所需要的能力。"[5]在我国,可雇佣性包括就业技巧、胜任能力、宏观环境和用人单位的态度与要求等因素。"可雇佣性的前提是个人需要具有相应的知识、技能和态度,与职业需要的匹配状况决定了个人是否适合选择某种职业,是否具备如愿的可能性。"[6]可雇佣性不仅仅取决于劳动者自身,还要关注宏观环境(主要是劳动力市场供需结构)和组织态度(用人单位的管理文化等),这就要求具备对环境变化和组织需要有所预测并有相应准备的能力,包括终身学习的能力。"工作岗位对技能的要求更加多样性和复杂化,岗位之间的职责界限变得模糊,工作地点及时间弹性化,

---

[1] 王静媛:《新业态下劳动关系及工会工作》,《天津市工会管理干部学院学报》2020年第37期。
[2] 魏益华、张爽:《新科技革命背景下的劳动关系变化及协调机制》,《求是学刊》2019年第3期。
[3] 王娟:《高质量发展背景下的新就业形态:内涵、影响及发展对策》,《学术交流》2019年第3期。
[4] 肖巍:《灵活就业、新型劳动关系与提高可雇佣能力》,《复旦学报(社会科学版)》2019年第5期。
[5] 王娟:《高质量发展背景下的新就业形态:内涵、影响及发展对策》,《学术交流》2019年第3期。
[6] 王全兴、王茜:《我国"网约工"的劳动关系认定及权益保护》,《法学》2018年第4期。

这些变化更依赖于员工主动性工作行为。员工的可雇佣能力越强，其人力资本和社会资本越丰富，其选择和转换的空间越广，就业的灵活性更强，提升可雇佣能力是培养灵活性和适应性员工的关键。"①

灵活的劳动力市场产生了积极的就业效果，但总有相当一部分人因为可雇佣能力较弱而无法就业。"就当前的就业政策而言，真正的挑战并不在于工资向下调整的普遍灵活性，而在于为能力有限的劳动力创造就业机会，并在必要时为他们提供培训机会。"② 为灵活就业者提供包括地方就业计划、专业技能培训、法律援助和求职帮助服务等公共品就变得十分重要。这些举措都是为了促进灵活就业的意愿、机会和能力。传统的灵活就业主要集中在低技能的辅助性领域，从业者往往是因为缺乏技能而被迫选择灵活就业，新业态则要求有更高的适应"互联网+"时代的专业知识、技能水平和交往能力。③

（3）就业分布不平衡与结构性失业风险。当前劳动力市场中，最为突出的特点是就业总量矛盾和结构性压力凸显，表现为"就业难"与"用工荒"并存的现象。这一现象的深层内涵是劳动力供给结构与当前市场劳动力需求结构不匹配，不同素质和能力的劳动者所面临的劳资关系趋于两极化。

招聘信息学历要求占比

序号	学历要求	占比
1	初中及以下	29%
2	高中及中专	5%
3	专科	28%
4	本科及以上	38%

---

① 詹婧、王艺、孟续铎：《互联网平台使灵活就业者产生了分化吗？——传统与新兴灵活就业者的异质性》，《中国人力资源开发》2018年第1期。
② 王永洁：《国际视野中的非标准就业与中国背景下的解读——兼论中国非标准就业的规模与特征》，《劳动经济研究》2018年第6期。
③ 涂永前：《应对灵活用工的劳动法制度重构》，《中国法学（文摘）》2018年第5期。

劳动关系矛盾的根本原因是知识型劳动者与一线体力劳动者的劳动力供给结构不平衡。一方面，一线体力劳动者受到了多重冲击，处在"就业难"的困境当中。冲击来源于我国经济进入转型期，经济大环境受到经济增速放缓的影响，市场收紧，以及产业转型升级，从传统劳动密集型向技术密集型转型，旧商业模式衰落，劳动收入进一步下降，就业岗位不断萎缩；同时，自动化与人工智能的深入结合，使智慧机器代替人工劳动的未来成为现实。如果一线劳动者不能及时转型升级适应新的生产方式，将会长期陷入"就业难"的状态中。另一方面，对于知识创新型人才有需求的企业却存在着"用工荒"的问题。新时代的中国要走创新驱动发展道路，需要培育更多具有自主知识产权和核心竞争力的创新型企业，因此离不开知识性、创造性人才资源的占有。我国高素质人才的数量远低于需求总量，以及人才资源的争夺进一步抬高了这部分群体的议价能力，使得企业的发展走入瓶颈期，甚至影响到国家的产业结构升级。[①]

二、新业态与灵活就业新方式的研究

中国经济新常态历史性地与第四次科技革命的开展契合在一起，而第四次科技革命的主要特质正是互联网经济的产业化，这种网络经济的蓬勃发展正在并将继续为当前中国经济的发展注入新的活力。近年来，随着新技术革命和互联网经济、共享经济、平台经济等经济新业态的出现和发展，以"互联网＋传统行业"为主的灵活就业新方式也得到了普遍的认同与发展，同时也引发了学术界和社会的关注、研究与探讨。随着中国灵活就业实践的不断推进，学者们对灵活就业的研究方向主要可以概括为灵活就业的形态与发展状况、灵活就业的市场效率、灵活就业的相关政策探讨等几个方面。[②]

[①] 魏益华、张爽：《新科技革命背景下的劳动关系变化及协调机制》，《求是学刊》2019年第3期。
[②] 吴江：《新时代促进灵活就业政策及其实施效果评价》，《财经问题研究》2019年第2期。

1. 灵活就业的形态与发展状况。

从18世纪70年代至今,全球共爆发了三次技术革命,把人们分别带入了蒸汽时代、电气时代和信息时代。有研究认为,每次技术革命的爆发都会塑造一种新生产方式和一种新的劳动关系范式,而灵活就业形态就属于信息革命下的劳动关系范式。劳动关系范式是在较长时期内劳、资双方普遍认同并共同遵守的行为模式,它具有促进技术进步和经济持续增长的作用,其具体内涵涉及就业的稳定性、劳动收入、劳动条件、管理方式、教育和技能培训、社会福利等方面。若从劳动关系范式的具体内涵来考察信息革命下的劳动关系范式,灵活就业、线上工作、多份兼职和自主创业逐渐普及是其主要特征之一,灵活就业几乎已经成为一种发展趋势。[①]

也有研究认为,灵活就业是劳动标准化的一种体现。在传统意义上,标准化的劳动是指劳动者与雇佣单位之间是以劳动合同、劳动时间和劳动地点为参照,以只存在一重劳动关系、全日制劳动以及遵照一个雇主指令为特征的一种劳动。但随着工业社会现代化进程以及经济形态多样化的发展,日益灵活的劳动关系逐渐突破了传统社会中的劳动关系范式标准,工作与非工作原本清晰的边界日益模糊。劳动关系逐渐从终身单一的全职工作转变为灵活多样的就业体系。这种从劳动关系、劳动时间和劳动场所的任一方面区别于标准劳动关系而形成的非标准劳动关系即为劳动的非标准化。[②]

从历史环境和世界经济现状来看,灵活就业是在全球化进程中劳动力流动性不断增强的体现。同时,增强就业的灵活性也是许多国家应对全球化竞争的主要办法之一。[③] 灵活就业作为一种新就业形态,是在新一轮工业革命

[①] 马国旺、刘思源:《技术革命演进中企业劳动关系范式的变迁与对策》,《云南社会科学》2019年第6期。
[②] 熊伟、贺玲:《劳动关系确认理论之反思——以网约车平台公司与注册司机之关系认定问题为视角》,《西南民族大学学报(人文社科版)》2018年第9期。
[③] 肖巍:《灵活就业、新型劳动关系与提高可雇佣能力》,《复旦学报(社会科学版)》2019年第5期。

的带动下出现的虚拟与实体紧密结合的工作模式，是一种在互联网等技术进步的催生下出现的以去雇主化、平台化为特征的新型就业模式，其工作内容及岗位也是灵活多变且涵盖高中低端各层次。当前，关于新时代下灵活就业形态的特征还要从人员类型、从业领域、就业能力、收入状况、用工关系等方面来具体考察。[1]

随着"互联网＋"新经济新业态的出现和发展，被认为是非正规、非标准就业的灵活就业形式也被注入了新内容，劳动供给方式越来越呈现多样性、灵活性的发展趋势。因此，有关灵活就业的工作性质、从属程度、权益边界和保障方式等内容均须进一步审慎认定。"互联网＋零工经济"大大增强了就业的灵活性，使得就业具有了灵活的时间（非全日制用工）、灵活的雇佣形式（如劳务派遣）、灵活的服务形态（业务外包）等，体现出经济新业态及产业结构调整的新趋势。[2]而"互联网＋平台经济"，则随着互联网平台功能（信息搜索—广告服务—线上销售—资源共享—组织要素）的不断扩展，成为一种更加开放、兼容的，具有产业融合、市场灵活性等性质的新型经济形态，席卷各行各业及诸多领域。"互联网＋平台经济"的发展，使得包括交通、物流、餐饮、家政等行业的就业领域不断扩大，出现了包括网约车司机、网约快递员、网约厨师、网约家政等在内的"网络合约工"群体，并且规模在不断扩大，灵活就业的新形式也随之不断涌现。[3]

2. 灵活就业的市场效率。

伴随信息技术的飞速发展和移动互联网、智能手机等数字化产品的普及，网络平台经济等灵活就业新方式日益成为经济新动能和带动创业创新、创造就业、吸纳就业的"新引擎"，具有良好的市场效率，也是信息化时代

---

[1] 吴江：《新时代促进灵活就业政策及其实施效果评价》，《财经问题研究》2019年第2期。
[2] 熊伟、贺玲：《劳动关系确认理论之反思——以网约车平台公司与注册司机之关系认定问题为视角》，《西南民族大学学报（人文社会科学版）》2018年第9期。
[3] 王全兴、王茜：《我国"网约工"的劳动关系认定及权益保护》，《法学》2018年第4期。

人们美好生活需求在就业领域的反映之一。[①]

当前，中国正在进入一个从规模数量向优化质量、提升结构转变的发展新阶段，"互联网＋"的就业模式及其所具有的开放性、兼容性和灵活性，已经使得我国"互联网＋就业"无论是技术水平、应用范围还是就业规模均居世界前列。研究表明，从 2007 年到 2016 年我国以创新为主要特征的新经济（包括新产业和新业态）年均增长 16.1%（其中新业态年均增长 20.6%），达到同期全国经济增长率的 190%。此外，在这 10 年中新经济就业年均增长 7.2%（其中新业态就业年均增长 7.7%），达到同期全国就业增长率的 220%。经济新业态、灵活就业等对我国就业和其他产业的发展产生了明显的拉动效应。[②]

除了促进经济发展、带动就业等作用，灵活就业还产生了使得劳动者收入呈现多元化趋势；使得劳动条件更加人性化、工作时间更有弹性，一定程度上减轻了劳动强度、改善了工作环境；使得就业管理方式向扁平化、虚拟化、民主化、弹性化转变，劳动者的主体性和创造力得以充分调动和利用；使得人才培养更加个性化，社会福利制度体系更加健全，政府作用可以更好地得到发挥等良好效用。[③]

但是，灵活就业在带来良好效用的同时，也产生了一些阻碍市场效率等需要进一步解决的问题。比如，灵活就业增强了流动性，而流动性增加了不安全感；虽然平台灵活就业者的受教育程度相对较高、年轻化趋势更加明显、就业方式更容易被女性接受、对外地户籍的劳动者也更有吸引力，但由于受到个人意愿，以及年龄、性别、受教育水平和技能水平等影响，灵活就

[①] 胡磊：《网络平台经济中"去劳动关系化"的动因及治理》，《理论月刊》2019 年第 9 期。
[②] 肖巍：《灵活就业、新型劳动关系与提高可雇佣能力》，《复旦学报（社会科学版）》2019 年第 5 期。
[③] 马国旺、刘思源：《技术革命演进中企业劳动关系范式的变迁与对策》，《云南社会科学》2019 年第 6 期。

业者的工作满意度差异很大；等等。[1]而灵活就业所带来的这些问题，都需要通过及时出台灵活就业相关政策、及时调整就业机制等方式加以解决。

3. 灵活就业的相关政策探讨。

经济新业态和灵活就业的发展改变了社会组织体制和就业模式，同时也对社会政策的发展提出了新挑战。灵活就业模式带来职业选择自由的同时，也会使从业者难以获得传统企业就业模式下的各种福利和保障，社会应及时建立新的制度安排，使得劳动力在共享经济中实现灵活就业的同时还能保障自身权益，从而促进共享经济的有序发展。[2]还有研究认为，现行劳动法律制度建立于标准劳动关系基础之上，而对于新型灵活就业等非标准劳动关系则缺少相应的制度保障。因此，制定相应的灵活就业政策至关重要。[3]

还有研究认为，劳资双方对灵活性的理解是有差别的。雇主关心的是如何随行就市支付劳动报酬，以及更灵活地雇佣或解雇员工，而不必承担他们的保障费用；而对于受雇者来说，灵活性带来了更多的选择性和更大的自主权，但也要面对不可预期的各种变化。[4]因此，相应的政策保障对于劳资双方而言都是十分需要的，除了新政策的及时出台，现有灵活就业政策的实施效果也需要进一步调查和研究。有研究就以中低端人员灵活就业的现实状况为出发点，通过进行实地调研获得具体数据并进行有针对性的分析。通过了解并客观描述相关人员关于灵活就业政策的知晓度和关注度、对灵活就业岗位的认可度，以及公共就业服务满意度等内容来分析和评价灵活就业的现实状况以及灵活就业政策在目的性、适配性、有效性和持续性等方面的效果，进

---

[1] 肖巍：《灵活就业、新型劳动关系与提高可雇佣能力》，《复旦学报（社会科学版）》2019年第5期。

[2] 梁玉成、鞠牛：《共享经济就业形态下的政策创新需求研究——基于新老蓝领职业健康的考察》，《学海》2019年第3期。

[3] 熊伟、贺玲：《劳动关系确认理论之反思——以网约车平台公司与注册司机之关系认定问题为视角》，《西南民族大学学报（人文社会科学版）》2018年第9期。

[4] 肖巍：《灵活就业、新型劳动关系与提高可雇佣能力》，《复旦学报（社会科学版）》2019年第5期。

而提出新时代下促进灵活就业发展以及优化灵活就业政策实施的相关建议。①

三、新业态与新型劳动关系研究

伴随着互联网技术的快速发展和大数据服务的广泛应用,"互联网+"为传统产业的转型与发展提供了新契机,由此产生了不同于传统经济的全新经济运营模式。② 随着社会公众个性化需求的改变,"互联网+传统服务产业"的商业经营模式能更好地满足人们对更高品质的需求,同时也促进了一种不同于传统劳动关系的新型劳动关系的产生。③ 学术界对这种新型劳动关系进行了相关研究和讨论,对于新时代完善和发展经济新业态下的新型劳动关系益处颇多。

有学者对于"劳动关系"进行了基础性研究,探讨了劳动关系的内涵及其经济基础,并对 1978 年至 2015 年中国劳动关系研究的历史进行了分析。此外,文章还进行了劳动关系研究的国际比较,并指出中国劳动关系的相关研究容易受到政治经济制度环境、劳动关系政策和学术传统等因素的影响。目前,鉴于经济新业态对我国劳动关系的已经产生重大影响,一些学者认为互联网的快速发展是事实,但是这并没有改变传统劳动关系的本质属性和一般特征,只是使得传统劳动关系的变量有所增多,表现更加弹性,从而产生了新型劳动关系。还有一些学者提出调整劳动法适用范围的相关建议,构筑和建立符合市场经济和时代特征的符合我国国情的新型劳动关系。另外,有的学者还主张把握好我国"新经济"的突出特点,为网络劳动者和线上工作者量身定制"互联网劳动法"等。④ 还有学者认为经济新业态存在着"去劳

---

① 吴江:《新时代促进灵活就业政策及其实施效果评价》,《财经问题研究》2019 年第 2 期。
② 任洲鸿、王月霞:《共享经济下劳动关系的政治经济学分析——以滴滴司机与共享平台的劳动关系为例》,《当代经济研究》2019 年第 3 期。
③ 魏益华、谭建萍:《互联网经济中新型劳动关系的风险防范》,《社会科学战线》2018 年第 2 期。
④ 钮友宁:《共建共享我国互联网时代的新型劳动关系》,《工人日报》2017 年 11 月 7 日。

动关系化"的问题，指出"去劳动关系化"包括解除劳动合同化的用工、去除雇主化的就业以及遮蔽事实的劳动关系等情形，而其实质就是去除从属性劳动和雇用工人的束缚。该研究认为，在网络平台经济等经济新业态中，"去劳动关系化"的动因涵盖经济、技术和制度等各个方面。其中，平台低成本灵活用工和网约工寻求自由高收益等构成了经济新业态"去劳动关系化"的经济动因；数字化知识和信息成为关键生产要素，重塑了劳资关系从属性等构成了经济新业态"去劳动关系化"的技术动因；劳动关系认定和"两分法"权益保护制度存在盲区，助长了机会主义行为等构成了经济新业态"去劳动关系化"的制度动因。[①] 此外，还有学者从劳动关系范式角度指出，当前我们正处在新、旧劳动关系范式的重叠期。旧的电气革命劳动关系范式已经衰退，但仍占据较大比重；新的信息革命劳动关系范式蓬勃发展，但尚未取得主导地位，仍要经历较长时间的发展才能真正成熟。但可以预见，这种新型劳动关系范式能够有效地缓解劳资矛盾，提高劳动生产率，进而引领新一轮的经济持续高速增长。[②]

对于新型劳动关系该如何进行界定的问题，不同的学者提出了不同的观点。目前，在我国并没有明确的法律依据将劳动者与共享平台之间的关系视为劳动关系，相关的法律界定还有待补充和完善。因此，许多学者在法律层面探索了对新型劳动关系的界定，发现新的经济形态不仅使传统劳动关系产生了许多新变化，改变着人们对劳动关系的传统认知，同时也使经济新业态下的新型劳动关系的法律界定面临着一定程度的困境和挑战。[③] 有研究指出了确立劳动关系需满足的几个要素，介绍了劳动关系认定的一般原则——仲裁、司法实践的突破，以及劳动关系认定的例外原则——劳动仲裁、司法实

[①] 胡磊：《网络平台经济中"去劳动关系化"的动因及治理》，《理论月刊》2019年第9期。
[②] 马国旺、刘思源：《技术革命演进中企业劳动关系范式的变迁与对策》，《云南社会科学》2019年第6期。
[③] 任洲鸿、王月霞：《共享经济下劳动关系的政治经济学分析——以滴滴司机与共享平台的劳动关系为例》，《当代经济研究》2019年第3期。

践的完善。并且,对于设立中用人单位的劳动关系认定问题,该研究认为要对用人单位主体资格进行考证,并加深对"用工"一词的理解与适用,区分用人单位的设立人是单位还是个人,以理顺用人单位设立中的劳动关系等。[1] 还有研究认为,经济新业态的兴起导致了网约工群体的不断壮大,甚至引发了一种乃至多种复杂的社会关系嬗变,这突出表现为网约工身份认定上的困境。由于面临着这种困境,传统劳动关系认定标准正处在逐渐松动乃至瓦解之中。因此,从法律层面上看,由于新型劳动关系使得劳动关系、劳务关系、承揽关系等多种有着实质区别的法律关系被杂糅在经济新业态的用工模式中,法律上传统劳动关系的认定标准在逐渐松动甚至瓦解着,劳动法等相关法律的及时补充和完善备受关注。[2]

从劳动关系的特征来看,许多研究从"从属性"的角度来探讨新型劳动关系的判定问题。有研究认为,在新科技革命背景下,劳动关系的劳动类型、从属性特征,以及灵活性和稳定性的关系随着科学技术的急剧发展都有所改变。[3] 传统劳动关系的概念及其判定理论一般比较突出人格和经济两个从属性,该理论的主要模型是工业化时代的工厂劳动关系。有学者认为,由于平台用工呈现出许多新特点,传统的劳动关系理论在当前互联网用工的经济新业态背景下遭遇了巨大挑战。但是,传统劳动关系的概念及其判定标准仍具有较强的弹性和适应性,并没有完全过时,仍可包容互联网平台用工关系。并且,通过考察互联网平台公司和网约工之间的诸多因素和复杂关系,运用传统劳动关系判定标准仍然可以得出互联网平台公司和网约工之间是否存在劳动关系的结论,网络时代并没有改变雇员从属性的实质,经济从属性的重要性和地位凸显。与此同时,为了更好地适应互联网平台用工新特点带

---

[1] 徐思秋、李琪:《创新创业中的劳动权益保障——基于用人单位设立中的劳动关系认定》,《上海行政学院学报》2019年第2期。
[2] 王健:《App平台用工中的网约工身份认定与劳动关系重构》,《兰州学刊》2019年第6期。
[3] 魏益华、张爽:《新科技革命背景下的劳动关系变化及协调机制》,《求是学刊》2019年第3期。

来的新要求，劳动关系的相关判定方法也需要作出相应的改进。对互联网平台用工的劳动关系认定，应综合考虑不同平台和不同类型工人的实际用工特征，并结合具体个案的全部事实进行有针对性的分析。该研究还通过对郭某与北京某信息技术有限公司案件、沈阳某科技有限公司与李某确认劳动关系纠纷案件、司机庄某与"e代驾"公司的劳动争议、2018年李某诉"闪送"平台等具体案例，归纳总结出了我国网络平台用工劳动纠纷的司法实践具有的具体特点，并指出由于互联网平台用工具有较为显著的差异性和复杂性，目前我国暂时不必针对网约工的身份问题制定出专门的规则，可以通过最高人民法院出台的相关司法解释来对劳动关系的概念及判定因素加以界定。并且，除了劳动法以外，还应该完善我国的社保制度以及互联网平台的监管制度等，从多角度、全方面保护互联网平台工人的应有权益。[1] 此外，还有研究认为经济新业态的发展改变了劳动力与生产资料的组织方式，劳动形态和就业方式呈现多样化发展趋势，以网约车等分享经济为代表的非标准就业形态和新型劳动关系的出现对从属性标准产成了冲击，传统的从属性标准不能完全适应社会发展对劳动关系认定的需要，对劳动关系的界定和规制提出了新的要求。运用从属性理论来具体判断共享经济等经济新业态下劳动关系的实际形态，为必要范围内的新型劳动者提供一定程度的倾斜性保护是相对合理的，但是这也有赖于从属性判断指标的进一步具体化与明确化。比如，通过对"人格从属性"及"经济从属性"两方面的分析可见，注册司机与网约车平台公司之间并不完全符合劳动关系从属性的指征，这就需要具体情况具体分析，而劳动法究竟如何回应这一变化，需要立法者审慎的考量[2]。

从新型劳动关系的特征来看，有研究认为互联网经济中产生的新型劳动关系与传统劳动关系相比发生了一系列变化。首先，新型劳动关系更加多元

---

[1] 谢增毅：《互联网平台用工劳动关系认定》，《中外法学》2018年第6期。
[2] 熊伟、贺玲：《劳动关系确认理论之反思——以网约车平台公司与注册司机之关系认定问题为视角》，《西南民族大学学报（人文社会科学版）》2018年第9期。

化。在互联网经济时代，劳动关系具有明显的多元化特征，互联网平台为劳动者提供了空前丰富的就业资源，劳动者在同一时间可以获得更多自由选择的机会。比如，只需要通过一台智能手机下载平台 App，一个劳动者就可以同时与多家网约车平台建立劳动关系。多元化的劳动关系赋予劳动者更广阔的择业空间，提高了劳动力这一生产要素的配置效率，但同时也对传统劳动关系中劳动者的竞业禁止义务提出了极大的挑战。其次，新型劳动关系更具灵活性。这主要表现在劳动合同的订立方式更加灵活，具有鲜明的数据化特征，以及劳动者向用人单位提供劳动的形式更加灵活、劳动合同的解除方式更加灵活等方面。另外，新型劳动关系的从属性逐渐趋于弱化，劳动者的薪酬支付模式也发生了改变。总之，这种新型劳动关系与传统劳动关系相比极具特殊性。该研究认为，这种特殊性实质上反映了新型劳动关系中各方主体权利义务的重新分配，是各方主体利益博弈的外化。该研究在分析新型劳动关系新特征的基础上，揭示了互联网企业、劳动者以及社会大众在新型劳动关系中所面临的风险，进而对现行相关法律制度进行了分析，提出了关于新型劳动关系风险防范的有关建议[1]。

还有学者从共享经济视角指出，劳动关系维系着全体劳动者的权利和利益，是实现劳动者全面发展的决定性因素，劳动关系和谐稳定是实现共享发展的题中应有之义。近年来，学术界在马克思主义理论的指导下，对共享视野下的劳动关系理论和实践进行了大量的研究，并取得了相应的成果。学者们不仅在理论层面对劳动关系中共享的理论渊源和多维内涵进行了许多有益的探索，而且在现实层面对共享经济的实现以及共享经济对新型劳动关系的塑造进行了研究和探索，进而对新型劳动关系的构建提出了相关的政策建议。该学者还指出，结合新时代我国社会主要矛盾已经发生转化的客观事实，更为具体、历史地理解共享的内涵，聚焦于更好地发挥共享经济的积

---

[1] 魏益华、谭建萍：《互联网经济中新型劳动关系的风险防范》，《社会科学战线》2018年第2期。

极作用和更加彰显劳动者的主体地位,是相关研究后续需要改进的内容之一[1]。此外,在共享经济视角下,还有学者指出,利用数字化零工劳动来重塑劳动关系,解决在开放、分散劳动条件下的劳动组织和监督问题,培育更加弹性和灵活的劳动后备军是西方"共享经济"的主要功能之一。工人阶级的不稳定化并非"共享经济"所特有或由其造成的,但互联网、手机应用程序、可穿戴跟踪设备、人工智能等数字技术的应用,的确改变了资本主义劳动组织与雇佣关系形式,它在推动劳动零工化的同时,不断侵蚀瓦解"标准雇佣关系",加剧了整个工人阶级的不稳定化趋势。该学者认为,"共享经济"是利用数字技术对资本积累和劳动关系危机的修复,不是资本主义的替代或终结,而是强化了新自由主义。而西方社会"共享经济"下的劳资矛盾等问题则凸显了发展中国特色社会主义共享经济的重要意义[2]。尽管学术界围绕共享经济下的劳动关系已经展开诸多有益的理论探讨,但对共享经济下劳动关系的政治经济学分析和研究还相对较少。鉴于"滴滴打车"已成为共享经济的典型形式,有学者以滴滴司机与共享平台之间的劳动关系为例,将其置于马克思主义政治经济学的理论视域下,尝试从多角度剖析共享经济下劳动关系的新变化,揭示共享资本的积累模式及其对劳动者的剥削机制的新特征,进而提出促进共享经济稳定健康发展和保障劳动者权益的相关政策建议[3]。

四、新型劳动关系所产生的问题及其规范

经济新业态下的新型劳动关系在为经济发展注入活力的同时,也产生了

---

[1] 肖潇:《共享视野下的劳动关系研究述评》,《山东社会科学》2019年第10期。
[2] 崔学东、曹樱凡:《"共享经济"还是"零工经济"?——后工业与金融资本主义下的积累与雇佣劳动关系》,《政治经济学评论》2019年第1期。
[3] 任洲鸿、王月霞:《共享经济下劳动关系的政治经济学分析——以滴滴司机与共享平台的劳动关系为例》,《当代经济研究》2019年第3期。

许多亟待解决的问题。近年来,学术界就新型劳动关系所产生的问题及其规范等话题,开展了有益的研究和探讨。

针对新型劳动关系下劳动者权益保护的问题,中国宏观经济研究院课题组在调查我国劳动就业新趋势新特征时认为,在劳动关系、用工形式和就业内容等都已经发生变化的互联网经济新业态下,就有必要建立相应的劳动保护制度,来维护经济新业态下灵活的就业关系和从事相关行业劳动者的合法权益[1]。有研究认为,近几年劳资关系争议发生率呈大幅上升态势证明了既有的劳动人事法律法规无法较好地调整创新创业企业雇主与受雇人员之间的法律关系,应完善相关法规并加强创新创业企业的雇员权益保障。为了最大限度保护劳动者权益,用人单位应制定详细的劳动关系认定规则,在"理顺关系"的同时引入筹备企业雇员登记制度和特殊商业保险制度以加强对劳动者的劳动权益保障[2]。此外,建立"互联网+"新型劳动关系的迫切要求之一,就是要制定针对不同领域、不同工作的具体、专门的劳动法规,以保证在协调、处理相关纠纷时有法可依。而且,政府和工会还要更加重视有更高能力要求的劳动者的"可雇佣性"问题,为他们提供实际可行的能力建设途径和社会保障条件,以增强灵活就业者的"灵活安全性",切实保护新型劳动关系下的劳动者权益[3]。

在有效规避和防范新型劳动关系风险方面,有研究认为目前新型劳动关系中已经出现和可能出现的各种风险,不仅是法律问题也是社会问题,更是发展问题。综合相关法院判决和社会关注度较高的案例来看,新型劳动关系的风险主要包括互联网企业的风险、收入稳定性下降等劳动者的风险、互联网企业谋求垄断地位导致监管难度增加和消费者维权问题增加等社会第三方

---

[1] 中国宏观经济研究院课题组:《我国劳动就业新趋势新特征》,2016 年 12 月 15 日《经济日报》。
[2] 徐思秋、李琪:《创新创业中的劳动权益保障——基于用人单位设立中的劳动关系认定》,《上海行政学院学报》2019 年第 2 期。
[3] 肖巍:《灵活就业、新型劳动关系与提高可雇佣能力》,《复旦学报(社会科学版)》2019 年第 5 期。

的风险，问题的争议焦点主要集中在如何分配互联网企业和劳动者的权利义务、分担责任、保护劳动者合法权益和确定消费者的合理救济途径等方面。此外，该研究还指出上述新型劳动关系风险产生的根源在于传统劳动关系的认定标准已经不能适应互联网经济的发展需求，导致了新型劳动关系长期游离于《中华人民共和国劳动法》《中华人民共和国劳动合同法》等相关法律法规及其司法解释的调整范围以外。而相关问题的解决，则需要尽量平衡互联网企业和劳动者之间的利益关系，综合采取法律保障、政府服务、行业互助、加强监管以及舆论宣传等风险防范的政策和措施[①]。也有学者认为，具体的风险防范对策建议应涉及技术、市场和制度三个层面。首先，在技术层面，既要重视鼓励新技术和新产业发展，又要重视培育人力资本，提高劳动者的技能，进而在更高的生产力水平上促进劳资力量的平衡。其次，在市场层面，应重视调节市场的劳动力资源配置机制，促进劳动力相对平稳地从旧产业向新兴产业流动。最后，在制度层面，政府应做好民生兜底工作，积极应对劳动关系范式转型过程中的各种摩擦和不确定性，进而促进原有劳动关系相对平稳地转型升级[②]。

从共享经济角度来看，由于目前共享经济服务的提供者很多并仍在不断增长，加之平台用工等经济新业态具有复杂、灵活等特点，使得网络平台服务提供者的劳动权益保障问题成为一个重要、复杂的问题[③]。有研究认为，共享经济的发展对创新社会治理体系提出了新的要求，也对劳动关系的治理机制提出了新的挑战。为了应对这一挑战，应当顺应就业形式多样化以及劳动关系复杂化、灵活化的发展态势，探索对不同的群体适用不同的、多样化的劳动权利义务，对雇员实行"分类调整、区别对待"的调整模式。该学者

---

① 魏益华、谭建萍：《互联网经济中新型劳动关系的风险防范》，《社会科学战线》2018年第2期。
② 马国旺、刘思源：《技术革命演进中企业劳动关系范式的变迁与对策》，《云南社会科学》2019年第6期。
③ 谢增毅：《互联网平台用工劳动关系认定》，《中外法学》2018年第6期。

认为，无论是灵活就业中的劳动关系确认，抑或是分享经济形态下劳动关系的认定，都可以还原为"劳动关系认定"这一劳动法的基本问题，而本质上是需要回答新业态下的就业者究竟是否是劳动法意义上的"劳动者"这一核心问题[1]。还有研究认为，对"网约工"等新型劳动关系的认定以及相关劳动者的权益保障问题，已经成为劳动关系和劳动法领域争论的热点问题之一。并且，该问题的解决还直接关系能否顺利实现党的十九大报告中提出的"提高就业质量"的目标[2]。

从工会视角来看，有研究使用北京市"新技术新业态新模式蓬勃发展对职工队伍和劳动关系的影响及应对举措"专题数据和调研访谈，描述了从事新就业形态劳动者及新就业形态劳动关系现状，并从工会角度提出面对新就业形态的思考和应对策略。该研究认为，新就业形态带来了大量就业岗位，同时也造成了平台从业者权利不平衡、劳动权益保障缺失、工作稳定性下降、传统劳动法律体系不适应、工会应对不足等问题。从工会角度出发，应对新就业形态的主要策略包括反映平台从业者的诉求、及时介入平台劳动争议、努力帮助提升新就业形态从业者就业质量、推动劳动法律体系向新就业形态从业者拓展等，其中最重要的应对策略应该是适应技术变革的趋势，并从实践中创新组织、服务劳动者，保护劳动者权益的方式[3]。

从就业结构来看，中国劳动就业在经济新业态下面临着比欧美更大的结构性冲击。当前，由于对贸易与就业关系存在着传统的认知，美国总统特朗普大力推行以就业保护为核心的贸易保护政策，认为贸易是导致美国制造业行业就业机会减少的主要原因，把"买美国货，雇美国人"当作解决美国就业问题的主要方法。特朗普认为美国的贸易伙伴国对美国存在着不公平的对

---

[1] 熊伟、贺玲：《劳动关系确认理论之反思——以网约车平台公司与注册司机之关系认定问题为视角》，《西南民族大学学报（人文社会科学版）》2018年第9期。
[2] 王全兴、王茜：《我国"网约工"的劳动关系认定及权益保护》，《法学》2018年第4期。
[3] 张成刚、冯丽君：《工会视角下新就业形态的劳动关系问题及对策》，《中国劳动关系学院学报》2019年第6期。

待，主张对在与美国的贸易中存在着贸易顺差的国家采取贸易限制措施，这样一来便使得美国的贸易政策逐渐进入了保护主义的新阶段。而我国则在人工智能、自动化等技术以及经济新业态等影响下，产生了就业的替代效应和抑制效应等多方面的变化，就业结构将发生重大调整。以往处于中间层的程式化岗位更容易被替代，就业结构可能呈现出高收入、高技能岗位与低收入、私人服务型岗位比重同步上升的"两极化趋势"。而伴随着就业结构的调整，收入分配差距加大、福利损失等问题也将随之出现，这就需要从产业政策、行业规制、社会保障以及教育培训等角度综合考虑相关解决措施[1][2]。

此外，还有学者从计划行为理论的新视角出发，通过对新就业形态劳动者的问卷调查来探究心理资本促进创业行为倾向的机理。其研究结果表明，创业行为倾向本质上是计划行为，心理资本对创业行为倾向的正向影响极其显著。其中，自我效能与坚韧因子作用尤其突出。而目标导向在心理资本与创业行为倾向之间存在部分中介作用。另外，创业年龄对心理资本和创业行为倾向也能够产生一定的影响。这一结论为解决新就业形态的创业型就业等问题提供了有益的启示，可以通过强化人们的创业行为意愿、营造良好的创业环境以及提升人们对创业行为倾向的感知与目标导向等方法，来促进新就业形态长效机制的建立[3]。

除上述研究成果外，针对新型劳动关系所产生的问题，有学者认为劳动关系的认定标准要适时加以调整，争取实现劳动从属性由弱到强和相关法律规制由宽松到严格的转变。同时，还需要削减社保缴纳、劳动关系和劳动标准执行三者之间的关联性，并优化社会保障体系、劳动者技能培训体系以及

---

[1] Robert A. Rogowsky、张丽娟：《就业保护与美国贸易保护新阶段》，《国际贸易问题》2018年第3期。
[2] 蔡跃洲、陈楠：《新技术革命下人工智能与高质量增长、高质量就业》，《数量经济技术经济研究》2019年第5期。
[3] 张宏如、李祺俊、高照军：《新就业形态员工心理资本、目标导向对创业行为倾向的影响》，《福建论坛（人文社会科学版）》2019年第11期。

劳动保障的监察和争议处理机制，对掩盖真实劳动关系的行为予以严惩[1]。还有研究认为，面对"互联网+"和平台经济等经济新业态给劳动法理论带来的挑战，当前的应对重点应该是重新界定劳动关系的适用范围，适度从宽认定劳动关系且谨慎选择保护手段，强化平台企业的责任[2]，并创新工会组织形式和工作机制，建立系统的劳动关系协调机制，以促进劳动关系和谐发展[3]。还有学者从工匠精神的角度指出，"互联网+经济新业态"同时呼吁"互联网+工匠精神"。将严谨、细致、踏实、执着、专注、精益求精等这些"工匠精神"注入具有灵活、开放、创新等特点的经济新业态，将会对保护劳动者通过自身行为来保护权益等起到促进作用，也会对新型劳动关系产生的问题起到一定的缓解作用，为经济新业态注入新的活力[4]。

---

[1] 胡磊：《网络平台经济中"去劳动关系化"的动因及治理》，《理论月刊》2019年第9期。
[2] 王全兴、王茜：《我国"网约工"的劳动关系认定及权益保护》，《法学》2018年第4期。
[3] 魏益华、张爽：《新科技革命背景下的劳动关系变化及协调机制》，《求是学刊》2019年第3期。
[4] 杨乔雅：《大国工匠——寻找中国缺失的工匠精神》，经济管理出版社2017年版。

第七章

国际经济新形势与劳动关系新变化

伴随着世界体系的深层变革，国际经济出现新的形势，作为一种全球性现象的劳动关系也呈现出一系列新的变化。本章主要从"一带一路"沿线国家劳动关系的整体性状和国别研究，以及中美贸易摩擦背景下的劳动关系等两个方面入手，归纳反映学界在劳动关系相关议题上的逻辑分析和理论成果。

一、"一带一路"沿线国家的劳动关系

（一）"一带一路"沿线国家劳动关系总体分析

在亚投行等国际融资支持下，中国的国际基础建设投资、对外承包工程和海外直接投资并购取到较大发展。据商务部数据，2017年中国企业对"一带一路"沿线的59国新增投资合计143.6亿美元，同比下降1.2%，投资金额占总额的12%，同比增加3.5个百分点，趋于稳健发展阶段。随着投资展开和项目进入经营阶段，企业劳动关系和劳工问题浮出水面。有学者将"一带一路"沿线国家劳动关系总结为以下几个方面的特征：一是由于自身历史变迁、文化传统、宗教信仰差异及政治制度不同，各国的集体劳动关系协调模式及现状呈趋异的发展态势；二是受金融危机影响，发展中国家对雇佣保护立法（EPL）和劳动关系监管亦呈放松管制趋势，但这方面的改革力度明显弱于发达国家，且许多发展中经济体持续强化劳动力市场机制建设，努力提高就业质量并促进向正规就业转变。总体上看，这方面亦呈现离散化发展趋向；三是处在不同经济发展阶段及奉行不同的经济发展模式，"一带一路"国家雇佣关系模式的发展将呈现多样化趋向。我国以建设"人类命运共同体"为价值理念追求，以和平、发展、合作、共赢为核心原则，引领发展中国家创新雇佣关系模式具有现实可能性。①

有学者认为，截至2017年，"一带一路"倡议主要涉及中国在内的66个国家，占据世界2/3的人口却只有不到1/3的产值。这些国家基本为发展中国家，虽然有些国家的人均国民收入很高，但主要是资源依赖型国家，经济发展易受冲击。由于"一带一路"沿线国家和地区之间的经济发展水平差异巨大，而国家经济发展水平又取决于劳动生产率的增长，所以，劳动生产率产生差异的成因长期是学者们研究的重点。根据现有的文献，有关国家经济开放对劳动生产率影响的研究大多仅仅考察了对外开放的一个方面，比如进出口贸易或国外直接投资，没有将进出口贸易和国外直接投资融合到一起全面考察经济开放的作用，而针对其中一个方面对劳动生产率的研究往往存在片面性。通过使用固定效应模型，借助工具变量法，基于多种估计方法对"一带一路"沿线国家的劳动生产率进行估计，重点探讨国家经济开放度如何作用于劳动生产率，并关注经济开放度的内生性问题。结果发现，在技术水平相对较低的国家中，经济开放度对劳动生产率的正向作用更大；同时，城镇化水平、产业结构、技术水平、预期寿命等对"一带一路"沿线国家劳动生产率产生的影响也不可忽视。②

有学者通过详细梳理"一带一路"沿线国家5类劳动关系协调模式（以阿联酋为代表的西亚区域"法律主导"的劳动关系协调模式，以俄罗斯为代表的独联体"法律协助"的劳动关系协调模式，东南亚以马来西亚为代表的"集体谈判"模式、以新加坡为代表的"三方协调"模式与以越南为代表的"多元混合"劳动关系协调模式），纵向比较其协调模式的异同点，针对我国在不同模式中可能遇到的劳资纠纷问题提出了具有针对性的建议。同时为

---

① 乔健、李诚：《中资企业投资"一带一路"国家劳动关系风险防范研究——以巴西为例》，《中国人力资源开发》2018年第7期。
② 王芳、孙庆刚：《经济开放与劳动生产率——基于"一带一路"沿线国家的视角》，《经济研究参考》2018年第38期。

完善我国劳动关系协调模式，提出分类解决纠纷及完善监察、补贴制度两点具体的实践路径。通过以上研究以期为新时代构建和谐劳动关系提供参考。该研究认为，通过深入分析这5类劳动关系协调模式，可以得到如下3个方面启示：我国政府与企业在"一带一路"沿线国家经营时，应充分了解目标国的劳动关系协调模式；采取具有针对性的策略；我国政府也要吸取沿线国家劳动关系协调模式中适合我国的部分，从而给国内的劳资双方创造更好的生产环境，构建更加和谐的劳动关系。[①]

（二）"一带一路"沿线国家劳动关系国别研究

1. 越南劳动关系研究。有学者认为，冷战结束以后，全球价值链在经济全球化的进一步深化下逐渐形成。全球价值链由世界范围内的企业网络共同构成，国际贸易和生产分工是这个网络的主要表现形式，从而形成"全球价值链"的基本模型。对于世界各国而言，能够有效嵌入全球价值链，参与国际分工，并从国际贸易中获得收益，是实现经济发展和产业升级的重要条件。"革新开放"30余年来，越南为实现国内工业化和现代化战略，大力发展本国的制造业。近年来，越南在经济全球化的潮流下，与中国、日本、韩国、东盟、欧盟等多个经济体达成自由贸易协定，这些自由贸易协定与国内"出口导向型"经济发展战略相结合，推动了越南制造业在全球价值链中的嵌入，实现了与国际经济的对接，从而获得发展制造业的客观条件。目前全球价值链已经成为经济全球化的重要表现形式之一。越南制造业通过参与国际贸易和分工体系，成功嵌入全球价值链。在全球价值链中，越南制造业尚处于低增加值的"制造端"位置，具有承接国际产业转移、劳动密集型产业为主导、依赖国际供应链和销售链等三大特征。同时，在全球价值链的动态变迁中，越南制造业还将受到分工模式升级、发展路径单一，以及全球与区

---

① 韩喜平、张嘉昕：《"一带一路"沿线国家劳动关系协调分类研究》，《管理世界》2019年第4期。

域价值链相贯通的综合影响。①

有学者认为,越南作为"海上丝绸之路"的重要一环,拥有独特的地理位置和丰富的矿产资源,据中国海关统计,2017年中越双边贸易总额1219.9亿美元,2018年中越双边贸易总额1478.3亿美元,同比增长21.2%,此外,2019年1月《全面与进步跨太平洋伙伴关系协定》的正式生效,越南进出口关税大大降低。加之越南政府极具优惠的税收政策,吸引了大量的中国企业对越投资。越南已经连续三年成为中国在东盟的第一大伙伴,中国已连续13年成为越南第一大贸易伙伴。2017年我国外交部表示越南是我国重要的邻国和"一带一路"沿线重要国家。近年来越南经济不断发展,制造业尤其突出,越南正在逐渐替代中国成为"世界工厂"。随着"一带一路"倡议的提出,中越合作不断加深,我国赴越投资企业和劳工人数也在逐年上升。但是,我国对越投资有一定的风险,为了更好地推进"一带一路"倡议的有效进行,掌握越南相关劳动法律法规、工会和工人活动模式的发展动向势在必行。此外,越南和美国频繁的贸易往来和中美贸易摩擦的升级形成了鲜明对比,这对中国当前经济发展也是一大考验。为此,首先提醒我国赴越投资企业要做好投资风险评估;其次了解所在地区法律法规,严于律己,加强与政府、工会的联系;最后要积极融入当地生产生活,尊重当地风俗习惯,为"一带一路"倡议的推进,实现两国互惠互利和共同繁荣作出努力。②

有学者认为,越南自20世纪80年代中期开始实行革新开放,受益于充裕低廉的劳动力成本和有利的地理环境等条件,越南在吸引全球资本方面走在发展中国家的前列。在"一带一路"倡议带动下,中国企业加快了在东南亚地区的布局和投资。据商务部援引越南计划投资部外国投资局数据,2017年越南吸引外资达358.8亿美元,同比增长44.4%,创10年最高纪录。与

---

① 黄郑亮:《越南制造业在全球价值链的位置研究》,《东南亚研究》2019年第5期。
② 于珊、朱禹璇:《"一带一路"倡议下越南劳动关系现状的政治经济学研究》,《经济视角》2019年第4期。

中国相似的儒家文化传统、社会主义政治制度以及不断扩张的市场消费能力等都是吸引中国企业投资越南的有利条件。随着"一带一路"倡议影响的深入，中国企业加快了在越南的投资。2017年在越南外资来源的115个国家和地区中，日本超越韩国，成为对越南最大投资国，协议金额达91.1亿美元；值得注意的是，中国排位上升至第四名，协议金额达21.7亿美元，包括284个新增投资项目、83个追加投资项目、817个注资或购买股份项目，中国在新增项目数量超过新加坡，注资或购买股份数量超越日本。但是中国企业进入越南容易在劳动力成本、劳动效率和劳动力供应三个方面产生认识误区，越南的劳动管制政策正在逐渐完善，劳动关系调处、工会、集体谈判权利等基本劳动权利标准和规则与中国有很大差异。中国企业投资越南必须认真研判越南法律，加大本土化招聘，强化企业社会责任。[①]

2. 欧盟劳动者隐私权保护。有学者认为，随着互联网时代的到来，劳动者的隐私权与互联网的联系亦呈现出前所未有的紧密趋势。隐私权作为当今文明社会一种新型人格权，其保障的法益源于人性对尊严和自由的追求。在劳动法关系中，基于劳动关系在身份上的从属性，其隐私权无疑与民法中所规定的隐私权内涵外延并不相同。劳动者与雇主之间存在着权力服从关系，一旦缔结了劳动关系，劳动者对雇主便负有广泛的附随义务。对于劳动者来说这种附随义务涵盖了他们的人格和生活。在工作时间和工作场所中，劳动者必须维护和增进雇主的利益。即使在工作时间之外的私人生活中，劳动者也可能对雇主负有某种作为或不作为的义务。那么劳动者在劳动关系中其隐私权能否被克减？用人单位是否有权监管劳动者使用互联网例如其电子邮件的内容或浏览网页的情况？随着社交网络的发展，劳动者在社交网站上的对于政治、经济乃至工作场所、同事、雇主的策略和产品意见和评论是否可以被视为其隐私权和言论自由的范畴？但其不当的言论在一个"娱乐至

---

① 黄岩、巫芊桦：《"一带一路"倡议下越南的劳动管制政策及其中资企业的应对策略》，《中国人力资源开发》2019年第7期。

死"的时代下却可能在很大程度上影响到用人单位以及劳动者同事的社会评价。欧盟诸多成员国作为较早进入互联网时代的国家，其在互联网时代对于隐私权的保护则体现为欧盟议会于2016年4月14日通过的《通用数据保护条例（GDPR）》。GDPR取代了欧盟旧有的数据隐私标准，并于2018年5月25日开始在欧盟的28个成员国实施。目前学界对于GDPR的关注大多仍停留在互联网的服务提供者与其用户之间，但对于服务提供者与其雇员之间隐私权保护研究尚存在一定的缺失。该研究通过《通用数据保护条例（GDPR）》法条的实证分析，对跨国公司与劳动者隐私权保护及跨国企业风险对策探讨，认为GDPR共有六个通用数据保护原则：公平和合法、目的限制、数据最小化、准确性、存储限制以及数据的完整性和机密性。但GDPR其核心宗旨仍是对个人数据的保护。一方面GDPR的透明度通过确保以可访问的方式向个人提供完整信息，另一方面则通过问责制来确保所有的法人使用个人数据产生争议时需承担证明责任。同时，该法规的域外管辖也是其关键创新之一。GDPR这一法规不仅覆盖了28个欧盟成员国中的公司法人，同时也可依域外管辖相关条文越过跨国公司在欧洲设立的子公司而直接归责于其母公司或实际控制人。仅就跨国公司对于劳动者隐私权这一项而言，无疑大大提升了跨国公司在欧盟内对于GDPR的经营成本。[1]

（三）"一带一路"沿线国家劳动关系风险评估

有学者研究"一带一路"区域劳动关系风险状况与发展趋势，认为"一带一路"倡议提出以来，对国家贸易拉动效应明显，但中资企业劳动关系受区域风险因素影响逐步显现。各区域风险因素中，国家因素是首要原因，雇主和工程因素次之。在"一带一路"24个港口国家中有20个国家的劳动关系风险集中在中度风险，而阿尔及利亚与巴哈马的劳动关系风险等级是高度

---

[1] 王宇辰：《欧盟"GDPR"视阈下劳动者隐私权的保护》，《南方论刊》2019年第9期。

风险，安全度最低，加拿大与坦桑尼亚为一般风险，安全度最高。中资企业与当地的政治、经济、文化、社会环境产生互联融通，使中国劳动关系总体呈现"两极化"的发展态势：一极向微观网络延伸，伴随"互联网+"平台企业的崛起，劳动关系风险呈现网络化发展趋势，主要表现为网络技术引发劳动组织平台化、信息化，用工呈现订单化趋势，网络平台催生劳动用工自由化、多元化，劳资关系呈现虚化趋势，劳动关系协调机制面临多元化挑战，社会保障认定首现僵化趋势，传统劳动关系的外延和范围被拓宽，应避免劳动关系认定泛化；另一极向宏观区域延伸，伴随共建"一带一路"的推进，劳动关系风险呈现区域化趋势，主要表现为中国劳动关系正处于全球产业链影响之中，中国劳动关系正面临区域化因素影响的调整之中，劳工标准成为中资企业海外发展的区域化重要因素。[①]

有学者通过对共建"一带一路"合作国家中 57 个主要国家的集体劳动关系法律调整状况进行分析，将各国调整方式归为企业调整为主、社会调整为主、国家调整为主。认为"一带一路"沿线国家包括了"丝绸之路经济带"和"21 世纪海上丝绸之路"涉及的 65 个国家和地区。但"中国一带一路网"数据显示，目前共建"一带一路"合作国家超过 100 个。每个国家的政治、经济、法律背景都有自身的特点，集体劳动权益的保护也有所不同。"一带一路"倡议合作国家中的集体劳动关系法律调整，具有以下几个特点：一是各国集体劳动关系调整方式带有文化和地域特色；二是各国对传统劳动三权的保障不尽相同，大多数国家法律规范了传统劳动三权的行使；三是大规模罢工多对抗政府或带有政治性。中国企业"走出去"中集体劳动关系法律调整的普遍风险，源于我国集体协商与东道国集体谈判的不同，由企业未正确理解工会职能和未正确处理罢工而引发。特定风险，在企业调整为主国家多由文化差异引发；在社会调整为主国家多由劳动法制模式不同而引发，在国

---

① 任国有等：《"一带一路"区域劳动关系风险状况与发展趋势》，《中国劳动关系学院学报》2019 年第 6 期。

家调整为主国家多由强制性法律不同而引发。风险防范普遍措施，即政府层面的防范措施，为增加国际条约中有利于我国投资者的条款和完善海外投资指导机制、预警机制。风险防范针对性措施，即企业层面的防范措施，为实现经营"本土化"。[1]

有学者认为，随着中资企业对"一带一路"沿线国家投资展开和项目进入经营阶段，企业劳动关系和劳工问题浮出水面，劳动关系治理和风险防范，已成为中国企业"走出去"、走下去、走得好的重要保证。该研究对"一带一路"国家劳动关系的总体特征和趋势作出概括，并以巴西为例，分析了劳动关系风险及其表现，提出一个影响"一带一路"国家劳动关系风险的多维因素框架，就如何构建防范劳动关系风险的制度体系进行了论述。该研究认为，劳动关系合规管理、形成完善的劳动关系协调机制和风险预警机制，在企业管理中植入中国特色和谐劳动关系的理念和做法，是实现企业可持续发展和"民心相通"的重要保障。[2]

有学者认为劳动法律风险正成为国际投资中不容忽视的重要问题。劳动法律风险是指，企业在投资过程中，因不了解或忽视劳动法律而招致法律制裁或经济损失的风险。"一带一路"倡议让中国对外投资跨入新阶段，并面临新挑战。"一带一路"沿线国家的劳动法律文化各不相同，为降低投资风险，我国迫切需要未雨绸缪地评估和防控劳动法律风险。我国对外投资历史较短，因对东道国劳动法律了解不足而遭受损失的事件屡见不鲜。中国企业在投资"一带一路"沿线国家过程中遭遇的劳动法律风险类型各异，主要表现为用工成本增加、法律制裁、工会干预。引发劳动法律风险的成因复杂，存在"多因一果"或"一因多果"的现象。因此，强调中国投资"一带一路"

---

[1] 王黎黎：《"一带一路"下集体劳动关系调整风险及适应性防范》，《中国人力资源开发》2018年第12期。
[2] 乔健、李诚：《中资企业投资"一带一路"国家劳动关系风险防范研究——以巴西为例》，《中国人力资源开发》2018年第7期。

沿线国家应当注意劳动法律风险,主张评估"一带一路"沿线国家的劳动法律风险,应考察"东道国劳动立法""劳动者群体维权行动""东道国法治水平"3个要素。"一带一路"沿线国家劳动法律风险表现各异,防控"一带一路"沿线国家中的劳动法律风险,可从宏观、中观、微观3个层面切入。宏观层面,可通过与沿线国家签订劳工合作协议、国际工会合作的方式达成共识;中观层面,可通过完善国内立法、建立数字化的风险评估模型、为特定的风险类型购买保险等方式分散和转移风险;微观层面,可借由跨国企业采用生产守则、与工会主动谈判、劳动者和股权的本土化、采用灵活的用工制度等途径弱化冲突。①

有学者认为,随着共建"一带一路"的实施,中国经济发展有了新引擎,中国企业"走出去"进行海外投资的热情日益高涨。中国企业对外直接投资,尤其是跨国并购业务量增幅惊人。截至2018年5月,中国企业2018年已完成69起海外并购。研究表明,该数字还将继续增长,其中,"一带一路"项目在中国企业海外并购项目中占主导。然而,中国企业海外并购的失败率一直居高不下。相关研究表明,中国企业的海外并购成功率仅为67%,远低于欧洲、美国、日本等发达国家企业的水平。同时,由于中国企业并购后的经营管理能力有限,海外项目只有13%处于盈利可观状态,63%处于非营利或亏损状态。中国企业的海外并购之路,道阻且长,"走出去"面临诸多风险与挑战。在实践中,中国企业在海外并购实务中劳动法律服务的需求量较大,而供给侧相对单薄,缺乏足够的高质量法律服务提供者,面对并购中的劳动法律风险,更多只能凭一己之力、依据自身的经验与商业思维惯性进行应对,这很可能加重该劳动风险造成的后果。随着共建"一带一路"的实施,中国企业在敲开海外投资的大门后,如何避开当地劳动法律风险的"泥潭",化解劳动法律风险危机,从而实现成功并购,是亟

---

① 王铀镱:《"一带一路"沿线国家的劳动法律风险评估机制》,《重庆理工大学学报(社会科学)》2019年第1期。

待解决的一大难题。"一带一路"沿线国家对于境外投资准入的法律规定具有相似性，而劳动法律制度则各不相同。中国企业在"走出去"参与海外并购的过程中面临两方面的劳动法律风险：一是强势工会法律风险，二是薪酬福利法律风险。上述法律风险或者导致并购交易被迫取消，或者即便成功并购，并购后被并购企业也问题频发，严重拖累集团整体发展。为防范这两大风险，政府应当优化国内立法并加强双边协作，企业应当完善并购交易中劳动雇佣与薪酬福利尽职调查，加强对劳动法律风险的防控。[①]

(四)"一带一路"倡议下涉外劳动争议

有学者认为，当前劳动力市场处于一个世界性劳工短缺的环境下，资本主义金融危机是由于非实体经济的繁荣造成的经济泡沫，为了缓解这一问题，亟须发展实体经济，劳动力正是实体经济复兴中的一个重要环节，国际劳动力市场这块蛋糕越来越大。然而由于虚拟经济的繁荣，高校中经济类专业繁荣，而培养实体经济所需人才的相关专业逐渐凋敝甚至被取消，这说明要想复苏实体经济如制造业就必须从国外引进人才，那么外籍劳动力就成为实体经济复苏的主要力量。同时，"一带一路"沿线国家多数已进入人口老龄化阶段，劳动力平均年龄上升趋势明显。中东欧国家、独联体国家的老龄化程度相对较高，中亚和西亚地区较低，东盟和南亚国家的老龄化速度在近十年内增长最为迅速。适龄劳动力数量不足，需要引进劳动力特别是高科技人才来参与本国的发展。

另外，经济全球化、全球现代化已经是不可逆的趋势。我国提出"一带一路"的倡议，既顺应了时代发展的趋势，也为"一带一路"沿线国家的发展提供了一个新的机遇。这些国家乐于采用积极的政策法规引进国外劳动力，积极开拓国际劳动力市场，这为我们劳动力"走出去"提供了有利条

[①] 王蓓、蒋琳瑶：《"一带一路"背景下中国企业海外并购的劳动法律风险及防范》，《山东财经大学学报》2018年第6期。

件。"一带一路"倡议是致力于"丝绸之路经济带"沿线国家畅融互通的合作方式,其为我国劳动力"走出去"带来了全新的机遇和挑战。目前这些机遇和风险主要表现在国际劳动力市场规模庞大、我国与沿线国家联系更密切、"一带一路"基础设施建设提供了大量的劳动岗位、与沿线国家产业合作空间广阔四个方面,以及劳动力权益保障风险、国际竞争风险、目的国政局动荡风险及文化适应风险四个主要风险。在这样的机遇与挑战下,我们要通过健全相关的法律法规、完善劳动力"走出去"的管理体制、积极开拓国际劳动力市场等措施来利用机遇化解挑战。[①]

有学者认为,在"走出去"战略、"一带一路"倡议全面落实的背景下,中国与世界各国贸易、投资、项目合作的逐步升级,跨境就业已成为国际经贸交往中一种就业趋势。海外劳工作为跨境就业的主体,对劳务输出国和劳务输入国都有着巨大益处。一方面,可以填补劳务输入国人力资源"空缺",有效解决该国人口老龄化、劳动生产率低等一系列经济、社会问题。

另一方面,缓解劳务输出国就业压力,并充实国内外汇储备,平衡贸易逆差,提升本国人民生活水平。因此,东道国及母国均都有动力、义务保护海外劳工的合法权益。当下,国际劳动力市场与国际贸易、国际工程承包、国际投资等诸多领域紧密相连,相互影响,为国际经济发展提供了源源不断的动力,但也使得海外劳工权益安全情势更加复杂。现实中,海外劳工面临的风险多种多样,其具体权益受侵也各有不同。归根到底,是国家间内在利益的冲突,导致海外劳工权益保护的法律难以实现其效力。该研究以法律制度为研究中心,从国际、国内两个层面分析了海外劳工保护法制的现状及不足。紧紧围绕"一带一路"倡议主题,针对我国海外劳工权益保障的现实困境,立足我国基本国情,提出对我国海外劳工权益保障的创新性建议。以人权保护、弱者权益保护、劳动经济、管辖冲突和国家责任五个方面为价值基

[①] 倪可心、许传新:《"一带一路"倡议下劳动力"走出去"的机遇、风险及对策分析》,《农村经济与科技》2019年第4期。

础,评价国际、各国海外劳工权益保护的法律制度,为我国海外劳工权益的法律保护提供价值考量;认为我国已初步形成了海外劳工权益保障的法律体系及政府职能系统。但是我国海外劳工权益受侵现象仍时有发生,难以维权。

究其原因,是在国际合作与协调机制、外交和领事保护制度、国内劳工立法、政府管理系统中出现了不同程度的法律问题,致使我国海外劳工权益难以全面保障;主张我国海外劳工权益的法律保护,应当以"一带一路"倡议的理念为指导,立足于我国国情出发,从国际、国内两个层面,政府、企业、社会、个人四个维度,建立一种各方接受、多边合作,以公平正义为导向,全面保护为原则的法律体系,实现我国海外劳工法律保护"有权利,必有救济"的现实要求。

有学者认为,随着"一带一路"建设不断深入,中国在对外贸易和对外投资领域取得了举世瞩目的成就,劳动力在"一带一路"沿线国家交流更加频繁,涉外劳动关系越来越复杂,涉外劳动争议也日益增多,我国法制尚不完善,相关规定散见于《中华人民共和国涉外民事关系法律适用法》《劳动合同法》以及劳动法等法律之中。作为倡议的发起者,我国尚未有契合"一带一路"倡议的涉外劳动争议解决机制。其研究尊重国情,落脚于"一带一路"倡议"和平合作、开放包容、互学互鉴、互利共赢为核心的丝路精神及发展理念",提出既可保障涉外劳工权利,又能促进"一带一路"倡议健康发展且体现尊重多样性的涉外劳动争议解决机制。通过识别涉外劳动关系来确定研究的范围,即基于涉外劳动关系产生的劳动争议才属于涉外劳动争议,旨在将基于劳务关系等产生的争议排除在研究范围之外。进而对涉外劳动争议进行界定和分类,强调分类的意义取决于"一带一路"语境下发展中国家众多、法制经济参差不齐的特殊性;以劳动者工作地为界限,从我国境内、境外的角度分析"一带一路"倡议下,诉讼、仲裁、调解三种方式在涉外劳动争议中的运用与不足,诉讼和仲裁在境外解决争议时存在明显的局限性。然而,在"一带一路"倡议下,涉外劳动争议呈现的形式主要是以境外方式出现的,我国企业与外国劳工之间形成的涉外劳动争议是最主要形式,原因是"一带一路"倡议主要是进行基础设施投资建设,沿线国为扩大就业,制定用工标准,使我国企业在当地必须一定程度地聘用当地劳工,因此我国企业与外国劳工之间产生涉外劳动关系的概率更高,产生的涉外劳动争议就最多。

但是我国立法尚未对劳动争议进行分类,导致我国三种解决方式不能有效的分工与衔接;从国别与区域经济组织的劳动争议解决机制两个维度进行研究,并借鉴到它们好的经验:明确的劳动争议分类、解决机构、解决方式,明确不同的争议适用不同的解决方式、解决机构;最后落脚于"一带一路"倡议提出涉外劳动争议解决机制的构建原则、构建思路和具体措施,构建一个多元灵活包容的涉外劳动争议解决机制,即对内完善涉外劳动争议解决立法,设立涉外劳动争议解决机构,加强争议解决结果的执行,对外加强双边条约和多边协定的签署,加强国际司法协助等。

有学者认为,"一带一路"建设的逐步推进和沿线国家各领域合作的不断加深,促进了我国海外务工人员的增加,与日俱增的海外务工人员的相关权利保护问题自然不可忽视,也对相关法律建设提出了要求。截至目前,我国海外务工人员主要以下五种形式存在。一是在外承包工程导致的务工人员输出。如项目管理、设计、施工、安装测试和技术培训人员等形式的劳务人员输出。二是境内企业法人与国外雇主签订劳务合同派出劳务人员。三是在境外投资、兴办企业派出管理人员、技术人员以及培训人员。四是成套设备和技术出口需本国劳务人员进行技术指导、人员培训、安装调试等而导致的劳务输出。五是劳动者个人通过各种渠道自己联系出国谋职而导致的民间劳务输出。当前,我国劳动法与劳动合同法等作为保护我国海外务工人员权利的主要的劳动法律法规,就涉外劳动的法律调整并没有制定专项的条款予以明确规定。另外,我国劳动合同法于2008年实施,其中虽对劳务派遣问题设立了专门的章节予以规定,但这一规定对于涉外派遣的适用,尚不明确,况且我国劳动法对域外效力问题并没有规定,因此,更无法将国内有关规定适用于涉外劳务纠纷中境(海)外劳工的保护。另外,大多数劳务输入地的法律对此也未作出明确的规定。因此,总体上说,海外务工人员的劳动权利保护实际上处于一种无法可依的真空法律状态。当前我国学界对该问题的研究方向主要以两方面为主，一方面是对广泛的海外务工人员的权利保护问题进行研究，没有结合"一带一路"的特色进行专项研究；另一方面是从"一带一路"倡议出发，研究我国企业对外进行投资时如何进行法律风险的规避，并未就"一带一路"倡议下海外务工人员的权利保护问题进行深入的研究。

该研究的创新点在于结合"一带一路"倡议，针对在"一带一路"沿线国家务工的我国海外务工人员进行权利保护提出具体的建议。该研究认为，我国现行法律体系就我国海外务工人员权利保护不完善，区域间双边和多边协定的缺失是使得我国海外务工人员权利在"一带一路"沿线国家得不到有效保护的重要原因。因此，完善国内有关此权利保护的立法体系，加强"一带一路"倡议下国家间的区域合作，消除误解，互利共赢，是我国企业以及务工人员走出去和应对我国海外务工人员权利保护的关键。

有学者认为，在"共商、共建、共享"原则和开放型合作平台的指引下，我国不断推进"一带一路"的建设进程，加强和沿线国家的各项交流与合作。在经济领域，我国对沿线国家输出了大量劳动力，各国贸易往来不断推进，与此同时，一系列劳动纠纷也随之产生。跨境劳动者在"一带一路"沿线国家的劳动保障权益问题，值得社会各界关注和反思。跨境劳动已成为"一带一路"背景下的趋势，如何解决海外劳工跨境就业的权益保障问题，是我国在推进"一带一路"贸易交流过程中面临的新挑战。由于法律、政府和劳动者方面的因素，我国劳动者在跨境劳动中面临着工资克扣、诉求表达困难、遭受歧视等一系列困境。因此，需要构建跨境劳动者权益保障的法律制度，提升政府部门对跨境劳动保护的联动性，充分发挥工会的作用，增强国内企业责任意识，共同构建起跨境劳动者权益保障机制。[①]

[①] 林芮：《"一带一路"背景下我国跨境劳动者权益保障的困境与对策》，《山东工会论坛》2018年第5期。

有学者认为，企业是实施"一带一路"的主体，中国企业"走出去"取得成功的同时，也遇到的不少阻碍和挑战，劳工问题突出。国内现有的研究和政策，多着重从政治、经济、安全、外交、投资和贸易的角度，分析实施"一带一路"倡议存在的风险并提出相应的对策，对劳工问题关注不足，"走出去"企业对劳工问题的认识和准备也不充分，许多问题的源头往往是由劳工问题引起。如何在"一带一路"倡议的背景下，妥善处理好中国企业的劳动用工以及与当地政府、工会、社团的关系问题，成为下一步"一带一路"倡议能否顺利推进、能否实现民心相通的关键之一。劳工问题须引起政府、企业和研究机构的足够重视。"一带一路"作为一项具有长期性、复杂性、风险性的系统工程，面临特殊的地缘政治环境。从劳动和人力资源管理的角度看，企业"走出去"存在多方面的风险和挑战，主要包括经营环境挑战、国际规范挑战、人才供给挑战、相关方沟通挑战等方面。建议从政府层面加强顶层设计和整体布局，发挥使领馆对海外企业的引导和保护作用，强化法制和负责任投资经营意识，支持智库建设与信息服务，加强与国际劳工组织开展合作，培育中介服务体系；从企业层面做好尽职调查，守法合规，遵守国际准则，履行社会责任，参与当地劳动力市场建设，主动参与当地职业教育和培训工作。①

二、中美贸易摩擦背景下的劳动关系

（一）中美贸易摩擦对就业的影响

有学者认为，贸易的自由化会导致资源在不同企业间重新配置，并带来国内就业的调整。贸易对就业的影响可简单归纳为出口带动效应和进口替代效应。出口的增加会提升出口部门的收入，并带来更多的就业。进口的增加

---

① 《强化劳工风险管理 促进体面劳动 实现可持续发展——国际劳工组织北京局副局长戴晓初在"一带一路"建设·人力资源发展论坛上的演讲》，《中国就业》2018年第10期。

会降低生产进口产品部门的收入并减少就业。由于二者的效应是相反的，贸易的自由化整体上是否促进了就业并没有一致的答案。相应地，贸易摩擦导致的进口下降以及对手报复带来的出口下降，同样对就业产生了相反的效应。贸易摩擦对国内就业整体的影响效果依赖于两个效应的对比。随着全球化的发展，劳动分工越来越细，导致了不同行业之间的人力资本异质性。再加上毁约成本、解雇成本等，使得劳动力的调整存在黏性，即使部门间存在工资差异。而且贸易摩擦对就业的影响还依赖于其他因素，比如汇率变动、进口渠道替代以及对贸易摩擦前景的预期等因素。所以，贸易摩擦对就业的影响需要考虑的因素很多，要结合具体情形进行分析。

此外，贸易摩擦对就业影响的直接效应可能远不如贸易摩擦的间接效应大。贸易摩擦带来的政策的不确定性导致资本市场动荡、投资和消费下降，全球经济增长放缓，以及产业的加速外移，这些都可能引起就业下降，产生更大的影响。在全球化已经将各国密切联系在一起的当下，贸易摩擦，特别是贸易大国之间的贸易摩擦不可避免地对全球经济产生影响，从而也波及本国的福利。贸易可以通过出口带动和进口替代效应影响国内的就业。贸易摩擦可能会降低出口部门的就业，增加进口竞争部门的就业。贸易摩擦对就业的影响还需考虑汇率变动、人力资本异质性以及预期等因素的作用。如果考虑价值链因素在内，则贸易摩擦对就业的影响更为复杂。贸易摩擦短期内对两国就业的影响不大。但是，贸易摩擦带来的政策的不确定性导致全球经济增长的放缓，从而引起就业的下降可能超过了贸易摩擦的直接影响。[①]

也有学者认为，2018年中美贸易战发展至今，无论后来特朗普威胁要追加关税的1000亿美元自华进口是否付诸实施，仅美方已经公布清单、中方公布对等报复清单的涉案贸易额合计就已达千亿美元（双方各对500亿美元自对方进口加征关税）。论涉案贸易额，这场贸易战已经堪称国际贸易史

---

① 于换军、毛日昇：《中美贸易摩擦对两国就业的影响》，《东北师大学报（哲学社会科学版）》2019年第6期。

上规模最大的双边贸易争端个案,采用手段(特别是对中兴公司的全面禁运手段)也至少是全世界电信技术产业前所未有,其对金融市场影响在中国对外贸易争端史上前所未有,称之为"史诗级贸易战",实不为过。由于美方额外对中兴公司实施全面贸易禁运,这场贸易战波及面进一步放大。中美贸易战对中国劳动力市场的冲击直接间接体现在以下几个层次:一是由于双方向自对方进口加征关税而对涉案出口、进口部门收入与就业的影响;二是这场贸易战中的贸易禁运,以及由此激发的高新技术产业核心产品进口替代趋势的影响;三是中美贸易战对全球贸易体系、中国经济发展战略走向的影响,进而对中国劳动力市场供求总量及结构的影响。作为对外贸易依存度最高的经济大国之一,中国劳动力市场状况受外贸运行影响较大。多年来,就总体而言,其他条件相同,出口部门、出口企业收益状况优于仅面向国内市场的同行,收入稳定性也相对较佳,因为前者可以利用国内外两个市场,利用其经济周期不同步"熨平"收入波动。相应地,出口部门、出口企业就业者收入状况也优于仅面向国内市场的同行。在这种情况下,规模巨大的中美贸易战必然对中国劳动力市场产生一定影响。[①]

有学者认为,贸易保护主义除了可能带来贸易冲突,而且可能抑制创造就业机会。该研究通过一个扩展的国际贸易的就业效应模型,考察2001年至2017年贸易对中美两国就业的影响。结果发现以下情况。一是从长期来看,中美两国进口和国内就业之间是存在正相关关系的,但是出口对国内就业的影响不确定。二是对于美国来讲,美国进口增长有利于就业增长,扩大出口抑制就业,出口导致就业损失大于就业创造,同时出口的就业替代效应较大。三是对于中国来讲,中国出口和进口增长的就业创造效应显著,而且进口的就业创造效应更大。四是从中国和美国的贸易摩擦对就业的影响来看,增加从中国进口占美国总进口比值变量后并没有改变美国出口才是其失

---

① 梅新育:《中美贸易战对中国劳动力市场的影响》,《中国劳动关系学院学报》2018年第3期。

业率提高的主因,而非从中国进口;中美贸易摩擦对中国的就业影响是双向下降的,从进口和出口两个方面;但是对美国就业影响仅为单向下降,主要因素是出口。①

有学者认为,美国特朗普上台以来,中美贸易战的阴影始终挥之不去。2017年8月,特朗普宣布对中国重启"301条款"调查。2018年3月23日,美国对进口钢铁和铝产品分别征收25%和10%的关税,限制中国对美国科技产业投资,并对价值500亿美元的中国进口商品加征关税。与此同时,美方要求中方在短期内必须将对美顺差削减1000亿美元规模。就业是最大的民生,中美贸易战表面上是商品和服务贸易战,其实背后隐藏的是一场"就业战争"。在"美国优先"的指导思想下,美国特朗普政府对中国意图进行贸易战,借此振兴美国制造业,为底层劳动者创造更多就业岗位。贸易战争背后其实是就业战争。对中国来说,由于对美贸易依赖性较大,因而有可能对国内就业产生比较明显的就业冲击。极端情况下,将会使我国就业岗位减少350万—580万个。②但也有学者认为,中美之间的贸易摩擦系当前世界经济面临的最大不确定性。以新的方法核算中国制造业就业数据发现,如果目前美国的贸易威胁生效,中国出口的减少将导致中国制造业岗位减少20万以上。相对于每年中国新增1000万以上的就业岗位,这种影响是可控的。③

有学者认为,中美贸易摩擦是由于中美双方的贸易差额状况及价值观念等差异所引起的贸易问题。随着两国经贸关系的快速发展,贸易摩擦日益加剧,美国曾多次宣称美中贸易逆差导致美国就业形势恶化。该研究将理论与实证分析相结合,分析贸易收支对就业的影响机制,并选取1993年至2018

---

① 张建武、薛继亮:《中美贸易摩擦对两国就业的传导方向和影响因素研究》,《开放经济研究》2019年刊。
② 李长安:《中美贸易摩擦对就业的影响及对策》,《中国劳动关系学院学报》2018年第3期。
③ 段炳德:《中美贸易摩擦对我国制造业就业的潜在影响分析》,《中国劳动关系学院学报》2018年第3期。

年美中两国贸易逆差额、美国失业人数、美国国内生产总值、美国劳动生产率的季度数据进行实证研究。结果表明：从长期来看，中美贸易失衡并不是美国失业人数增加的主要原因，美国劳动生产率及国内生产总值对其影响效应更大；从短期来看，美中贸易逆差甚至在一定程度上增加了美国就业机会。因此，将美国就业问题归结于中国对美长期贸易顺差是不合理、不客观的。[1]

也有学者研究发现，特朗普当局认为中国政府对出口企业的补贴以及高关税政策，是中美贸易逆差的主要原因，导致美国制造业丢失了近300万个工作岗位，因此需要打压中国出口，对中国出口到美国的产品征收高关税来扭转贸易逆差，让中国长期处在全球贸易价值链的中低端。研究认为，美国对中美贸易额的统计口径过于简单，减少中国进口不能直接增加美国的就业人数，中国扩大出口能为美国提供价优物美产品，中国投资者又把贸易所得投资到美国购买国债，美国是贸易逆差的受益方；中国的大量贸易顺差是劳动密集型产品所得，在资本密集型产品中主要是把中间品加工成最终产品，贸易所得很小；此外，中国的关税政策符合WTO规则，美国也会以"国家安全"为由限制投资。因此，中国从全球贸易价值链的低端爬到中高端是经济发展的必然结果，中美应通过贸易谈判，争取经贸合作，才能够提高双方经贸规模，实现中美贸易朝着合理的方向再平衡。[2]

有学者认为，美国贸易政策取向是特朗普总统就职以来备受关注的核心议题之一。特朗普内阁关于贸易与就业关系的主张大致包含以下四个方面：贸易是造成美国制造业失业的主因；美国没有受到贸易伙伴的公平对待；"购买美国货，雇佣美国人"可为美国创造就业机会；那些与美国有贸易顺差的国家应受到贸易限制。基于对贸易与就业关系问题的传统认知，特朗普

---

[1] 王刚贞、胡玲燕：《中美贸易不平衡对美国就业影响的实证研究》，《西华大学学报（哲学社会科学版）》2019年第3期。

[2] 余淼杰：《中美贸易摩擦的认识误区和正解》，《长安大学学报（社会科学版）》2018年第5期。

力主以就业保护为核心的贸易保护政策,将美国制造业就业机会减少归因于贸易,主张"购买美国货,雇佣美国人"是解决就业问题的路径,认为美国受到贸易伙伴国的不公平对待,主张对那些与美国有贸易顺差的国家实施贸易限制,美国贸易政策渐入保护主义新阶段。虽然美国贸易决策机制存在对总统独立推行贸易政策主张的政治和经济性约束,但美国贸易政策的就业保护倾向短期内难以改变,贸易协定的谈判也将愈加艰难。总之,一旦美国采取更具保护主义的贸易政策,经济衰退的威胁可能会变得非常现实。贸易保护主义措施不仅不会创造就业机会,还将可能造成贸易冲突,并进一步破坏世界经济稳定。在政治和经济顾虑犹存的当下,我们希望特朗普政府接受贸易促进和自由化的理念,回归贸易开放与合作共赢的主流。这不仅有利于美国和中国创造更多的就业机会,也利于全球经济的繁荣和稳定。[1]

有学者采用美国国际贸易管理局(ITA)的出口创造就业(Jobs Supported by Exports)数据库所提供的1999年至2015年美国对188个贸易伙伴出口所创造的就业数量,实证检验美国与其贸易伙伴之间的进口、出口以及贸易平衡(顺差或逆差)对其出口创造就业率的影响,特别是进口以及贸易平衡对美国就业率的影响。实证结果发现:美国与其贸易伙伴的进口、出口均会促进美国的出口创造就业率,美国对其贸易伙伴贸易顺差的提升(或贸易逆差的减少)对美国出口创造的就业率没有显著影响;在美国占比较优势的中高技术含量产品上,其从贸易伙伴的产品进口增加会促进美国的出口创造就业率,在美国没有比较优势的低技术含量产品上,其对贸易伙伴的产品出口的增加则会降低美国的出口创造就业率;而且美国对其贸易伙伴的劳动、资源密集型产品、中技术含量产品的贸易顺差的提升(或贸易逆差的减少)会降低美国出口创造就业的增加;美国从产生贸易顺差的经济体增加进口并不影响美国的出口创造就业率,而从产生贸易逆差的经济体增加进口还

---

[1] Robert A. Rogowsky、张丽娟:《就业保护与美国贸易保护新阶段》,《国际贸易问题》2018年第3期。

能够促进美国出口创造就业的增加。由此可以看出,美国政府推行的贸易保护主义政策所依据的"货物进口增加导致就业下降"的观点是不全面、不准确的;美国打着保护就业的旗号实施贸易保护不仅阻碍其国际贸易的健康发展,违背全球自由贸易的潮流,也不能从根本上实现其促进就业的目标。[①]

(二)中美贸易摩擦对我国劳动关系负面影响化解研究

有学者认为,当前中美贸易摩擦与国际经贸关系的复杂变化,增加了中资企业境外投资项目在安全、环保、用工等方面的风险,涉及中资企业的劳资纠纷事件层出不穷,有的甚至演变成打砸抢等恶性事件。这些事件尽管数量不多,但造成了一定社会后果。另外,国际人士对中资企业对外投资中的劳工权保护也十分关注。澳大利亚前总理陆克文就认为,国际社会将会以三个标准来评价"一带一路"项目是否成功:一是环保标准,尤其是在电力部门;二是当地的劳工标准,包括工资水平、工作环境等;三是项目合同是否透明。不夸张地说,劳动关系风险已成为与安全风险、政治风险、经济风险、法律风险、社会风险并列的第六大投资风险。劳动关系治理和风险防范,已成为中国企业"走出去"、走下去、走得好的重要保证。近期中美贸易战中的中兴通讯案例也说明,培养诚信经营及合规意识,排查涉外经营风险,对企业发展至关重要。[②]

有学者认为,美国特朗普政府上台以来,全球贸易秩序受到严重冲击。在"美国优先"的口号下,特朗普政府意图通过挥舞贸易大棒,重构美国利益第一的世界贸易新格局。在这场贸易战中,作为世界最大贸易国的中国成

[①] 金英姬、张中元:《中美贸易逆差真的导致美国就业下降吗?——兼论特朗普"贸易再平衡促进就业"的困境》,《上海经济研究》2018 年第 6 期。

[②] 乔健、李诚:《中资企业投资"一带一路"国家劳动关系风险防范研究——以巴西为例》,《中国人力资源开发》2018 年第 7 期。

为美国的重点遏制对象。贸易战的背后是就业战。在激烈的中美贸易博弈中，将对我国就业结构的转型升级产生持续且较为明显的影响。在新的对外贸易形势下，我国的就业战略必须牢牢守住"就业是最大民生"的底线，继续实行就业优先战略和更加积极的就业政策，实现就业结构与经济结构的同步调整和优化。中美贸易战对我国经济增长和就业扩大产生了不利影响，阻碍了全球经济复苏的步伐。改革开放以来，贸易摩擦已成为中国必须面对的一种常态现象。在中美贸易战的背景下，中国经济和就业结构正处于转型升级的关键时期，面临着诸多的挑战，包括经济下行压力增大、与贸易战直接相关的产业及其就业形势不容乐观、经济结构调整导致摩擦性失业增多等。为此，应加快贸易发展方式转变，从传统的劳动力比较优势向技术优势转换；实施主动进口的贸易政策，在提高发展质量和生活质量的同时提高就业质量；合理加大对外投资力度，通过转移或本地生产规避贸易壁垒；充分利用和熟悉国际贸易规则，鼓励企业在面临各种贸易争端时积极应诉；高度重视对劳动力的教育和培训，增强劳动者的就业适应能力。[①]

有学者认为，近年来，随着我国经济发展与改革开放的不断深化，企业的人力成本，尤其是一线城市的人力成本不断上升，外企在中国获得"超国民待遇"的时代逐步走向终结，部分境外投资资本已经或开始酝酿撤离中国。在中美贸易摩擦逐步升级的背景下，外国资本，尤其是美国资本撤离中国的压力越来越大，撤离的步伐也可能会逐步加快。无论在国际多边层面、双边层面还是国内法层面，我国都明确保障外资正常退出的自由。但问题是，实践中许多已经撤离中国的境外投资资本，都不属于"正常"退出，都给国家、集体和个人造成了或大或小的利益损失。因此，如何妥善处理好外资退出事宜，尤其是从制度上为境外资本方与境内员工方之间利益关系的规制奠定基础，显得尤为重要。中美贸易摩擦使得外国资本非正常撤离中国并

[①] 李长安、刘娜：《"常态性"贸易战对我国经济与就业的影响研究》，《中国劳动关系学院学报》2019年第2期。

引发劳动纠纷的事例越来越多。无论是劳动法体系内的纠纷解决机制，还是《工作指引》所赋予的额外方式或权利，目前都不足以有效化解外资非正常撤离所引发的劳动者权益保护问题。我国当前宜借鉴域外相关经验，通过建立适度严格的外商直接投资准入与审查制度、建立多主体参与的外资非正常撤离防控机制以及建立统一的欠薪保障基金制度等手段，逐步优化我国的外商投资企业劳动关系治理体系。[①]

[①] 徐吉平、左亚洛：《外资非正常撤离引发劳动纠纷解决机制研究——以中美贸易摩擦为背景》，《上海法学研究》2019年第15卷。

第八章

中国劳动关系研究领域学术影响力评价

本章对收集到的2016年至2018年中国劳动关系研究领域的学术论文数据进行无量纲化处理，并根据引用数量与下载数量进行平均加权求和，计算学术论文的综合学术影响力情况，最终综合评价中国劳动关系研究领域的学术论文影响力，并按照不同年份进行详尽分析。

一、数据标准化

在进行数据分析前，通常都要将数据进行标准化处理。在多指标评价体系中，由于各评价指标的性质不同，所以，各个数据通常情况下具有不同的量纲和数量级。当各指标间的水平相差很大时，如果直接用原始指标值进行计算分析，就会突出数值较高的指标在综合分析中的作用，从而相对削弱数值水平较低指标的作用。因此，为了保证结果的可靠性，在比较和评价的指标处理中，需要对原始指标数据进行标准化处理，去除数据的单位限制，将其转化为无量纲的纯数值，便于不同单位或量级的指标能够进行比较和加权。

数据的标准化的原理即将数据按比例缩放，使之落入一个小的特定区间。其中最典型的就是数据的归一化处理，即将数据统一映射到［0,1］区间上。常见的数据归一化的方法有：min-max 标准化（Min-max normalization），log 函数转换，atan 函数转换，z-score 标准化（zero-mena normalization，此方法最为常用），模糊量化法。

运用 Stata 统计软件，对数据选用 z-score 标准化方法来处理数据，z-score 标准化方法原理及具体处理方法如下。

前文提到，数据的归一化处理即将数据统一映射到［0,1］区间上，而并非所有数据标准化的结果都映射到［0,1］区间上，其中最常见的标准化方法就是 Z 标准化。

对于序列 $x_1,x_2,\cdots,x_n$，进行变换，可得到如下公式：

$$y_i = \frac{x_i - \bar{x}}{S} \quad （公式1）$$

其中：
$$\bar{x} = \frac{1}{n}\sum_{i=1}^{n} x_i \quad （公式2）$$

$$S = \sqrt{\frac{1}{n-1}\sum_{i=1}^{n}(x_i - \bar{x})^2} \quad （公式3）$$

对于新得到的序列 $y_1,y_2,\cdots,y_n$，来说，该序列均值为0，方差为1，且无量纲。

这种方法基于原始数据的均值（mean）和标准差（standard deviation）进行数据的标准化。将 A 的原始值 x 使用 z-score 标准化到 x'。z-score 标准化方法适用于属性 A 的最大值和最小值未知的情况，或有超出取值范围的离群数据的情况。

具体步骤如下：

（1）求出各变量（指标）的算术平均值（数学期望）和标准差。

（2）进行标准化处理，处理公式如下：

$$z_{ij} = \frac{x_{ij} - \bar{x}_i}{S_i} \quad （公式4）$$

其中：Z_{ij} 为标准化后的变量值；X_{ij} 为实际变量值；$\bar{x}_i$ 为 X_{ij} 的算术平均值（数学期望）；S_i 为 X_{ij} 的标准差。

（3）标准化后的变量符合标准正态分布，变量值围绕0上下波动，大于0说明高于平均水平，小于0说明低于平均水平。

二、中国劳动关系研究领域学术论文影响力分析

本章围绕着中国劳动关系研究领域的学术论文进行了搜索。以"劳动关系"为主题，在中国知网进行了统计。2016年至2018年来，中国劳动关系

研究领域共发表学术论文 6065 篇，其中发表在 CSSCI 期刊或中文核心期刊上的论文 172 篇，比例约为 3%。根据第一节的标准化处理方法，本章仅对发表在 CSSCI 期刊或中文核心期刊上的学术论文进行数据分析，通过论文的引用数量与下载数量，以及综合指标进行计算，评价中国劳动关系研究领域的学术论文影响力。

（一）基于论文引用数量的评价

2016—2018 年劳动关系研究领域的论文引用数量情况

排序	论文题目	论文作者	发表期刊	刊期	引用数
1	基于互联网平台提供劳务的劳动关系认定——以"e代驾"在京、沪、穗三地法院的判决为切入点	王天玉	法学	2016（6）	201
2	是劳动关系还是劳务关系？——以滴滴出行为例解析中国情境下互联网约租车平台的雇佣关系	彭倩文 曹大友	中国人力资源开发	2016（2）	166
3	我国劳动关系法律调整模式的转变	谢增毅	中国社会科学	2017（2）	88
4	我国"网约工"的劳动关系认定及权益保护	王全兴 王 茜	法学	2018（4）	86
5	从创业到就业：新业态对劳动关系的重塑与挑战——以网络预约出租车为例	纪雯雯 赖德胜	中国劳动关系学院学报	2016（2）	55
6	德国法中劳动关系的认定	王 倩	暨南学报（哲学社会科学版）	2017（6）	50
7	我国劳动关系解雇制度的自治与管制之辨	董保华	政治与法律	2017（4）	43
8	构建和谐劳动关系的新定位	董保华 李 干	南京师大学报（社会科学版）	2016（2）	41
9	网络平台就业对劳动关系的影响机制与实践分析	纪雯雯 赖德胜	中国劳动关系学院学报	2016（4）	40

续表

排序	论文题目	论文作者	发表期刊	刊期	引用数
10	互联网平台用工劳动关系认定	谢增毅	中外法学	2018(6)	36
11	《劳动合同法》的价值重塑与制度创新——基于劳动关系多元论视角	唐鑛 刘兰	法律科学（西北政法大学学报）	2016(3)	36
12	共享经济背景下劳动关系模式的发展演变——基于人力资本特征变化的视角	陈微波	现代经济探讨	2016(9)	35
13	互联网环境下的劳动关系法律问题研究	朱海龙 唐辰明	社会科学	2017(8)	31
14	中国特色劳动关系的阶段、特点和趋势——基于国际比较劳动关系研究的视野	常凯	武汉大学学报（哲学社会科学版）	2017(5)	30
15	经济新常态背景下的和谐劳动关系构建	赖德胜 李长安	中国特色社会主义研究	2016(1)	25
16	网络生产力下经济模式的劳动关系变化探析	刘皓琰 李明	经济学家	2017(12)	25
17	自我职业生涯管理与经理人职业成长——劳动关系氛围与组织结构的权变影响	李云 李锡元	科研管理	2017(1)	25
18	新常态下国有企业和谐劳动关系的构建	韩喜平 周颖	理论探索	2016(1)	24
19	转型时期的劳动关系：趋势与思维嬗变	谢德成	四川大学学报（哲学社会科学版）	2016(6)	24
20	劳动关系视角下的网约用工纠纷研究	金超	中国劳动关系学院学报	2018(2)	23
21	论劳动合同在劳动关系协调中的地位	沈建峰	法学	2016(9)	23
22	共享经济平台劳动者就业及劳动关系现状——基于北京市多平台的调查研究	张成刚	中国劳动关系学院学报	2018(6)	23
23	远程工作形态下新型劳动关系的法律保护	张颖慧	法商研究	2017(6)	18

续表

排序	论文题目	论文作者	发表期刊	刊期	引用数
24	美国集体劳动关系法的兴衰——以工业民主为中心	阎 天	清华法学	2016（2）	18
25	基于扎根理论的企业和谐劳动关系质性研究	于桂兰 梁潇杰 孙 瑜	管理学报	2016（10）	16
26	人类解放暨人与劳动关系发展的四个阶段	何云峰	江淮论坛	2017（1）	14
27	TPP中劳工标准对中国劳动关系的影响和对策研究	林燕玲	中国人力资源开发	2016（5）	14
28	个人劳动争议处理的裁审关系研究	钱叶芳 王林清	法治研究	2016（1）	14
29	供给侧改革对就业与劳动关系的影响探讨	刘社建	中国劳动关系学院学报	2016（6）	13
30	LMX和合作劳动关系氛围与员工沉默倾向的倒U形关系验证	郑晓涛 俞明传 孙 锐	软科学	2017（9）	13
31	新时代中国特色社会主义和谐劳动关系构建研究：现状、问题与对策	涂永前	社会科学家	2018（1）	12
32	国外劳动关系发展变革及其对我国的启示	郭志刚 刘昌宇	理论与改革	2017（1）	12
33	企业员工社会责任对劳动关系氛围的影响研究——基于高参与工作系统的调节效应	谢玉华 李 红 兰 果	华东经济管理	2016（8）	12
34	互联网经济中新型劳动关系的风险防范	魏益华 谭建萍	社会科学战线	2018（2）	11
35	经济下行背景下劳动关系的变化趋势与政策建议	张 翼 汪建华	中国特色社会主义研究	2017（1）	11
36	我国劳动关系认定规则的反思与完善——从退休返聘人员工伤损害赔偿困境说起	王 霞 刘 珊	湘潭大学学报（哲学社会科学版）	2016（3）	11

续表

排序	论文题目	论文作者	发表期刊	刊期	引用数
37	伙伴关系视角下的和谐劳动关系评价指标体系构建——以建立工会的企业为例	左 静 王德才 冯俊文	经济管理	2018(4)	10
38	高校视角下人力资本与社会资本对大学生就业质量的影响——以中国劳动关系学院为例	许 涛	中国劳动关系学院学报	2016(1)	10
39	小微企业劳动关系的劳动法调整模式研究	倪雄飞 涂景一	政法论丛	2016(6)	9
40	劳动关系氛围对员工创新行为的影响：情绪劳动的中介作用检验	刘春英 万 利	经济与管理研究	2018(6)	9
41	内部劳动力市场与中国劳动关系转型——基于珠三角地区农民工的调查数据和田野资料	孙中伟 刘明巍 贾海龙	中国社会科学	2018(8)	9
42	推进非公中小企业劳动关系协调机制建设的思考——对改善非公中小企业劳动关系现状的对策建议	王珍宝 吕明霞	中国劳动关系学院学报	2017(3)	8
43	职场灵性对和谐劳动关系的影响研究	王珍宝 吕明霞	中国劳动关系学院学报	2017(3)	8
44	中资企业投资"一带一路"国家劳动关系风险防范研究——以巴西为例	张同全 张亚军 程文霞	中国人力资源开发	2017(6)	8
45	《劳动合同法》实施中存在的问题与路径选择——基于构建和谐劳动关系的视角	乔 健 李 诚	中国人力资源开发	2018(7)	7
46	组织忠诚的社会基础：劳动关系"嵌入性"及其作用条件	廖雯栅	求实	2016(6)	7
47	民营企业党组织对促进企业劳动关系和谐发展的作用研究——以安徽虹亚集团为例	朱 妍	社会学研究	2017(2)	7
48	总体报酬对和谐劳动关系的影响——基于人力资本投资视角	刘玥玥 席 猛	中国人力资源开发	2018(2)	7
49	沉默与边缘发声：当前中国劳动关系治理中的媒体境况	张山虎 杨俊青	经济问题	2017(3)	7

注：根据中国知网相关数据计算得出

（二）基于论文下载数量的评价

2016年至2018年，在中国劳动关系研究领域发表的学术期刊论文，平均下载数量为694.15次，最高下载数量为8050次，最低下载数量为56次。[①]论文下载数量最多的为发表在2016年第2期《中国人力资源开发》上的学术论文《是劳动关系还是劳务关系？——以滴滴出行为例解析中国情境下互联网约租车平台的雇佣关系》，其作者为西南政法大学管理学院的彭倩文、曹大友。排在第二位的为发表在2016年第6期《法学》上的学术论文《基于互联网平台提供劳务的劳动关系认定——以"e代驾"在京、沪、穗三地法院的判决为切入点》，其作者为中国社会科学院法学研究所的王天玉研究员。排名第三位的为发表在2018年第4期《法学》上的学术论文《我国"网约工"的劳动关系认定及权益保护》，其作者为上海财经大学法学院的王全兴、王茜。本节展示了排名前50位的学术论文及其相关信息，如下表所示。

2016—2018年劳动关系研究领域的论文下载数量情况

排序	论文题目	论文作者	发表期刊	刊期	下载数
1	是劳动关系还是劳务关系？——以滴滴出行为例解析中国情境下互联网约租车平台的雇佣关系	彭倩文 曹大友	中国人力资源开发	2016(2)	8050
2	基于互联网平台提供劳务的劳动关系认定——以"e代驾"在京、沪、穗三地法院的判决为切入点	王天玉	法学	2016(6)	5983
3	我国"网约工"的劳动关系认定及权益保护	王全兴 王　茜	法学	2018(4)	5103
4	我国劳动关系法律调整模式的转变	谢增毅	中国社会科学	2017(2)	3754

[①] 统计截止日期为2020年7月20日。

续表

排序	论文题目	论文作者	发表期刊	刊期	下载数
5	共享经济背景下劳动关系模式的发展演变——基于人力资本特征变化的视角	陈微波	现代经济探讨	2016（9）	3049
6	内部劳动力市场与中国劳动关系转型——基于珠三角地区农民工的调查数据和田野资料	孙中伟 刘明巍 贾海龙	中国社会科学	2018（8）	2593
7	《劳动合同法》的价值重塑与制度创新——基于劳动关系多元论视角	唐鑛 刘兰	法律科学（西北政法大学学报）	2016（3）	2512
8	互联网平台用工劳动关系认定	谢增毅	中外法学	2018（6）	2358
9	网络平台就业对劳动关系的影响机制与实践分析	纪雯雯 赖德胜	中国劳动关系学院学报	2016（4）	1843
10	从创业到就业：新业态对劳动关系的重塑与挑战——以网络预约出租车为例	纪雯雯 赖德胜	中国劳动关系学院学报	2016（2）	1824
11	劳动关系视角下的网约用工纠纷研究	金超	中国劳动关系学院学报	2018（2）	1809
12	网络生产力下经济模式的劳动关系变化探析	刘皓琰 李明	经济学家	2017（12）	1786
13	构建和谐劳动关系的新定位	董保华 李干	南京师大学报（社会科学版）	2016（2）	1667
14	互联网环境下的劳动关系法律问题研究	朱海龙 唐辰明	社会科学	2017（8）	1665
15	中国特色劳动关系的阶段、特点和趋势——基于国际比较劳动关系研究的视野	常凯	武汉大学学报（哲学社会科学版）	2017（5）	1604
16	论劳动合同在劳动关系协调中的地位	沈建峰	法学	2016（9）	1520
17	我国劳动关系解雇制度的自治与管制之辨	董保华	政治与法律	2017（4）	1514
18	共享经济平台劳动者就业及劳动关系现状——基于北京市多平台的调查研究	张成刚	中国劳动关系学院学报	2018（6）	1416

续表

排序	论文题目	论文作者	发表期刊	刊期	下载数
19	基于扎根理论的企业和谐劳动关系质性研究	于桂兰 梁潇杰 孙 瑜	管理学报	2016（10）	1404
20	德国法中劳动关系的认定	王 倩	暨南学报（哲学社会科学版）	2017（6）	1377
21	组织忠诚的社会基础：劳动关系"嵌入性"及其作用条件	朱 妍	社会学研究	2017（2）	1329
22	经济新常态背景下的和谐劳动关系构建	赖德胜 李长安	中国特色社会主义研究	2016（1）	1299
23	远程工作形态下新型劳动关系的法律保护	张颖慧	法商研究	2017（6）	1214
24	新常态下国有企业和谐劳动关系的构建	韩喜平 周 颖	理论探索	2016（1）	1098
25	自我职业生涯管理与经理人职业成长——劳动关系氛围与组织结构的权变影响	李 云 李锡元	科研管理	2017（1）	1096
26	我国劳动关系认定规则的反思与完善——从退休返聘人员工伤损害赔偿困境说起	王 霞 刘 珊	湘潭大学学报（哲学社会科学版）	2016（3）	1095
27	《资本论》关于资本和雇佣劳动关系分析的整体意蕴	张雷声	求索	2017（9）	1059
28	新时代中国特色社会主义和谐劳动关系构建研究：现状、问题与对策	涂永前	社会科学家	2018（1）	1001
29	互联网经济中新型劳动关系的风险防范	魏益华 谭建萍	社会科学战线	2018（2）	949
30	劳动关系氛围对员工创新行为的影响：情绪劳动的中介作用检验	刘春英 万 利	经济与管理研究	2018（6）	939
31	企业劳动关系管理研究在中国：改革开放40年来研究的回顾与述评	朱 飞 胡瑞博	中国人力资源开发	2018（10）	922
32	美国集体劳动关系法的兴衰——以工业民主为中心	阎 天	清华法学	2016（2）	917

续表

排序	论文题目	论文作者	发表期刊	刊期	下载数
33	TPP中劳工标准对中国劳动关系的影响和对策研究	林燕玲	中国人力资源开发	2016(5)	881
34	经济下行背景下劳动关系的变化趋势与政策建议	张 翼 汪建华	中国特色社会主义研究	2017(1)	852
35	转型时期的劳动关系：趋势与思维嬗变	谢德成	四川大学学报（哲学社会科学版）	2016(6)	846
36	习近平中国特色社会主义和谐劳动关系思想研究	杨云霞	理论视野	2018(6)	828
37	规制"新业态"？快递业产业模式对劳动关系的影响及法律管制调整	杨 欣	中国人力资源开发	2018(2)	805
38	国外劳动关系发展变革及其对我国的启示	郭志刚 刘昌宇	理论与改革	2017(1)	781
39	伙伴关系视角下的和谐劳动关系评价指标体系构建——以建立工会的企业为例	左 静 王德才 冯俊文	经济管理	2018(4)	781
40	新时代劳动关系管理面临的挑战和创新	汤灿晴	中国劳动关系学院学报	2018(10)	750
41	如何平衡效率与合法性？——改革开放40年来中国政府调整劳动关系的研究述评	杨 莉	公共行政评论	2018(2)	733
42	改制后国有企业的劳动关系：现状、问题与协调治理路径	刘 洋	教学与研究	2018(7)	704
43	企业员工社会责任对劳动关系氛围的影响研究——基于高参与工作系统的调节效应	谢玉华 李 红 兰 果	华东经济管理	2016(8)	692
44	中国劳动关系研究的演变——基于1978—2015年期刊文献的历史分析	伍美云 杨河清 穆 雷	中国人力资源开发	2017(11)	685
45	从劳资正义角度思考和谐劳动关系之构建	韩桂君	云南社会科学	2016(6)	667
46	从静态到动态：劳动关系治理思维的变革	唐烈英 陈永福	西南民族大学学报（人文社会科学版）	2018(10)	659

续表

排序	论文题目	论文作者	发表期刊	刊期	下载数
47	基于扎根理论的员工劳动关系满意度质性研究	孙 瑜 梁潇杰	社会科学战线	2017（2）	640
48	中资企业投资"一带一路"国家劳动关系风险防范研究——以巴西为例	乔 健 李 诚	中国人力资源开发	2018（7）	636
49	《资本论》视角下中国劳动关系的现实反思与建设路径	何爱平 徐 艳	教学与研究	2018（10）	636
50	超龄劳动者用工法律关系的认定——基于刘某诉某餐饮分公司劳动争议案的研究	涂永前 蒙 瑞 温军旗	中国人力资源开发	2018（7）	631

注：根据中国知网相关数据计算得出

（三）劳动关系研究领域学术论文综合评价

通过对近 3 年中国劳动关系研究领域发表的学术期刊论文的引用数量与下载数量统计，将学术论文引用数量与下载数量进行标准化处理之后，进行平均加权处理，即可得到近 3 年中国劳动关系研究领域学术影响力的综合评价。论文综合指数排名第一位的是发表在 2016 年第 2 期《中国人力资源开发》上的学术论文《是劳动关系还是劳务关系？——以滴滴出行为例解析中国情境下互联网约租车平台的雇佣关系》，其作者为西南政法大学管理学院的彭倩文、曹大友。排在第二位的为发表在 2016 年第 6 期《法学》上的学术论文《基于互联网平台提供劳务的劳动关系认定——以"e 代驾"在京、沪、穗三地法院的判决为切入点》，其作者为中国社会科学院法学研究所的王天玉研究员。排名第三位的为发表在 2018 年第 4 期《法学》上的学术论文《我国"网约工"的劳动关系认定及权益保护》，其作者为上海财经大学法学院的王全兴、王茜。本节展示了排名前 50 位的学术论文及其相关信息，如下表所示。

2016—2018年劳动关系研究领域的综合评价

排序	论文题目	论文作者	发表期刊	刊期	引用数	下载数
1	是劳动关系还是劳务关系？——以滴滴出行为例解析中国情境下互联网约租车平台的雇佣关系	彭倩文 曹大友	中国人力资源开发	2016（2）	166	8050
2	基于互联网平台提供劳务的劳动关系认定——以"e代驾"在京、沪、穗三地法院的判决为切入点	王天玉	法学	2016（6）	201	5983
3	我国"网约工"的劳动关系认定及权益保护	王全兴 王茜	法学	2018（4）	86	5103
4	我国劳动关系法律调整模式的转变	谢增毅	中国社会科学	2017（2）	88	3754
5	共享经济背景下劳动关系模式的发展演变——基于人力资本特征变化的视角	陈微波	现代经济探讨	2016（9）	35	3049
6	从创业到就业：新业态对劳动关系的重塑与挑战——以网络预约出租车为例	纪雯雯 赖德胜	中国劳动关系学院学报	2016（2）	55	1824
7	《劳动合同法》的价值重塑与制度创新——基于劳动关系多元论视角	唐鑛 刘兰	法律科学（西北政法大学学报）	2016（3）	36	2512
8	互联网平台用工劳动关系认定	谢增毅	中外法学	2018（6）	36	2358
9	网络平台就业对劳动关系的影响机制与实践分析	纪雯雯 赖德胜	中国劳动关系学院学报	2016（4）	40	1843
10	德国法中劳动关系的认定	王倩	暨南学报（哲学社会科学版）	2017（6）	50	1377
11	构建和谐劳动关系的新定位	董保华 李干	南京师大学报（社会科学版）	2016（2）	41	1667
12	我国劳动关系解雇制度的自治与管制之辨	董保华	政治与法律	2017（4）	43	1514

续表

排序	论文题目	论文作者	发表期刊	刊期	引用数	下载数
13	内部劳动力市场与中国劳动关系转型——基于珠三角地区农民工的调查数据和田野资料	孙中伟 刘明巍 贾海龙	中国社会科学	2018（8）	9	2593
14	互联网环境下的劳动关系法律问题研究	朱海龙 唐辰明	社会科学	2017（8）	31	1665
15	中国特色劳动关系的阶段、特点和趋势——基于国际比较劳动关系研究的视野	常凯	武汉大学学报（哲学社会科学版）	2017（5）	30	1604
16	网络生产力下经济模式的劳动关系变化探析	刘皓琰 李明	经济学家	2017（12）	25	1786
17	劳动关系视角下的网约用工纠纷研究	金超	中国劳动关系学院学报	2018（2）	23	1809
18	论劳动合同在劳动关系协调中的地位	沈建峰	法学	2016（9）	23	1520
19	共享经济平台劳动者就业及劳动关系现状——基于北京市多平台的调查研究	张成刚	中国劳动关系学院学报	2018（6）	23	1416
20	经济新常态背景下的和谐劳动关系构建	赖德胜 李长安	中国特色社会主义研究	2016（1）	25	1299
21	自我职业生涯管理与经理人职业成长——劳动关系氛围与组织结构的权变影响	李云 李锡元	科研管理	2017（1）	25	1096
22	新常态下国有企业和谐劳动关系的构建	韩喜平 周颖	理论探索	2016（1）	24	1098
23	基于扎根理论的企业和谐劳动关系质性研究	于桂兰 梁潇杰 孙瑜	管理学报	2016（10）	16	1404
24	远程工作形态下新型劳动关系的法律保护	张颖慧	法商研究	2017（6）	18	1214
25	转型时期的劳动关系：趋势与思维嬗变	谢德成	四川大学学报（哲学社会科学版）	2016（6）	24	846

续表

排序	论文题目	论文作者	发表期刊	刊期	引用数	下载数
26	美国集体劳动关系法的兴衰——以工业民主为中心	阎 天	清华法学	2016（2）	18	917
27	组织忠诚的社会基础：劳动关系"嵌入性"及其作用条件	朱 妍	社会学研究	2017（2）	7	1329
28	我国劳动关系认定规则的反思与完善——从退休返聘人员工伤损害赔偿困境说起	王 霞 刘 珊	湘潭大学学报（哲学社会科学版）	2016（3）	11	1095
29	新时代中国特色社会主义和谐劳动关系构建研究：现状、问题与对策	涂永前	社会科学家	2018（1）	12	1001
30	TPP中劳工标准对中国劳动关系的影响和对策研究	林燕玲	中国人力资源开发	2016（5）	14	881
31	互联网经济中新型劳动关系的风险防范	魏益华 谭建萍	社会科学战线	2018（2）	11	949
32	劳动关系氛围对员工创新行为的影响：情绪劳动的中介作用检验	刘春英 万 利	经济与管理研究	2018（6）	9	939
33	经济下行背景下劳动关系的变化趋势与政策建议	张 翼 汪建华	中国特色社会主义研究	2017（1）	11	852
34	国外劳动关系发展变革及其对我国的启示	郭志刚 刘昌宇	理论与改革	2017（1）	12	781
35	个人劳动争议处理的裁审关系研究	钱叶芳 王林清	法治研究	2016（1）	14	616
36	伙伴关系视角下的和谐劳动关系评价指标体系构建——以建立工会的企业为例	左 静 王德才 冯俊文	经济管理	2018（4）	10	781
37	企业员工社会责任对劳动关系氛围的影响研究——基于高参与工作系统的调节效应	谢玉华 李 红 兰 果	华东经济管理	2016（8）	12	692

续表

排序	论文题目	论文作者	发表期刊	刊期	引用数	下载数
38	《资本论》关于资本和雇佣劳动关系分析的整体意蕴	张雷声	求索	2017（9）	3	1059
39	供给侧改革对就业与劳动关系的影响探讨	刘社建	中国劳动关系学院学报	2016（6）	13	627
40	企业劳动关系管理研究在中国：改革开放40年来研究的回顾与述评	朱 飞 胡瑞博	中国人力资源开发	2018（10）	5	922
41	LMX和合作劳动关系氛围与员工沉默倾向的倒U形关系验证	郑晓涛 俞明传 孙 锐	软科学	2017（9）	13	571
42	人类解放暨人与劳动关系发展的四个阶段	何云峰	江淮论坛	2017（1）	14	470
43	习近平中国特色社会主义和谐劳动关系思想研究	杨云霞	理论视野	2018（6）	5	828
44	新时代劳动关系管理面临的挑战和创新	汤灿晴	中国劳动关系学院学报	2018（10）	6	750
45	规制"新业态"？快递业产业模式对劳动关系的影响及法律管制调整	杨 欣	中国人力资源开发	2018（2）	4	805
46	改制后国有企业的劳动关系：现状、问题与协调治理路径	刘 洋	教学与研究	2018（7）	6	704
47	中资企业投资"一带一路"国家劳动关系风险防范研究——以巴西为例	乔 健 李 诚	中国人力资源开发	2018（7）	7	636
48	从劳资正义角度思考和谐劳动关系之构建	韩桂君	云南社会科学	2016（6）	6	667
49	小微企业劳动关系的劳动法调整模式研究	倪雄飞 徐景一	政法论丛	2016（6）	9	513
50	利益共享与和谐劳动关系构建	邵彦敏 杨 帆	求是学刊	2017（6）	8	553

注：根据中国知网相关数据计算得出

三、基于年度的中国劳动关系领域研究学术影响力分析

上一节主要研究的是基于2016年至2018年三年的中国劳动关系研究领域发表学术论文的整体评价，但要了解中国劳动关系研究领域的发展，需要基于年度数据的分析。从中国知网搜索"劳动关系"为主题的统计结果来看，三年来围绕劳动关系研究领域的学术论文呈递减趋势，由2016年的2501篇，到2017年的2147篇下降至2018年的1417篇，CSSCI期刊与中文核心期刊数量上看，2017年、2018年与2016年相比差距明显。课题组认为这可能是因为劳动关系领域研究更加细化所致，因为同期研究工会、劳动者权益、劳资关系等方面的论文呈递增趋势。从发表的CSSCI期刊与中文核心期刊数量上看，劳动关系研究领域的学术论文精度在3%左右波动，2016年CSSCI期刊与中文核心期刊发表论文数量占总数量的3%，而在2017年下降为2.2%，2018年则反弹上升为3.5%，具体数据如下所示。

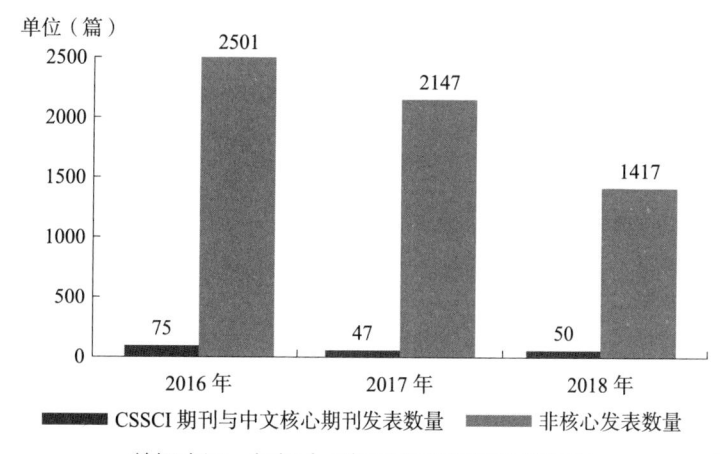

2016—2018年劳动关系研究领域学术论文发表情况

数据来源：根据中国知网相关数据计算得出

（一）分年度发表论文引用数量情况

从发表在CSSCI期刊与中文核心期刊上论文的引用数量来看，近3年中国劳动关系研究领域的学术论文引用数量呈现不断下降的趋势，2016年

学术论文的平均引用数量为 13.03 次，到 2017 年下降到 10.2 次，至 2018 年进一步下降到每篇论文的平均引用数量为 6.72 次，如下图所示。

2016—2018 年劳动关系研究领域学术论文平均引用数量情况

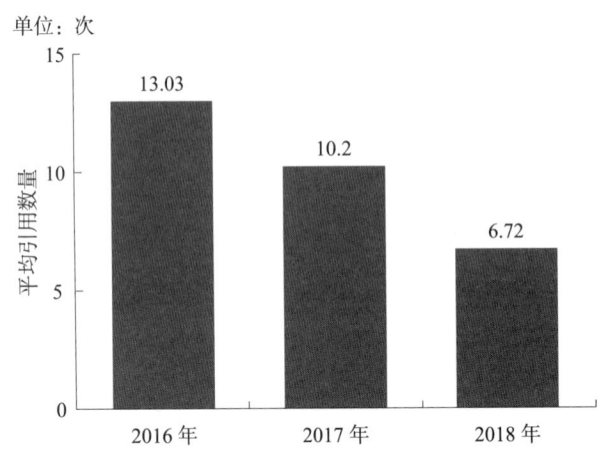

单位：次

- 2016 年：13.03
- 2017 年：10.2
- 2018 年：6.72

数据来源：根据中国知网相关数据计算得出

与此同时，中国劳动关系研究领域学术论文的总引用数量也呈现出下降的趋势，如下图所示。

2016—2018 年劳动关系研究领域学术论文引用数量情况

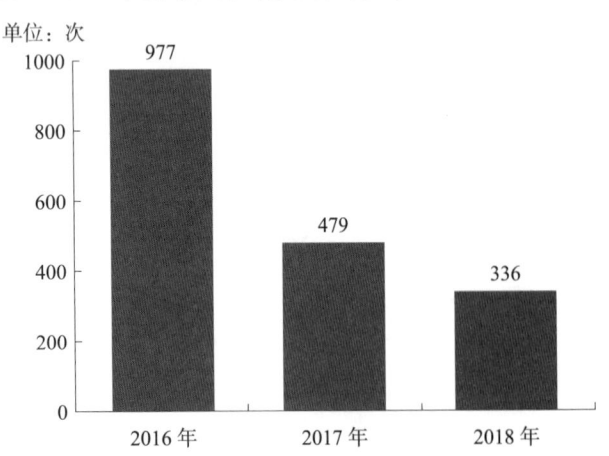

单位：次

- 2016 年：977
- 2017 年：479
- 2018 年：336

数据来源：根据中国知网相关数据计算得出

通过具体年份的数据可以更直观地看出，劳动关系研究领域的引文数量在不断下降,2016年劳动关系研究领域学术论文引用数量前三位分别为引用了201次、166次与55次,至2018年其数据分别为86次、36次与23次。

下表展示了2016年劳动关系研究领域学术论文引用数量的前十位论文及具体信息。

2016年劳动关系研究领域学术论文引用数量前十位情况

排序	论文题目	论文作者	发表期刊	刊期	引用数
1	基于互联网平台提供劳务的劳动关系认定——以"e代驾"在京、沪、穗三地法院的判决为切入点	王天玉	法学	2016(6)	201
2	是劳动关系还是劳务关系?——以滴滴出行为例解析中国情境下互联网约租车平台的雇佣关系	彭倩文 曹大友	中国人力资源开发	2016(2)	166
3	从创业到就业:新业态对劳动关系的重塑与挑战——以网络预约出租车为例	纪雯雯 赖德胜	中国劳动关系学院学报	2016(2)	55
4	构建和谐劳动关系的新定位	董保华 李干	南京师大学报(社会科学版)	2016(4)	41
5	网络平台就业对劳动关系的影响机制与实践分析	纪雯雯 赖德胜	中国劳动关系学院学报	2016(2)	40
6	《劳动合同法》的价值重塑与制度创新——基于劳动关系多元论视角	唐鑛 刘兰	中国劳动关系学院学报	2016(3)	36
7	共享经济背景下劳动关系模式的发展演变——基于人力资本特征变化的视角	陈微波	法律科学(西北政法大学学报)	2016(9)	35
8	经济新常态背景下的和谐劳动关系构建	赖德胜 李长安	现代经济探讨	2016(1)	25
9	新常态下国有企业和谐劳动关系的构建	韩喜平 周颖	中国特色社会主义研究	2016(1)	24
10	转型时期的劳动关系:趋势与思维嬗变	谢德成	理论探索	2016(6)	24

注:根据中国知网相关数据计算得出

下表展示了 2017 年劳动关系研究领域学术论文引用数量的前十位论文及具体信息。

2017 年劳动关系研究领域学术论文引用数量前十位情况

排序	论文题目	论文作者	发表期刊	刊期	引用数
1	我国劳动关系法律调整模式的转变	谢增毅	中国社会科学	2017（2）	88
2	德国法中劳动关系的认定	王倩	暨南学报（哲学社会科学版）	2017（6）	50
3	我国劳动关系解雇制度的自治与管制之辨	董保华	政治与法律	2017（4）	43
4	互联网环境下的劳动关系法律问题研究	朱海龙 唐辰明	社会科学	2017（8）	31
5	中国特色劳动关系的阶段、特点和趋势——基于国际比较劳动关系研究的视野	常凯	武汉大学学报（哲学社会科学版）	2017（5）	30
6	网络生产力下经济模式的劳动关系变化探析	刘皓琰 李明	经济学家	2017（12）	25
7	自我职业生涯管理与经理人职业成长——劳动关系氛围与组织结构的权变影响	李云 李锡元	科研管理	2017（1）	25
8	远程工作形态下新型劳动关系的法律保护	张颖慧	法商研究	2017（6）	18
9	人类解放暨人与劳动关系发展的四个阶段	何云峰	江淮论坛	2017（1）	14
10	LMX 和合作劳动关系氛围与员工沉默倾向的倒 U 形关系验证	郑晓涛 俞明传 孙锐	软科学	2017（9）	13

注：根据中国知网相关数据计算得出

下表展示了2018年劳动关系研究领域学术论文引用数量的前十位论文及具体信息。

2018年劳动关系研究领域学术论文引用数量前十位情况

排序	论文题目	论文作者	发表期刊	刊期	引用数
1	我国"网约工"的劳动关系认定及权益保护	王全兴 王 茜	法学	2018（4）	86
2	互联网平台用工劳动关系认定	谢增毅	中外法学	2018（6）	36
3	劳动关系视角下的网约用工纠纷研究	金 超	中国劳动关系学院学报	2018（2）	23
4	共享经济平台劳动者就业及劳动关系现状——基于北京市多平台的调查研究	张成刚	中国劳动关系学院学报	2018（6）	23
5	新时代中国特色社会主义和谐劳动关系构建研究：现状、问题与对策	涂永前	社会科学家	2018（1）	12
6	互联网经济中新型劳动关系的风险防范	魏益华 谭建萍	社会科学战线	2018（2）	11
7	伙伴关系视角下的和谐劳动关系评价指标体系构建——以建立工会的企业为例	左 静 王德才 冯俊文	经济管理	2018（4）	10
8	劳动关系氛围对员工创新行为的影响：情绪劳动的中介作用检验	刘春英 万 利	经济与管理研究	2018（6）	9
9	内部劳动力市场与中国劳动关系转型——基于珠三角地区农民工的调查数据和田野资料	孙中伟 刘明巍 贾海龙	中国社会科学	2018（8）	9
10	中资企业投资"一带一路"国家劳动关系风险防范研究——以巴西为例	乔 健 李 诚	中国人力资源开发	2018（7）	7

注：根据中国知网相关数据计算得出

（二）分年度发表论文下载情况

从发表在 CSSCI 期刊与中文核心期刊上论文的下载数量来看，近三年中国劳动关系研究领域的学术论文的平均下载数量相差不大，2016 年学术论文的平均下载数量为 721.25 次，2017 年为 647.13 次，2018 年每篇论文的平均下载数量为 694.24 次，如下图所示。

2016—2018 年劳动关系研究领域学术论文平均下载数量情况

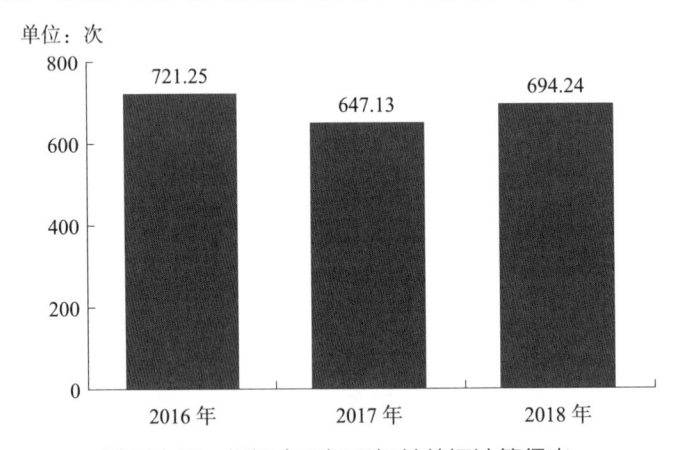

单位：次

年份	平均下载数量（次）
2016 年	721.25
2017 年	647.13
2018 年	694.24

数据来源：根据中国知网相关数据计算得出

由于发表学术论文数量各年份差距较大，因此在总下载数量统计中，2017 年、2018 年与 2016 年相比差距明显，如下图所示。

2016—2018 年劳动关系研究领域学术论文总下载数量情况

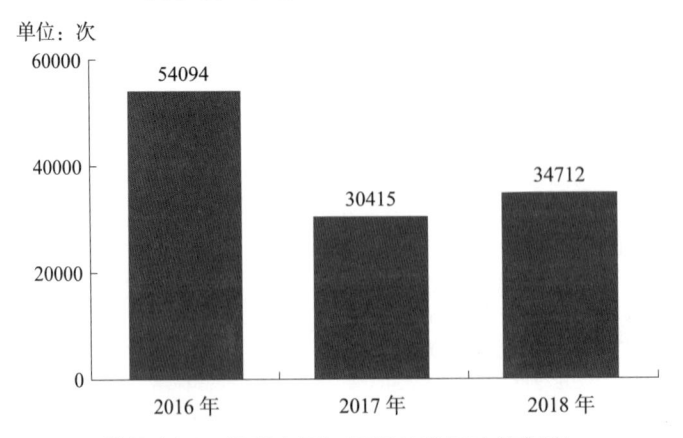

单位：次

年份	总下载数量（次）
2016 年	54094
2017 年	30415
2018 年	34712

数据来源：根据中国知网相关数据计算得出

通过不同年份的劳动关系研究领域学术论文的下载数量数据，可以更直观地看出，劳动关系研究领域学术论文的下载数量在各个年份呈现较大的差距，2016年劳动关系研究领域学术论文下载数量前三位分为引用了8050次、5983次与3049次，明显高于后两年，其具体数据为最高8050次，最低62次；2017年其数据分别为3754次、1786次与1665次，其具体数据为最高3754次，最低134次；2018年其数据分别为5103次、2593次与2358次，其具体数据为最高5103次，最低56次。

下表展示了2016年劳动关系研究领域学术论文下载数量的前十位的论文及具体信息。

2016年劳动关系研究领域学术论文下载数量前十位情况

排序	论文题目	论文作者	发表期刊	刊期	下载数
1	是劳动关系还是劳务关系？——以滴滴出行为例解析中国情境下互联网约租车平台的雇佣关系	彭倩文 曹大友	中国人力资源开发	2016（2）	8050
2	基于互联网平台提供劳务的劳动关系认定——以"e代驾"在京、沪、穗三地法院的判决为切入点	王天玉	法学	2016（6）	5983
3	共享经济背景下劳动关系模式的发展演变——基于人力资本特征变化的视角	陈微波	现代经济探讨	2016（9）	3049
4	《劳动合同法》的价值重塑与制度创新——基于劳动关系多元论视角	唐鑛 刘兰	法律科学（西北政法大学学报）	2016（3）	2512
5	网络平台就业对劳动关系的影响机制与实践分析	纪雯雯 赖德胜	中国劳动关系学院学报	2016（4）	1843
6	从创业到就业：新业态对劳动关系的重塑与挑战——以网络预约出租车为例	纪雯雯 赖德胜	中国劳动关系学院学报	2016（2）	1824
7	构建和谐劳动关系的新定位	董保华 李干	南京师大学报（社会科学版）	2016（2）	1667

续表

排序	论文题目	论文作者	发表期刊	刊期	下载数
8	论劳动合同在劳动关系协调中的地位	沈建峰	法学	2016(9)	1520
9	基于扎根理论的企业和谐劳动关系质性研究	于桂兰 梁潇杰 孙 瑜	管理学报	2016(10)	1404
10	经济新常态背景下的和谐劳动关系构建	赖德胜 李长安	中国特色社会主义研究	2016(1)	1299

注：根据中国知网相关数据计算得出

下表展示了2017年劳动关系研究领域学术论文下载数量的前十位的论文及具体信息。

2017年劳动关系研究领域学术论文下载数量前十位情况

排序	论文题目	论文作者	发表期刊	刊期	下载数
1	我国劳动关系法律调整模式的转变	谢增毅	中国社会科学	2017(2)	3754
2	网络生产力下经济模式的劳动关系变化探析	刘皓琰 李 明	经济学家	2017(12)	1786
3	互联网环境下的劳动关系法律问题研究	朱海龙 唐辰明	社会科学	2017(8)	1665
4	中国特色劳动关系的阶段、特点和趋势——基于国际比较劳动关系研究的视野	常 凯	武汉大学学报（哲学社会科学版）	2017(5)	1604
5	我国劳动关系解雇制度的自治与管制之辨	董保华	政治与法律	2017(4)	1514
6	德国法中劳动关系的认定	王 倩	暨南学报（哲学社会科学版）	2017(6)	1377
7	组织忠诚的社会基础：劳动关系"嵌入性"及其作用条件	朱 妍	社会学研究	2017(2)	1329
8	远程工作形态下新型劳动关系的法律保护	张颖慧	法商研究	2017(6)	1214

续表

排序	论文题目	论文作者	发表期刊	刊期	下载数
9	自我职业生涯管理与经理人职业成长——劳动关系氛围与组织结构的权变影响	李 云 李锡元	科研管理	2017（1）	1096
10	《资本论》关于资本和雇佣劳动关系分析的整体意蕴	张雷声	求索	2017（9）	1059

注：根据中国知网相关数据计算得出

下表展示了2018年劳动关系研究领域学术论文下载数量的前十位的论文及具体信息。

2018年劳动关系研究领域学术论文下载数量前十位情况

排序	论文题目	论文作者	发表期刊	刊期	下载数
1	我国"网约工"的劳动关系认定及权益保护	王全兴 王 茜	法学	2018（4）	5103
2	内部劳动力市场与中国劳动关系转型——基于珠三角地区农民工的调查数据和田野资料	孙中伟 刘明巍 贾海龙	中国社会科学	2018（8）	2593
3	互联网平台用工劳动关系认定	谢增毅	中外法学	2018（6）	2358
4	劳动关系视角下的网约用工纠纷研究	金 超	中国劳动关系学院学报	2018（2）	1809
5	共享经济平台劳动者就业及劳动关系现状——基于北京市多平台的调查研究	张成刚	中国劳动关系学院学报	2018（6）	1416
6	新时代中国特色社会主义和谐劳动关系构建研究：现状、问题与对策	涂永前	社会科学家	2018（1）	1001
7	互联网经济中新型劳动关系的风险防范	魏益华 谭建萍	社会科学战线	2018（2）	949

续表

排序	论文题目	论文作者	发表期刊	刊期	下载数
8	劳动关系氛围对员工创新行为的影响：情绪劳动的中介作用检验	刘春英 万利	经济与管理研究	2018（6）	939
9	企业劳动关系管理研究在中国：改革开放40年来研究的回顾与述评	朱飞 胡瑞博	中国人力资源开发	2018（10）	922
10	习近平中国特色社会主义和谐劳动关系思想研究	杨云霞	理论视野	2018（6）	828

注：根据中国知网相关数据计算得出

（三）分年度发表论文综合评价

综合评价是劳动关系研究领域学术论文引用数量与下载数量的平均加权，通过不同年份的学术论文分别计算，可以看到每年学术论文综合评价前三位的论文在整体三年综合评价的不同位次。总体来讲，2016年发表的劳动关系研究领域学术论文综合指数更高，其前三位的论文在整体三年综合评价排序中分别位列第1位、第2位与第5位，而且整体三年综合评价排序前十位的论文中有6篇均来自2016年；2017年发表的学术论文综合评价前三位论文在整体三年排序中分别位列第4位、第10位与第12位；2018年发表的综合评价前三位学术论文分别位列总评价排序的第3位、第8位与第13位。

下表展示了2016年劳动关系研究领域学术论文综合评价的前十位的论文及具体信息。

2016年劳动关系研究领域学术论文综合评价前十位情况

排序	论文题目	论文作者	发表期刊	刊期	引用数	下载数
1	是劳动关系还是劳务关系？——以滴滴出行为例解析中国情境下互联网约租车平台的雇佣关系	彭倩文 曹大友	中国人力资源开发	2016（02）	166	8050

续表

排序	论文题目	论文作者	发表期刊	刊期	引用数	下载数
2	基于互联网平台提供劳务的劳动关系认定——以"e代驾"在京、沪、穗三地法院的判决为切入点	王天玉	法学	2016(6)	201	5983
3	共享经济背景下劳动关系模式的发展演变——基于人力资本特征变化的视角	陈微波	现代经济探讨	2016(9)	35	3049
4	从创业到就业：新业态对劳动关系的重塑与挑战——以网络预约出租车为例	纪雯雯 赖德胜	中国劳动关系学院学报	2016(2)	55	1824
5	《劳动合同法》的价值重塑与制度创新——基于劳动关系多元论视角	唐镳 刘兰	法律科学（西北政法大学学报）	2016(3)	36	2512
6	网络平台就业对劳动关系的影响机制与实践分析	纪雯雯 赖德胜	中国劳动关系学院学报	2016(4)	40	1843
7	构建和谐劳动关系的新定位	董保华 李干	南京师大学报（社会科学版）	2016(2)	41	1667
8	论劳动合同在劳动关系协调中的地位	沈建峰	法学	2016(9)	23	1520
9	经济新常态背景下的和谐劳动关系构建	赖德胜 李长安	中国特色社会主义研究	2016(1)	25	1299
10	新常态下国有企业和谐劳动关系的构建	韩喜平 周颖	理论探索	2016(1)	24	1098

注：根据中国知网相关数据计算得出

下表展示了 2017 年劳动关系研究领域学术论文综合评价的前十位的论文及具体信息。

2017 年劳动关系研究领域学术论文综合评价前十位情况

排序	论文题目	论文作者	发表期刊	刊期	引用数	下载数
1	我国劳动关系法律调整模式的转变	谢增毅	中国社会科学	2017（2）	88	3754
2	德国法中劳动关系的认定	王倩	暨南学报（哲学社会科学版）	2017（6）	50	1377
3	我国劳动关系解雇制度的自治与管制之辨	董保华	政治与法律	2017（4）	43	1514
4	互联网环境下的劳动关系法律问题研究	朱海龙 唐辰明	社会科学	2017（8）	31	1665
5	中国特色劳动关系的阶段、特点和趋势——基于国际比较劳动关系研究的视野	常凯	武汉大学学报（哲学社会科学版）	2017（5）	30	1604
6	网络生产力下经济模式的劳动关系变化探析	刘皓琰 李明	经济学家	2017（12）	25	1786
7	自我职业生涯管理与经理人职业成长——劳动关系氛围与组织结构的权变影响	李云 李锡元	科研管理	2017（1）	25	1096
8	远程工作形态下新型劳动关系的法律保护	张颖慧	法商研究	2017（6）	18	1214
9	组织忠诚的社会基础：劳动关系"嵌入性"及其作用条件	朱妍	社会学研究	2017（2）	7	1329
10	经济下行背景下劳动关系的变化趋势与政策建议	张翼 汪建华	中国特色社会主义研究	2017（1）	11	852

注：根据中国知网相关数据计算得出

下表展示了2018年劳动关系研究领域学术论文综合评价的前十位的论文及具体信息。

2018年劳动关系研究领域学术论文综合评价前十位情况

排序	论文题目	论文作者	发表期刊	刊期	引用数	下载数
1	我国"网约工"的劳动关系认定及权益保护	王全兴 王茜	法学	2018（4）	86	5103
2	互联网平台用工劳动关系认定	谢增毅	中外法学	2018（6）	36	2358
3	劳动关系视角下的网约用工纠纷研究	金超	中国劳动关系学院学报	2018（2）	23	1809
4	内部劳动力市场与中国劳动关系转型——基于珠三角地区农民工的调查数据和田野资料	孙中伟 刘明巍 贾海龙	中国社会科学	2018（8）	9	2593
5	共享经济平台劳动者就业及劳动关系现状——基于北京市多平台的调查研究	张成刚	中国劳动关系学院学报	2018（6）	23	1416
6	新时代中国特色社会主义和谐劳动关系构建研究：现状、问题与对策	涂永前	社会科学家	2018（1）	12	1001
7	互联网经济中新型劳动关系的风险防范	魏益华 谭建萍	社会科学战线	2018（2）	11	949
8	劳动关系氛围对员工创新行为的影响：情绪劳动的中介作用检验	刘春英 万利	经济与管理研究	2018（6）	9	939
9	伙伴关系视角下的和谐劳动关系评价指标体系构建——以建立工会的企业为例	左静 王德才 冯俊文	经济管理	2018（4）	10	781
10	企业劳动关系管理研究在中国：改革开放40年来研究的回顾与述评	朱飞 胡瑞博	中国人力资源开发	2018（10）	5	922

注：根据中国知网相关数据计算得出

第九章

劳动关系典型案例分析

随着移动互联网、云计算等技术的不断发展，各种新兴业态不断涌现，其在扩大就业、推动经济社会发展、维护社会稳定等方面发挥了重要作用。国家信息中心发布的《中国共享经济发展报告（2021）》显示，2020年中国共享经济市场交易额为33773亿元，比上年增长2.9%，2020年我国共享经济参与者人数约8.3亿人，参与提供服务者人数约8400万人，同比增长7.7%，平台企业员工数为631万人，同比增长1.3%。新就业形态在发展过程中呈现出工作形式灵活、劳动关系多元、去雇主化以及去组织化等特征。实践中多数新业态从业者未与用人单位签订劳动合同，缴纳社保也受到户籍、劳动关系等门槛限制，在劳动过程中发生纠纷或意外伤害时权益往往难以维护，传统法律及社会保险制度与新就业形态难以兼容已成为我国劳动权益保障体系中不可忽视的问题。

一、引发全国争论的案例

案例一

"劳动者权益保护"——中文互联网有史以来最大规模的劳资关系讨论

案情概况

2019年1月17日，有赞CEO在年会上突然宣布公司强制实行996工作制，即"正常工作时间为早上9:30到21:00，周三为家庭日，员工可按晚6点的正常时间下班。遇到紧急项目时，一周工作6天，每天工作时间会相应增长"。2019年3月27日，一个名为"996ICU"的项目在程序员常用的代码托管网站GitHub上成为热门，截至2020年末该项目已获得约25万次点赞，不少程序员反映了超过200家企业有出现了996工作制，其中北京、深圳、上海、杭州、广州等互联网企业密集的城市成为重点。此次事件使得996工作制开始受到舆论广泛关注。2019年4月11日,阿里巴巴集团创始人马云对996在公司内部发表评论,其言论中"能够996是修来的福报""如果你年轻的时候不996,你什么时候可以996?"等发言也引起舆论热议,使得原本势头有所消减的反"996运动"重新被推向新的舆论高点。随后在5月4日,主张用线下行动抗议996工作制的项目小组"996action"组织了以挂号信的方式给马云寄送劳动法的活动,活动收到百余张寄送劳动法的照片,甚至有人直接将一本劳动法贴到了蚂蚁金服办公大楼的玻璃上。此后,"996"一词也在关于互联网企业、劳工权益等话题的争议中屡次出现。

在2019年至2020年,共出现16起影响力较大的互联网劳工舆情事件,其中涉及阿里巴巴、京东、拼多多等多家互联网企业与其他领域的大型企业,并出现了多起员工猝死的事件。相关舆情除了在网络媒体上广为传播外,在网络论坛、问答社区、微博微信、短视频与自媒体平台也都不断产生、发酵,形成了舆论对996工作制的声讨以及对劳工权益保障的呼吁。百度指数所统计出的数据显示,全网搜索996相关信息的人群主要集中于20岁至29岁的青壮年群体,与在互联网企业任职的主要员工群体年龄相吻合。

时间	事件	概述	主体
2019年1月29日	有赞平台年会宣布996工作制	知乎平台上,一个自称有赞年会亲历者的匿名匿答者称有赞高管在年会上宣布强制996工作制,生活工作不平衡可以离婚等言论,引发广泛关注	有赞公司
2019年3月27日	"996ICU"的项目在GitHub平台上火爆	一个名为"996ICU"的项目在Github上建立并逐渐火爆,程序员们揭露996互联网公司,抵制互联网公司的996工作制度	多家互联网公司
2019年4月4日	搜狗员工爆公司根据加班时长裁人	有认证为搜狗员工的用户在职场实名社交平台上爆料,公司统计每位员工的加班时长,并据此裁人。搜狗CEO回应,这样的员工是"嚼舌头"。随后,搜狗公司紧急发布声明称,搜狗公司的工作时长是符合国家劳动法相关规定的	搜狗公司

续表

时间	事件	概述	主体
2019年4月11日	马云等人关于996的观点引发热议	阿里巴巴官方微信号分享了马云关于996的观点,认为996是阿里的福报。"如果你年轻的时候不996你什么时候可以996?"马云在个人微博表示,公司不强制996,不为996辩护,但向奋斗者致敬。之后又表示:"我们缺的是实话、真话、让人思考的话。"	阿里巴巴
2019年4月16日	主流媒体集中关注996工作制	996工作制受到人民日报、北京青年报等主流媒体报道,"老板要求'996工作制'你该怎么办"一时受到热议,舆论关注996的合法性基础	主流媒体
2019年11月10日	马云在国际会议上再谈996工作制	马云在乌克兰基辅参加国际经济论坛进行了公开演讲,表示996制度是他所鼓励的阿里巴巴员工精神,想成功就必须努力工作,再次引发舆论热议	阿里巴巴
2020年10月29日	《深圳经济特区健康条例》表决通过	作为国内首部地方性健康法规,《深圳经济特区健康条例》中提出推行"强制休假"制度,引发舆论关注	深圳市人民代表大会常务委员会
2020年12月4日	国美电器一27岁员工猝死	国美电器福州分公司一名27岁员工在年终誓师动员大会期间猝死,家属称法医鉴定为过劳死,但公司不主动协商且逃避责任	国美电器公司
2020年12月18日	上海一互联网公司47岁员工猝死	此事引起舆论关注后,商汤科技方面表示,该员工被发现晕倒在健身房外后立即安排急救,同时积极配合警方调查	商汤科技公司
2020年12月21日	饿了么外卖员送餐路上猝死,仅获赔2000元	一名饿了么骑手送餐途中猝死,饿了么工作人员表示,因没有劳动关系,只能给予2000元人道主义赔偿,引发舆论争议。"饿了么"官微称将提供60万元抚恤金	饿了么外卖平台
2020年12月29日	一名22岁拼多多员工回家途中猝死	乌鲁木齐一名多多买菜平台的员工回家途中猝死。拼多多知乎账号发表"你们看看底层的人民,哪一个不是用命换钱"等言论,引起舆论争议	拼多多公司

对比 2020 年末发生的一系列事件，可以看出呼吁互联网劳工权益的主体正在逐渐"下沉"，涉及的群体从原本互联网企业的高知人群转变为更为年轻、身份更加普通的人群，涉事者包括应届毕业生、外卖员、社区团购企业员工等身份，涉及的企业也不再局限于互联网企业。而 2020 年内舆论多次围绕"打工人""内卷"等与劳工权益有关的话题也呼应了这一趋势，一方面代表过度劳动的问题正在向更广泛的领域蔓延，另一方面也使得舆论更加容易因相关事件激起反弹。其中"饿了么外卖员送餐路上猝死"与"22 岁拼多多员工回家途中猝死"这两起典型事件企业回应观点激化引发舆情反弹。当外卖员猝死事件发生后，"饿了么"工作人员对媒体表示，死者是由"蜂鸟众包"App 注册为骑手，与平台没有任何劳动关系，只愿给予家属 2000 元的人道主义费用。"骑手猝死平台只赔 2000"的消息迅速引起舆论指责。而在拼多多员工猝死事件中，拼多多官方知乎账号发表消息称"底层人民用命换钱""不是资本的问题而是社会的问题"，激起舆论的抵制。而此后拼多多回应称网传言论不实，却遭知乎官方"辟谣"，再次引起舆论质疑。

🎯 争议焦点

对 996 工作制等议题争议最大的点就在于劳动制度设置的合理性，但舆论在讨论中表现出了明显的分化。有网民声音认为这样的劳动制度实际上是"合理的"。

在拼多多员工加班猝死事件中，有人表示："不少人认为，要成功不就应当这样吗？甚至有人论证，只有这样经济才能快速发展，国家才能更加强盛。"拼多多官方账号就表示："你们看看底层的人民，哪一个不是拿命换钱，我一直不以为是资本的问题，而是这个社会的问题。"尽管拼多多声称这一消息是由品牌营销合作公司员工发布，但这也代表了一部分网民的观点，即认为在目前的社会环境下"拿命换钱"是一个"正常现象"。还有一种声音则认为尽管拼多多等企业的劳动制度有不合理之处，但这是由于我国社会经济发展仍处于上升阶段，在能保证"多劳多得"的员工权益的情况下

996工作制并无不可。同时，也有网民认为，996工作制不但违反了员工权益，更与我国社会的发展目标不相符。不少网民对996工作制抱有一种朴素的抵触心理，对自身的合法权益保障较为焦虑。

媒体方面的评论在996工作制是否违法上，也同样出现了类似的观点差异。新华视点评论拼多多员工猝死事件称"让劳动者超时工作、透支健康，是违法操作，是对奋斗精神的背离。加强对劳动者合法权益的保护，让追梦人健康地奔跑，让企业发展更有温度，才是奋斗该有的样子"。

而《光明日报》客户端发表题为《"996"难言违法，但劳动救济渠道必须畅通》的评论，其中认为，综合相关法律规定来看，一般情况下996的确是违反劳动法的，但是在"经过与工会或者劳动者协商"的特殊情况下，最长工作时间每日不超过11个小时、每月不超过80小时，难言违法。

《工人日报》发表文章《别把超时加班美化为"拼搏和敬业"》，对那些用温情的姿态变相强迫劳动者加班的企业作出批判，认为这不仅阻碍了企业的可持续发展，更可能损害高质量发展的耐力。而高质量发展，需要的是更合理的工作节奏、更高效的运转模式、更科学的管理方法，需要企业承担起维护劳动者权益的法律责任，需要全社会对"8小时工作制"意义的认可。

《人民日报》发表评论文章《崇尚奋斗，不等于强制996》指出，"崇尚奋斗、崇尚劳动不等于强制加班。苦干是奋斗，巧干也是奋斗；延长工时是奋斗，提高效率也是奋斗。因此，不能给反对996的员工贴上'混日子''不奋斗'的道德标签，而应该正视他们的真实诉求……随着中国逐步从高速增长转向高质量发展，随着互联网行业逐步进入更加注重产品质量的下半场，企业治理也更需要树立结果导向、效率导向，进行更加文明、高效和人性化的时间安排。事实上，更加弹性的工作机制，比强制的996更能激发员工自发的工作热情，从而也能让企业更好挖掘人力资源潜能"。

《新京报》发表评论文章《"996制"遭抵制加班文化需重新审视》，表示在程序员抵制996的背后，是社会在加班、劳动强度等概念上的认知刷新。全国总工会组织开展的第八次全国职工队伍状况调查显示，劳动关系的主体及其利益诉求越来越多元化,从10年前富士康的加班现象引发的社会聚焦,到象征着高薪的程序员们主动"维权",这一变化提醒着社会对劳动者权益的保护,不能再只是盯着常规标准下的"弱势群体"。

《法制日报》发表的《治理"996"工作制要靠什么》在劳动维权的问题上进行探讨指出,不论是劳动权益保障部门,还是各级工会组织都应对"996"工作制采取更积极的态度和作为,这不光是职责所在,也是依法规范就业市场的必然要求。

加班与否也是资方与劳方的重要博弈,在劳动法中对工时的规定是"每日8小时、平均每周不超过44小时",但部分企业主认为加班是员工对自我未来负责的一种表现,而企业也在劳动者们为自身权益而反抗的进程中下出应对策略,对求职者建立了黑名单。上海的《劳动报》曾报道,京东、腾讯、百度、沃尔玛中国、美团点评在内的37家企业组成阳光诚信联盟,企业之间共享"用人黑名单",录入之后去其中任何一家求职,都会被拒绝。早在2019年4月,浙江人社部门就提出,将推进人社信用体系建设,届时频繁跳槽等行为或将影响个人信用分。《南方都市报》则报道,2020年2月嘉兴公布首个"劳动者维权异常名录",维权者的姓名、肖像、性别、地址都被披露出来。

案情评析

法律落实:完善强制休假制度。《人民日报》(海外版)旗下账号"侠客岛"在评论拼多多员工猝死事件时表示,劳动法得长牙齿,在新的发展阶段,纯靠劳动力等要素玩命投入已不可持续,奋斗不意味着牺牲劳动权益,更不意味着牺牲个人健康。减轻乃至根治过度加班需要的是人力资源保障部门、工会等多方面力量提供协力,构建和完善适合数字经济下劳动环境的全新条例。

反馈通畅:增加有效举报路径。大多争议纠纷并未能通过劳动监察举报平台反映过度加班的情况进行解决。一方面有声音认为举报信息不会被有关部门注意,或是企业可以用"自愿加班"搪塞;另一方面还有网民认为,

"闹"上社交媒体才能引起政府部门重视相关问题。这种现象反映出，现有机制在民众心目中公信力不足，因此相关部门不但需要让现有举报机制被民众了解与信任，更需要增加有效举报途径，将局限于部门官网的举报渠道搬到社交媒体，让民众能够更快速便捷地维护自身权益。

警示企业：切勿炒作加班文化。不少互联网劳工舆情事件都是由企业管理者、工作人员的舆情应对失误产生。面对广大舆论场，炒作、宣扬加班文化的合理性极易点燃群众的怒火，而对于员工的不幸事件态度冷漠、反应不及时很可能导致矛盾激化。从舆情应对的角度来看，企业方面应该在涉及劳工权益话题时谨言慎行，积极承担主体责任并对舆情事件真诚回应，企业管理者应避免"语不惊人死不休"，刻意挑起劳资矛盾。相应的监管部门也应与企业管理者座谈交流，提升其对于劳动法的尊重意识，警示其不应以加班文化混淆奋斗精神，消解社会的法制意识。新华社"半月谈"微信公众号指出，奉劝有心推动996常态化的人们：请在法律框架下，老老实实拿利益说事，不要用那么多高大上的说辞混淆视听，而是切实拿出能让劳动者心甘情愿和企业同甘共苦的利益保障制度。

案例二

"新业态劳动用工方式"——竞业限制下劳动者该如何维护自己的跳槽自由

案情概况

2017年，常某某作为高管于2017年中入职联想公司负责手机业务（即ZUK品牌），于7月24日签署了《联想限制性协议》，根据该协议的约定，常某某对于联想公司负有竞业限制义务。2019年12月31日——时任联想副总裁的常某某宣布自己因"家庭原因"从联想集团离职。仅仅两天后，常某某便宣布加入小米集团，任职副总裁并负责手机产品规划。常某某这一"无缝衔接"的举动，在业界引起轩然大波。2020年1月2日，小米创始人发微博宣布常某某加入小米，担任小米集团副总裁，负责手机产品规划。常某某转发官宣微博。2020年6月，联想集团就常某某违反竞业限制一事提起仲裁。2020年9月17日，联想集团对外透露，关于常某某违反竞业限制义务纠纷一事，该案已经在北京市海淀区劳动人事争议仲裁委员会进行多次庭审。庭审中，常某某否认订有竞业限制条款的《联想限制性协议》的签名为本人签署。联想集团表示，由于常某某不认可其本人签字真实性，经仲裁委员会指派，某某法庭科学技术鉴定研究所通过调取常某某在工商部门档案中的签字材料进行笔迹鉴定，确认2017年7月24日在《联想限制性协议》上的签名为常某某本人签署。

2020年9月21日，联想集团对"前副总裁常某某跳槽小米一事"再次作出回应。联想称，自2017年限制性协议签署之日起，在常某某离职前24个月内，联想共计向常某某支付了竞业限制的股权对价500余万元。常某某离职后，联想亦向其支付了竞业限制经济补偿。2020年10月9日，北京市海淀区劳动争议仲裁委员会已就"联想前副总裁常某某跳槽小米"一事公布了裁决结果：1.常某某继续履行竞业限制义务；2.常某某于本裁决书生效之日起十日内，支付联想移动通信进出口（武汉）有限公司违反竞业限制义务违约金五百二十五万二千八百二十一元零九分；3.常某某于本裁决书生效之日起十日内，返还联想移动通信进出口（武汉）有限公司2020年1月竞业限制补偿金七万二千九百五十五元八角五分（税前）；4.驳回联想移动通信进出口某有限公司的其他仲裁请求。某律师事务所发布声明，称："常某某先生已经委托北京市某律师事务所针对上述裁决书向法院提起诉讼，上述裁决书依法未生效。"

争议焦点

2019年，《人民法院报》指出：到目前为止，到底哪些行业、哪些具体岗位是竞业限制的对象，违反竞业限制的违约金多少才算合理，法律法规并没有更加细致的规定。这就为一些企业随意扩大竞业限制范围留了空子，背离了竞业限制制度的初衷。

2020年年初,《人民日报》发表评论文章:莫让"竞业限制"成了"就业限制"。其中指出:一些用人单位滥用竞业限制,将普通劳动者随意纳入限制范畴,不仅侵害了劳动者自由择业、就业的权利,也影响了劳动力资源的正常流动。

案情评析

竞业限制保护了企业的商业秘密,维护了市场公平竞争秩序。但它是一把"双刃剑",如果使用不当,很容易在企业和劳动者之间失衡。目前,我国在竞业限制上的法律条文相对较少,还没有成系统化。劳动合同法中对竞业限制的规定有两条:第23条规定,用人单位支付经济补偿的,劳动者违约要支付违约金;24条规定,竞业限制期限2年,竞业限制对象限于高管、高级技术人员和其他负有保密义务的人员。最高院补充了五项内容:第6条规定,没有约定补偿的,补偿标准按离职前十二个月平均工资的30%确定;第7条规定,有约定要付补偿;第8条规定,单位3个月未付补偿,劳动者可以解除竞业限制协议;第9条规定,在竞业限制期限内,单位可以单方解除协议但得付3个月补偿;第10条规定,劳动者支付违约金也要继续履行竞业限制义务。

二、东部地区典型案例

案例一

天津某融资租赁公司与湖北某大型药业股份有限公司融资租赁合同纠纷案

案情概况

天津某融资租赁公司是一家在滨海新区注册的合资有限责任公司(以下简称"某融资公司"),湖北某大型药业股份有限公司(以下简称"某药业")是一家位于襄阳的医药产品生产公司,生产与疫情防控相关的医药产品。2019年某融资公司与某药业开展了第一笔融资租赁业务,业务类型为售后回租，即某药业将其拥有所有权的设备出售给某融资公司，某融资公司支付价款后取得设备所有权，并将设备出租给某药业使用，某药业按期支付租金至融资租赁期限届满后重新取得设备所有权。通过这种方式，某药业能够迅速融资，加速资金周转。按照双方约定，第一笔融资租赁业务于2020年4月15日到期，某药业需在租赁期限届满前支付3500万元租金；双方拟于2020年年初开展第二笔售后回租融资租赁业务，某药业另行提供气相色谱仪等设备进行融资，融资租赁公司需支付3500万元购买价款。

2020年年初的新冠肺炎疫情，造成某药业生产经营能力和资金周转能力严重不足，无法依约定在2020年4月15日前支付3500万元租金。某融资公司如果继续开展第二笔融资租赁业务，非但不能如期收回第一笔租金，还需要支付第二笔融资租赁业务的购买价款，面临双重资金压力；如果不开展第二笔业务，某药业将面临严重的资金周转困难，无法有序复工复产，影响疫情防控急需物资生产，进而影响第一笔租金的支付。法院对于融资租赁公司的债务抵销行为持肯定态度，认定融资租赁公司支付抵销之后的价款，可视为已完成融资租赁合同项下的支付义务。在此基础上，律师提出，为确保融资租赁业务性质不受影响，某融资公司在开展第二笔融资租赁业务时应当谨慎选择租赁物，并注意前后两笔业务时间节点的衔接，确保抵销债权债务到期时间符合相关要求。

律师通过专业的法律评估和风险预判，帮助某融资公司消除了顾虑，最终促成了双方第二笔融资租赁业务。之后，律师积极协助双方草拟债务抵销协议、融资租赁合同等法律文件，明确两笔融资租赁业务的基本情况、租赁成本，两笔债务的到期时间、金额，以及双方债务抵销的意思表示。目前，某融资与某药业的第二笔融资租赁业务已开展尽职调查，顺利启动。

案情评析

本案是律师协助企业解决合同履行中出现的法律问题，助力防疫物资生产企业顺利融资的案例。本案中，律师根据天津市司法局和律师行业党委部署,参加"律师公益法律服务团",积极为企业复工复产提供公益法律服务,凭借专业知识和实务经验,精准分析法律关系,正确适用法律规定,依法提出解决方案,帮助企业促成合同交易、缓解资金压力、防范法律风险,有力保障了防疫物资生产供应。本案凸显了在重大公共卫生危机影响下的资金链短缺引起的劳动关系纠纷,同时体现了专业律师在劳动关系纠纷问题上的关键作用,为解决类似纠纷提供了有益借鉴。

案例二

北京某餐饮服务有限公司与员工劳动合同纠纷案

案情概况

甘某某等12人是北京某餐饮服务有限公司员工,先后于2019年7月27日至10月29日入职,从事厨师、面点等工作,月工资3500元至1万元不等。

2020年2月初,受新冠肺炎疫情影响,餐饮公司停止营业,甘某某等人不再上班,自2020年1月26日起就未领到工资。直到3月,甘某某等人仍未接到上班通知。餐饮公司老板电话通知他们已被辞退,并拒绝补发工资。突然被无故辞退,让员工们措手不及,甘某某等人多次找餐饮公司协商无果,无奈之下拨打"12345"政府服务热线,工作人员告诉他们可以申请劳动仲裁,通过法律途径维权。3月10日,甘某某等人来到北京市通州区劳动人事争议仲裁委员会,遇到了在该委员会法律援助工作站值班的许律师。说明情况后,许律师告知其可以申请法律援助,并帮助他们联系了通州区法律援助中心。

经研究,通州区法律援助中心决定受理他们的申请,考虑到疫情防控需要,为避免人员聚集,要求员工代表收集12人申请法律援助所需材料后由许律师统一转交法援中心。法援中心审查材料后,提前制作12人的法律援助手续并预约时间请受援人现场签字。3月17日,经体温检测后,受援人来到通州区法援中心现场签字。法援中心当天完成审批,并指派许律师承办该案。次日,许律师与12人签订了委托书,并立即向通州区劳动人事争议仲裁委员会申请仲裁。

经了解，餐饮公司停业期间部分员工仍住在公司宿舍，因公司拒绝支付拖欠的工资和经济补偿金，员工拒绝搬离宿舍，双方僵持不下。律师向受援人详细讲解了相关法律规定，根据《北京市工资支付规定》第二十七条规定，非因劳动者本人原因造成用人单位停业的，即使劳动者没有到岗工作，用人单位也应当按照规定支付相应的工资和生活费。随后，律师联系了餐饮公司，就此法律纠纷反复与公司沟通，公司最终同意调解。3月24日，在仲裁委主持下，双方达成了调解协议，仲裁委制作了调解书。当天，餐饮公司即支付甘某某等人工资、解除劳动合同经济补偿金共5万元。

案情评析

受突如其来的新冠肺炎疫情影响，部分企业面临着生产经营困难，有的采取解除劳动合同、单方降薪、调岗、不支付工资等方式，由此产生劳动争议。本案中，餐饮公司12名员工被无故辞退，涉及人员众多。北京市通州区法律援助中心在疫情期间及时受理了他们的申请，指派律师办理此案。在法援律师的帮助下，双方通过调解快速妥善解决了纠纷，切实维护了受援人合法权益，取得了良好的社会效果。

案例三

"平台经济下的劳动关系"——"互联网＋"背景下新型用工模式中劳动关系认定

案情概况

【案例1】

在北京市二中院审理的"唐某某与北京宜生健康科技有限公司劳动争议（2020）京02民终8125号"案件中，唐某某于2015年7月14日入职北京某健康科技有限公司并担任调理师岗位，而该健康公司则主张其与唐某某为技师入驻合作关系。健康公司经营"网上服务到家"App平台，与唐某某签订《公司到家技师入驻协议》，用户通过网络预约技师服务，在平台下单，平台以入驻技师居住圈推荐技师上门服务。根据《关于确立劳动关系有关事项的通知》确定的劳动关系判定标准，法院分析如下。

1. 从属性方面。首先人格从属性：劳动者受到"公司技师App"的《2017年公司到家技师服务管理办法条例》及《订单正常流程与异常订单》的控制，其中细致规定了工作规则、服务品质管理、休息休假、请假制度、对应处罚规则；其次，健康公司通过微信群的报备对劳动者的工作时间进行监督和管理；再次，劳动者的工作机会完全来自"公司技师App"这一平台，健康公司通过平台的"品控管理"实现对劳动者每一订单的工作的控制。经济从属性：首先，"公司技师App"这一平台的信息和技术手段作为重要的生产资料，以及其他物质生产资料由健康公司提供和控制；其次，技师的服务收费由健康公司评定，且技师提成的分成比例未予明确，按月结算，即劳动者的报酬实际由健康公司决定；再次，由于《到家技师入驻协议》排除了劳动者从其他竞争者处获得生活来源的可能，自健康公司获得的工作报酬即为其主要生活来源。组织从属性：健康公司通过对唐某某工作外观的控制，让顾客感受到来自健康公司的服务内容；通过微信群实现成员间的管理和协作。

2. 业务相关性：健康公司的经营模式为通过"技师App"及"健康App"平台向顾客提供技师上门按摩服务，健康公司决定技师的收费标准，在收取顾客服务费用后再按月向技师支付一定比例的报酬，剩余比例则为其实际获利。因此，劳动者提供的服务是其业务的组成部分。

由此，北京市二中院从主体资格、从属性和业务相关性三个方面，通过完整、丰富的说理，认定劳动者唐某某与健康公司并非合作关系，而是劳动关系，健康公司应当承担其作为用人单位的责任。北京二中院也同样在判决书中传达出在平台服务不能作为否认劳动关系理由的理念，"平台用工本身是多样的，平台用工也不能等同于排除劳动关系"。虽然北京地区近年来出现诸多对劳动关系认定标准趋于宽松的案例，但是其他地区也存在对于新业态、新型用工模式的劳动关系判断时，经过对劳动关系要素认定的一番摇摆后，相对从严把握认定标准的案例。

【案例 2】

在 2020 年北京朝阳法院发布"民营企业劳动争议"典型案例之——郭某与某外卖配送平台确认劳动关系纠纷案中，郭某自 2018 年 3 月起在某外卖配送平台担任骑手，其起诉该平台的劳务公司，称该平台乱罚钱，甚至人为操控众包应用软件，缩短配送时间，多次对其配送的订单进行罚款，且支付的工资低于北京市最低工资标准，故要求该公司取消对其从事外卖配送工作的罚款 120 元、补发工资差额 3000 元等。劳务公司答辩称，其公司系某外卖配送平台的劳务公司。郭某为众包类兼职骑手，其自行下载平台应用软件，经过审核注册自行承揽业务，与其公司合作并签署线上劳务协议。其公司与郭某均是平台的使用者，郭某的劳务配送由其自行决定，公司不安排配送量，也不安排配送时间，且配送费由郭某按单结算，自行取现。郭某的诉讼请求无事实理由。经查，郭某认可其在某众包应用软件平台上注册成为兼职配送员，其登录该软件平台后可根据自己实际情况选择接单，平台没有强制工作任务要求，也没有强制在线时间要求，其报酬按单结算，确与劳务公司签署电子劳务协议。

判决法院认为，郭某与劳务公司签署电子劳务协议，郭某在平台上注册成为兼职配送员，其登录该软件平台后可根据自己实际情况选择接单，平台没有强制工作任务要求，也没有强制在线时间要求，其报酬按单结算，故其与某劳务公司之间并不建立劳动关系，其关于取消罚款和以最低工资标准核算的工资差额的主张均不属于人民法院受理劳动争议案件的范围，故裁定驳回郭某起诉。郭某不服，提出上诉。北京市第三中级人民法院裁定驳回上诉、维持原裁定。

案情评析

目前，国内大多数互联网用工平台都会声称，他们的用工模式不涉及劳动关系，而是承揽外包关系、商业合作关系等。并且平台会在用户注册或登录协议中弹出格式化的电子合同，明确合同签订的双方不存在劳动关系，不受劳动法、劳动合同法规范。但司法实践中，大多数互联网用工平台涉及的劳动争议案件，特别是确认劳动关系之诉，裁判人员都不会单纯以双方签订的一纸格式合同就否定双方劳动关系的存在。尽管，我国还没有统一的关于互联网平台用工法律关系认定的相关规定，但各地对于"互联网+平台"新形态下的劳动争议案件基本秉承保护从业者劳动权益和尊重共享经济用工模式的二维理念来指导司法实践。对于互联网平台和从业者的用工形态是否构成劳动关系进行鉴别和确认，主要考虑以下因素。

一是对于涉及互联网平台企业，需根据用人单位网络平台的运营形式、劳动者从业状况、网络平台对劳动者的管理程度、劳动者收入分配方式及劳动者是否独立承担经营风险等因素，依法区分劳动关系和劳务关系。

二是对于发挥联系中介作用的网络平台，劳动者通过网络平台与企业建立工作联系关系，企业通过网络平台提供服务信息，并通过网络平台收取管理费或信息费用的，双方不宜作为劳动关系处理。

三是如果劳动者未与互联网平台企业订立劳动合同，而是签订了承包合同、委托协议等，一般应从其约定来认定双方的法律关系。如果双方关系符合原劳动和社会保障部《关于确立劳动关系有关事项的通知》（劳社部发〔2005〕12号）的要求，应认定双方存在劳动关系。

三、南方地区典型案例

案例一

姚某某与某公司劳动争议纠纷案

案情概况

新冠肺炎疫情期间，广州的姚某某突然收到公司要求员工降薪25%的通知。公司表示，如果不愿意接受降薪，就必须自动离职。背负房贷、车贷的沉重压力，姚某某不愿意接受降薪的安排，更不想主动离职，于是联系了广东法律服务网 12348 公共法律服务热线寻求帮助。

在了解姚某某的情况后，值班律师明确指出，根据《劳动合同法》第三十五条规定，用人单位与劳动者协商一致，可以变更劳动合同约定的内容；若公司没有与姚某某协商一致，单方面强制员工降薪，其有权拒绝。律师还提醒姚某某接下来要重点关注公司究竟以何种理由辞退自己。若以合法理由辞退，则其可以主张经济补偿金；若以违法理由辞退，则其可以主张经济赔偿金。几天后，由于与公司协商未果，姚某某再次来电求助。广东法律服务网的值班律师详细为其解释了经济补偿金和经济赔偿金的法定计算方式，同时，还温馨提醒姚某某，必须看清楚书面辞退通知内容。

2020 年 3 月 4 日，姚某某第三次致电 12348 广东公共法律服务热线，称担心自己的谈判方案不可行，希望能得到律师的再次指点。值班律师认为，结合目前疫情的影响，若姚某某主张"N+1"的经济补偿金（N 是指职工在本单位的工作年限，"1"是指因单位未提前一个月通知职工解除劳动关系而需额外支付的 1 个月员工工资），与公司谈判胜算比较高。此外，通过仲裁或者诉讼处理会耗费比较多时间，律师建议姚某某认真考虑，再次跟公司进行协商。经过律师的指引，姚某某最终与公司达成了和解，并拿到了相应的补偿金。

案情评析

面对席卷全球的新冠肺炎疫情，部分企业不得不考虑经营成本，对员工采取冻薪、降薪、裁员等措施。作为相对弱势的员工一方，面对减薪甚至失业困境，应当合理运用法律手段维护自身的合法权益。在疫情时期，广东法律服务网坚持为全省群众提供 7×24 小时全天候法律服务，并通过远程在线服务系统，提升服务供给能力，通过打造粤省事"企业视频法律咨询"专栏等举措，帮助员工维护合法权益，助力企业复工复产、复商复市，实现了显著的法律效果和社会效果。这为全国应对重大公共危机时妥善处理劳动纠纷提供了新的发展方向,为新业态经济的发展提供有益借鉴。

案例二

上海某信息科技有限公司与员工劳动合同纠纷

案情概况

在"上海某信息科技有限公司与周某劳动合同纠纷(2019)沪02民终3226号"案件中,一审和二审法院就存在观点上的碰撞。该案中,服务提供者周某进入某公司运营的"蜂鸟团队"平台从事配送员工作,周某根据平台发布的信息从事外卖配送工作。一审法院认为双方当事人之间有建立劳动关系的意思表示,并形成了建立劳动关系的外观;且双方当事人之间形成管理与被管理的隶属关系;加之周某的劳动成果由某公司获取,因此双方存在劳动关系。上海市二中院却推翻了一审法院的结论,上海市二中院认为:1.周某与某公司之间不存在紧密的人身从属性:"周某自行采购劳动工具,自主安排工作,自行决定何时上下线,自行决定哪一天可以休息";2.双方不存在紧密的经济从属性:"周某的报酬按每单7元获得提成,没有底薪,与劳务付出具有对价性,不含工龄补贴等相关福利待遇,与一般劳动者领取的工资在性质上并不相同";3.双方不存在组织从属性:"某公司作为《蜂鸟配送代理合作协议》的运营商,对在通过平台进行工作的从业人员进行一定的约束系行使相应的监管权,以保证平台的运行及良好形象,不应视为某公司对周某提供的劳动抑或劳务进行了全面的管理。"因此,周某、某公司不存在紧密的人身和经济从属性,缺乏长期、持续、稳定的职业性特征,不存在劳动关系。

案情评析

在本案中,某公司运营的"蜂鸟团队"App平台向骑手发送派单任务,通过平台中自带的评价体系进行考核,同时,某公司还通过《配送代理服务规范》中的配送员的健康证规范、着装规范、配送范围规范等对配送员进行管理,与前述北京地区的案例类似,但上海市二中院却认为缺乏紧密的从属性,不属于劳动关系。本案中,法官的说理丰富,该案例甚至获得最高人民法院办公厅举办的"全国法院系统2020年度优秀案例分析评选活动"三等奖的荣誉。可见,司法实践对于与平台相关的劳动关系认定的模糊地带还存在较大的分歧。

案例三

腾讯工程师遭暴力裁员讨薪案

案情概况

2012年7月,闫某某入职腾讯公司游戏平台部高级工程师,双方所签订的劳动合同的期限为自2015年10月1日起至2021年9月30日。但在2019年3月28日,仍处于劳动合同续存期间,腾讯以闫某某不服从工作安排,经常迟到、早退,长期不在岗,严重违反劳动纪律为由与闫某某解除了劳动合同。据闫某某所述,离职当天,腾讯公司单方面暴力裁员,数名保安逼迫其收拾东西离开,当场封掉工卡、内网账号、公司邮箱等所有腾讯内部权限和资料。2019年6月,闫某某因不满腾讯公司以"每天在岗时间不足8小时"为由与其解除劳动合同,先后向深圳市仲裁委提请仲裁,向深圳市南山区法院提出诉讼,要求腾讯公司继续履行劳动合同,但都未能成功。

在本案审理中,闫某某否认其存在上述违反劳动纪律的事实行为,辩称其长期存在加班事实,每天工作时间远超8小时,且其工作场所也并未固定,存在经常去被告其他工作场所培训、开会、跨部门合作的情形,故主张被告违法解除劳动合同,要求继续履行劳动合同。闫某某主张被告监控拍摄的仅是原告在卡座的时间,不能完全反映原告的办公情况,原告主张其工作地点并不固定,且被告未进行严格的考勤管理,并且自己有时候在晚上也加班。

被告腾讯公司认为：根据《员工假期管理制度》的相关规定，虽然各个部门可以根据岗位情况灵活安排工作时间，但原告工作人在岗时间需要达到8小时，原告所在部门要求原告须于上午9点半到岗，10点参加晨会，但原告经常不参加10点的晨会，在岗时间经常不足8小时。

一审法院认为：原告主张其工作地点并不固定，但其职务为游戏平台部高级工程师，应不存在出外勤的情况，且原告也未能就其主张进行举证。原告主张因被告未进行严格的考勤管理，其有时存在晚上加班的情形，但原告也未就其主张进行举证。在综合考虑双方证据证明力的有无和大小后，法院采信被告的主张，认为原告要求继续履行劳动合同缺乏事实依据，不予支持。

针对一审法院的判决，闫某某表示不能接受。他认为，一审法院认定他是高级工程师，就主观臆断出高级工程师的工作不用离开工作岗位，有违基本常识。在日常工作中经常有需要离开工位完成的工作，比如向领导汇报工作、参加培训、参与开会讨论交流等。"从我入职时，腾讯就是弹性工作制，从来不考勤。腾讯员工在工作日18点以后继续工作是常态，腾讯仅拿出10点至18点时段的监控没有任何说服力。"2020年2月，闫某某拿到南山区法院判决结果后，继续向深圳市中级人民法院提出诉讼。

在一审判决书中提到的关于加班工资，原告主张自己在职期间长期加班，被告从未支付过加班工资，诉求被告按每个工作日平均加班4小时，每月休息日加班4天的标准支付原告7年间加班工资共计540万余元，并提交了项目组微信聊天记录、腾讯互娱员工在办公楼的工作状态及员工坐夜班车的视频。

在本案二审中，法院认为上诉人闫某某应当按照劳动合同的约定和公司管理制度的规定，确保每天工作时间8小时。根据被上诉人提交的上诉人确认真实性的上诉人在岗时长统计表，2019年2月、3月8点至18点，上诉人在卡位时长每天3至6小时不等，均不足8小时。同时，针对上诉人提交的项目组微信聊天记录和反映其他员工晚间工作状态和赶班车的视频，主张其存在加班的情况，法院均不予采信。针对该结果，闫某某表示：从一审到二审，两级法院没有明确予以确认企业微信聊天记录和电子邮件可以作为认定本案事实的证据，他也对腾讯提供的监控视频真实性存疑。随后，闫某某向广东省高级人民法院提请再审，起诉追讨加班工资、年终奖共计1200万余元。广东省高院于2020年8月10日立案，案号（2020）粤民申8935号。

在本案再审中，闫某某认为原告所在部门员工每年年终奖至少是6个月以上基本工资，且按照个人绩效、部门业绩和腾讯游戏收入的增长，每年还应增加年终奖数额，但是从2015年到2019年，原告的年终奖没有增长反而下降，2018年到2019年的年终奖没有发放，原告要求被告按年终奖每年60%增长率的标准向原告补发2015年至2019年年终奖270万余元。

被告腾讯公司认为，被告表示年终奖不是法定福利，需要根据经营情况和员工表现发放，属于被告用工自主权范围，被告已经足额向原告发放了年终奖。

法院查明，被告向原告发放了年终奖2014年182880元、2015年175850元、2016年176720元、2017年144695元。上述款项均为税前金额。原告于2019年2月1日银行账户收入48747元，被告称该笔款项为2018年年终奖税前53930元，因原告在2018年工作表现不好，经常存在迟到、早退现象，不能如期完成工作，故仅发放年终奖53930元。原告主张年终奖每年应增长60%，但未提交证据证明，法院不予支持。

法院认为，原告2018年年终奖显著少于上一年度，被告主张因原告该年度表现不好，经常迟到、早退，不能按期完成工作，故减少年终奖，但未举证证明，也未说明年终奖发放标准，法院酌情判定被告按照上一年度年终奖数额向原告补发2018年年终奖90765元。并驳回了原告其他诉讼请求。

最终，腾讯方面不服该判决，已于2021年11月24日向深圳市中级人民法院继续提起上诉。而尽管诉请金额与最终判决金额相差巨大,但原告闫某某仍认为自己胜诉了。"虽然只是部分胜诉,那也是不容易的。对于现在企业员工在年终奖方面的维权有意义的。"

案情评析

从法院的判决来看,虽然从员工的角度而言与公司的官司胜诉了,但三场诉讼双方提供的证据均未被采信也显示了一定的问题。公司具有劳动合同约定、《员工假期管理制度》规定,灵活安排办公时间的底线是员工在岗必须满8个小时。这对于公司来说,只要把劳动合同和内部制度拿出来,再配上考勤记录等证据,就可以轻易证明员工的出勤情况。而对于员工来说,常规时间之外的加班、调休,是否符合公司事先约定、规定和要求的形式、是否履行了相关的审批手续,在讲证据的时候就非常重要了。很多时候,员工可能会以为自己确实是在加班,给公司做了贡献,只要总的工作时间加起来达到劳动合同约定或者规章制度规定的工作时间,形式上随意点无所谓,但这恰恰是一个巨大的隐患。从管理层面来讲,公司与员工间的这类"隐性条约""职场潜规则"中,在没有经过公司公开安排、审批同意的加班,当面临利益冲突时,员工必然吃亏。其实这也是劳动法和劳动合同法中隐含的悖论:一方面要通过法律手段约束劳资双方行为,维护劳动者合法权益,需要明确的合同约定和证据支撑;另一方面又要构建良性的劳资关系,用人单位和员工之间也要建立一些"默契",但这种"默契"却会让员工不知不觉间吃了证据的亏。在本场案例中,如果这名员工确实严重违反公司规章制度,那么,公司从自身利益角度考虑,作出解除劳动合同的决定,无可厚非,毕竟法律在用人单位和劳动者面前都是平等的。但如果这名员工真的吃了证据的亏,作为公平正义最后一道防线的法律,恐怕也无法给他公平。所以,不管是用人单位还是劳动者,用法律来维权是正当的,但如何用善意和诚信去使用法律和规则,则是对底线和良知的考验。

案例四

虎牙直播员工遭暴力辞退案

案情概况

近日，虎牙直播员工自曝被抬出公司一事在网上引发热议。2020年11月6日，虎牙直播的员工张某某网上发文，称遭到公司暴力辞退。因拒签辞退书，直接被公司5人强制从13楼抬到1楼，且在拖抬过程中头部受到多次撞击导致心理和身体双重受挫。

据当事员工所发的帖子来看，张某收到虎牙直属上司卢某的面试邀请，于2019年11月以商务的职位入职虎牙，工作期间表现良好，"在今年Q1获得考核A/优秀，负责的项目获得了Q1虎牙内容火箭奖，Q2季度为B/合格"。然而2020年5月，在某位新同事入职后，公司在未经直接与本人沟通及认可的情况下，将其职位由商务转为运营，并控诉在职期间遭到直系领导的打压和言语暴力。张某某称受到公司直系领导卢某某的辱骂。2020年8月底，卢某某曾组织另外四名同事线下围观其对张某某的批评和否定。9月布置KPI时，卢某某要求其做到"9月30日时将5个主播数据翻8至10番"，卢某某边布置KPI边对HR不耐烦地表示："算了别省这个钱了，直接谈赔偿吧。"

张某某称在近4个月的打压、言语暴力，加之以"不称职"的罪名被开除已超过了自己的精神承受限度，在去医院看病后被确诊为"抑郁状态"，随后其向公司HR反映相关情况却未获满意的答复。

双方冲突的升级在2020年11月初。2020年11月2日，张某某和HR等人开会沟通，在意外得知张某某有一段一个半月的工作经历没有在简历中体现后，便以"简历造假为公司带来严重损失"为由宣读解雇通知，通知其已被解雇并没收工牌。张某某拒绝签字，随后被5名男子押送至办公室工位，强制其收拾个人物品并以"严重超时"为由，让保安将其从13层楼道拖抬至 1 层后门。在此期间，张某某挣扎呼救并拍摄视频，其头部遭撞击致血肿，手肘等多部位出现挫伤。

2020 年 11 月 7 日，针对网传"虎牙员工自曝被 HR 抬出公司"，虎牙直播通过官方微博回应称公司在季度例行检查调查期间发现该名当事员工存在简历造假、在职期间进行兼职活动等违纪行为，严重违反了虎牙公司价值观，遂决定同该员工解除劳动合同。对于强制抬走员工的行为，虎牙在声明中表示，在辞退当天，当事员工拒绝签字且言辞过激，严重影响了公司正常的经营秩序，公司 HR 员工在不得已情况下要求物业安保将该闹事员工抬到一楼进行冷静。对此欠妥行为，公司真诚致歉并深刻复盘。对公司领导卢某某与当事员工的冲突，虎牙公司也声明表示目前公司已积极配合当事人的诉求与警方的调查和解，公司相关部门会深入反省，对欠妥行为以及管理问题将按照公司规章严肃处理，深刻教育，举一反三。

该声明发出后，当事员工张某某在社交平台上反驳称，该声明是与本人零沟通的情况下，单方面下结论进行公开声明，无任何依据。至今其作为当事人仍旧未等到虎牙的一个正面回复，并且自己在 2019 年 10 月接受领导卢某某邀约加入虎牙公司，卢某某对自己的简历提出了很多的修改要求，以便更加快速地加入公司。2019 年 11 月 2 日虎牙公司并未提及在职期间兼职一事，自己也未从事兼职工作。对此，当事员工称，与虎牙的侵权纠纷案已由广东自由贸易区南沙片区人民法院受理，针对虎牙暴力行为造成的人身损害、财产损害、精神损害起诉追偿，希望法院调查事实，给劳动者、被侵权方一个公正的判决。

事发近半年，当地派出所多次调解，但虎牙公司仍然拒绝向其道歉，也没有赔偿因其暴力行为产生的医药费及财产损失费，甚至连 500 元的医疗检查费都未支付。虎牙谈判代表在派出所称："道歉是不可能的，赔偿方案我们也没有。"为了追偿 500 元的检查费，该员工花了近半年的时间委托律师向法院起诉，其间对身心造成长久的二次伤害。

2021 年 10 月 25 日，广东省自由贸易区南沙片区人民法院作出一审判决：被告广州虎牙科技有限公司于本判决发生法律效力之日起十日内一次性向张某支付 5016 元；被告广州虎牙科技有限公司于本判决发生法律效力之日起五日内以"虎牙直播"账号在新浪微博上发布致歉声明（保持 7 天，声明内容事先须由人民法院审查），逾期不履行，人民法院将在《广州日报》上公布判决书，刊登费用由被告广州虎牙科技有限公司负担；驳回原告张某的其他诉讼请求。

案情评析

　　劳动合同法第三十五条规定：用人单位与劳动者协商一致，可以变更劳动合同约定的内容。因此，用人单位调整劳动者的岗位，属于变更劳动合同，要与劳动者协商一致才能调岗，如用人单位未与劳动者协商一致，单方调岗，则属于违法。对于用人单位的违法调岗，劳动者有权拒绝。本案中当众宣读解雇通知的方式，加剧了员工不满情绪；紧随其后的激烈争执影响到公司正常经营秩序；选择将"闹事员工"抬出去的处理方式更是有损公司体面。对于直系领导的打压辱骂，可以向上级领导反映，从公司内部解决；如公司得不到解决，可以报警处理，侮辱人者有可能会受到处罚；也可以保留相关证据，向人民法院起诉直系领导。如果领导通过暴力、威胁或者非法限制人身自由的手段强迫劳动者劳动的，劳动者可以拒绝，并立即解除劳动合同，无须事先告知用人单位，并且还能获得经济补偿金。对于将员工强制抬走方面，在公司解除劳动者后，如劳动者认为公司解除不合法，应通过劳动仲裁或诉讼解决，而不应有过激行为。当然，虎牙公司强制将员工抬下楼，并导致员工受伤，明显违法，侵犯了员工的人身自由和身体健康权，员工可以报警处理。

四、中部地区典型案例

案例一

湖南某教育咨询有限公司劳动争议案——股权激励计划助力教育机构稳定员工

案情概况

湖南某教育咨询有限公司（以下简称"教育机构"）是一家总部设在长沙市，旗下教育机构分布在新疆、湖南、江西等地的大型综合性教育服务机构，有教职员工近七百人。疫情期间，教育部出台了关于做好中小学"停课不停学"工作相关文件，但面对严峻的疫情防控形势，加上教职工异地服务问题，该教育机构出现较大稳岗压力，运营面临重大挑战。为有效稳定员工团队，切实做好教育服务、运营工作，该教育机构向湖南元端律师事务所袁啸律师寻求帮助。

律师接到咨询后，根据湖南省司法厅、省律师协会切实做好疫情防控法治保障工作的要求，立即带领律师团队详细了解教育机构现有的业务运营模式，并对教育机构主要股东进行线上访谈和书面调查。针对该机构稳定员工队伍、激发员工效能的核心需求，律师团队提供了"长效激励＋短期疏解"的两步走方案。

在构建长效激励机制方面，律师团队根据教职工队伍的岗位构成、年龄结构、地域分布等特点，研究制订了员工股权激励方案，通过及时有效沟通，促成股东、管理层和员工达成共识。一方面，拟通过"核心员工长期稳定、骨干员工及时激励、可靠员工发掘培养"的措施，使员工着眼于中长期发展，打消因疫情影响产生的顾虑。另一方面，将教育机构业绩目标与员工收益增长有效结合，使教育机构同员工形成利益共享、风险共担的紧密关系，更好地激励员工与教育机构共克时艰。律师帮助教育机构优化股东会运行规则，完善股东进入、退出等机制，确保员工股权激励方案合法合规运作，会同该教育机构人力资源部门完善了《员工劳动合同》《员工保密协议》等，并将协助教育机构完成《股权激励授予协议》等法律文书的签订及实施。

在解决现阶段劳动用工问题方面，律师团队根据疫情防控法律法规和相关政策，编制了《"新冠肺炎"疫情下劳动关系处理疑难问题解答》，帮助教育机构人力资源部门了解和落实最新的劳动用工、税收、社保等优惠政策；同时，帮助教育机构制定了分情况、分地域开展"线上教学""线上培训""线上办公"的方案，确保教职工队伍安心开展疫情期间的教学工作。通过上述措施，帮助该教育机构及时稳定了员工队伍，有效防控了用工风险，实现了安全有序开展线上教学工作。

案情评析

本案是律师协助教育机构稳定员工队伍、防范化解风险的案例。受疫情影响，企业稳岗稳就业压力大，由此产生的矛盾纠纷如不及时化解，既影响企业有序复工复产，也可能引发群体性失业风险，影响社会稳定。本案律师依据相关法律规定，加强与教育机构股东、管理层和员工各方的沟通协调，提出实施股权激励计划，并协助教育机构完善劳动合同，帮助教育机构及时解决了稳岗问题，为教育机构尽快恢复正常运营提供了重要保障。

案例二

江西甲公司与B员工劳动合同纠纷案——化解劳务纠纷维护企业正常经营秩序

案情概况

江西甲公司为劳动密集型生产企业，有五六百名员工。疫情期间，该公司A员工感觉身体不适，自测体温36.8度，遂向部门主管报告，并提出请假休息。部门主管建议A员工居家观察，定期报告体温。之后，A员工自行前往医院就诊，经多层螺旋CT胸部检查、新冠病毒核酸和呼吸道病毒检测后，最终确诊为普通发热。当日下午，A员工在部门防控交流沟通微信群内发布了自己的诊断病历和检测报告，告知同事自己身体正常。与此同时，部门主管也在公司的主管微信群内通报了此事。但是，同部门的B员工在看到A员工确诊病历和检测报告的图片后却加以窜改，将其检查病历中"无有与核酸检测阳性者有接触史"改为"与核酸检测阳性者有接触史"，将其检测报告中"核酸检测阴性者"改为"核酸检测阳性者"。次日，B员工将自己窜改后的图片进行截图，发到部门防控交流沟通微信群中。该消息在公司各部门微信群中广为传播。当时，该公司正在根据当地疫情防控要求，安排逐步分类复工，已复工员工看到B员工窜改截图后，普遍恐慌，不敢继续到公司工作，在各地还未复工的员工看到B员工发布消息后更不敢按时返岗，给甲公司的生产经营管理带来很大负面影响。为此，甲公司联系江西某律师事务所帮助处理解决。

律师全面了解情况，认真研究分析，提出了处理意见建议：一方面，建议公司第一时间在内部进行信息披露，全面详细披露事件真实情况，及时稳定员工情绪，避免负面影响进一步扩大。经律师审核把关，公司随即发布了《关于新冠病毒疫情期间散布谣言的通告》，就事件真实情况进行披露，明确要求员工严格遵守相关法律规定和公司内部管理制度，维护企业正常生产经营秩序。另一方面，针对甲公司拟对B员工采取解除劳动合同的处理措施。用人单位根据《劳动合同法》第三十九条的规定解除与劳动者的劳动合同，需要注意把握3点：第一，有充分证据证明员工有过错行为；第二，该过错行为给用人单位造成了严重影响或损害；第三，该过错行为违反了用人单位的规章制度。针对本案情况，律师了解到，该公司在疫情期间发布了一系列通知，包括员工出行、安全管理、返岗安排等，并且在相关通知中对员工讲诚信、及时报告个人健康状况、依法履行疫情防控义务等提出了明确要求。律师还认真研究了甲公司《员工手册》相关规定，审慎核实B员工在公司内部散布不实信息的证据材料，以及公司由此而遭受的不利影响等。经综合研判，律师认为，甲提出的与B员工解除劳动合同的主张符合法律规定。

考虑到疫情期间要尽量避免矛盾激化，律师积极配合甲公司与B员工进行深入沟通，阐明与其解除劳动关系依据的相关法律规定和公司管理制度，请其理解支持。经过耐心细致的解释说服工作，B员工心平气和地接受了公司的处理决定，双方劳动合同依法解除，甲公司公司正常生产经营秩序得以恢复。

案情评析

本案是律师及时化解企业与职工的劳务纠纷，帮助企业恢复正常生产经营秩序的案例。本案中，针对职工不当行为对企业正常生产经营活动造成的干扰，律师依法研究制订应对方案，协助企业主动公开信息，阻止不实信息传播扩散，及时稳定员工情绪，同时针对企业拟解除与涉事员工劳动合同的处理措施，以事实为依据，以法律为准绳，认真开展法律论证和风险评估，确保处理措施合法合规。特别是，本案律师注重加强与涉事员工的沟通协商，阐明法理、陈明利害，避免简单粗暴处理可能引发的后续矛盾纠纷，真正做到了"案结事了"。

案例三

余某与安徽省安庆市太湖县某某科技有限公司劳动合同纠纷案——为农民工工伤死亡赔偿提供法律援助

案情概况

余某是安徽省安庆市太湖县某某科技有限公司（以下简称"公司"）的一名机修工。2020年2月22日，公司通知余某等员工复工复产。余某当日回公司上班，在进行厂房卫生清扫时不慎跌落致伤，于2月24日经医院治疗无效死亡。

太湖县经济开发区法律援助工作站得知情况后，了解到余某系农民工，主动通过电话与死者家属余某某取得联系，为其提供法律援助服务。法律援助工作站工作人员在做好安抚死者家属工作的同时，宣讲了法律援助相关政策，引导其申请法律援助。

2020年2月25日上午，余某某来到太湖县某某镇法律援助工作站申请法律援助，法律援助工作站受理后上报太湖县法律援助中心。太湖县法律援助中心审核认为余某某符合法律援助条件，当即指派某某镇法律服务所法律工作者孙伟承办此案。

法律援助承办人员接受指派后，立即与受援人余某某联系，了解到余某2018年入职公司担任机修工，月工资4000元左右，双方签订了书面劳动合同，公司为余某购买了工伤保险。事故发生后，公司认为余某不构成工伤，公司已经垫付医疗费44662.7元，不同意对余某某进行任何赔偿与补偿。

随后，承办人员向余某某耐心讲解了《工伤保险条例》等政策法规有关工伤认定的程序、工伤保险待遇等规定，告知获取工伤保险待遇需要的法定程序。鉴于余某某的家庭经济状况，承办人员建议可通过与公司协商或调解的方式，让公司先行垫付丧葬补助金和一次性工亡补助金待遇，并对余某某等人给予补偿。

2020年2月25日，承办人员先来到医院，调取了死者余某的病历资料，后到公司向案发在场人员做了调查笔录。承办人员向公司负责人详细讲解了《工伤保险条例》关于应当认定为工伤的几种情形，表明余某是在工作时间、工作场所内，从事与工作有关的预备性清扫工作受到事故伤害的，应当认定为工伤，希望公司能够先行垫付工伤保险待遇并给予余某某等人相应补偿。公司负责人同意本案按工伤程序处理，但拒绝先行垫付及对余某某进行补偿。

2月27日，太湖县劳资纠纷调解委员会就本案再次进行调解，公司方最终同意余某某等人意见，先行垫付丧葬费与一次性工亡补助金，一次性补偿余某某等人13万元，供养亲属抚恤金由工伤保险基金直接支付。2月28日，公司向余某某等人实际支付了补偿金及垫付丧葬费、一次性工亡补助金。

> **案情评析**

本案是一起发生在新冠肺炎疫情防控时期的工伤（工亡）事故。太湖县法律援助中心认真践行把人民群众生命安全和身体健康放在第一位的要求，做到真情服务，应援尽援；承办人员积极收集证据，证明本案构成工伤的事实，成功说服公司按工伤程序处理此案，使受援人获得利益最大化，有效维护了农民工合法权益。

案例四

长沙某信息技术服务公司与员工劳动争议

> **案情概况**

长沙某信息技术公司自 2014 年起为深圳市某计算机系统有限公司在微信公众号模块提供服务，并设立"微信业务中心"作为该项目的对口部门，段某某自 2016 年 5 月 18 日起作为微信认证员入职该部门，在双方签订的为期一年的书面劳动合同到期后，双方又于 2017 年 5 月 2 日签订新的劳动合同，合同期限自 2017 年 5 月 17 日至 2020 年 5 月 16 日。2019 年 9 月，信息技术公司被告知未被选中继续作为微信认证的服务商，故长沙公司与深圳公司关于微信公众号模块相关服务的业务终止，段某某所在的"微信业务中心"被撤销。长沙公司于 2020 年 1 月 7 日，单方向段某某送达《调岗通知书》，以业务调整需要，自称为段某某安排适当的、提高了相应薪酬待遇的新岗位，将段某某调整至抖音推广员岗位，负责抖音推广工作。次日，段某某向长沙公司邮寄《不同意调岗通知书》，告知公司不同意调岗，称新岗位较原岗位每月薪资骤降，且段某某认为，公司所设的在成立仅 3 个月后就撤销了的新媒体推广部门仅仅是用来逼迫自己主动离职的工具和手段，明确拒绝接受新工作岗位。此后，段某某未前往新岗位报到，并继续在原岗位上班至 2020 年 1 月 13 日。2020 年 1 月 17 日，长沙公司以旷工为由解除与段某某的劳动关系，段某某向长沙市某区劳动人事争议仲裁委员会申请劳动仲裁，该仲裁委于 2020 年 8 月 14 日裁决公司向段某某支付经济赔偿。公司不服从仲裁结果，认为段某某无故旷工损害了公司合法权益，无须承担给付经济赔偿金的相应责任，进而提起上诉。

一审判决认为，调整劳动者工作岗位属于变更劳动合同的行为，段某某在长沙某信息技术公司处工作岗位为认证员，在职期间具体负责微信认证业务。因不再作为微信认证的服务商，公司遂以业务调整为由将段某某的岗位调整为抖音推广员。公司的经营范围包含信息系统集成服务等，其主张抖音推广员的岗位与原来岗位性质一致，只是换了业务合作方，但并未对此举证予以证明。基于事实认定，该岗位为抖音门店推广的销售性质岗位，与原岗位性质不同，且段某某的该次调岗行为明显降低了其工资待遇，公司亦并未就该次调岗与员工段某某协商一致。一审判决认为，公司的该次调岗应属于违法调岗行为，员工段某某有权拒绝前往新岗位报到，而公信诚丰公司此后以劳动者旷工为由解除劳动合同显然缺乏依据，属违法解除劳动合同的行为，依据《中华人民共和国劳动合同法》第八十七条规定，用人单位应支付违法解除劳动合同赔偿金。参照公司及段某某的工作年限及工作水平，判决长沙某信息技术服务有限公司支付段某某经济补偿 22628.8 元。

案情分析

此案例是由劳动主体双方劳动合同变更协商未果进而引发的劳动争议。长沙某公司因与深圳某公司业务终止，撤销了段某某工作所在部门，并以此为由将其单方面调整至其他待遇较差部门，双方未达成共识，用人单位单方以过失性原因违规解除与劳动者的劳动关系。以过失原因单方解除劳动关系是新业态形势下较为常见的解约途径，但其较易引起对"过失"的评定的争议，建立健全对"过失行为"的评定指标体系，才是从源头上缓解劳动者个体与大企业解约时的弱势地位的关键所在。

五、东北地区典型案例

案例一

大连某服装服饰有限公司与员工劳动争议案

案情概况

2017年12月1日,被告郭某某入职原告公司,签订书面劳动合同。双方约定月薪,原告于每月18日向被告支付上月工资。2020年8月12日被告以原告欠付工资为由向原告提出解除劳动合同。原告于同日收到被告发出的《员工请辞申请表》。8月14日原告向被告支付4至6月份工资。8月19日双方交接工作,之后被告再未向原告提供劳动。原告在被告工资中代扣8月份劳动者个人承担的社保费和公积金。据查,2020年8月1日至8月19日,被告因病休假。另查,4月22日原告职工代表决议通过《2020年新冠肺炎疫情期间的有关情况说明》,称公司职工代表同意原告在疫情期间延缓工资发放。就本案相同诉请,原告于2020年9月17日向区劳动人事争议仲裁委员会提出劳动仲裁。该委于2020年11月10日作出裁决书。原告不服该裁决,遂向法院提起诉讼。

一审法院判决,原告大连某服装服饰有限公司向被告郭某某补发2020年8月份最低生活保障金并向郭某某支付解除劳动合同经济补偿金。但大连某服装服饰有限公司不服大连市民事判决,向大连市中级人民法院提起上诉,认为被上诉人郭某某系主动辞职,而并非依据劳动合同法第三十八条通知公司解除劳动合同,而且大连某服装装饰有限公司与郭某某同为疫情受害人,对于疫情期间劳动合同解除和经济补偿支付的问题,上海高院已有相关指导意见,意见认为应坚持审慎处理的原则,一般不宜支持。提出原告无须支付被告工资待遇、经济补偿金的诉讼请求。

法院认为:根据双方诉、辩意见,本案焦点问题就是对原告是否应向被告支付解除劳动合同经济补偿金的认定。根据《辽宁省工资支付条例规定》第三十四条规定：用人单位因生产经营困难暂时无法按时支付工资的，经与工会组织或者劳动者代表协商一致后，可以按照协商的日期支付工资，除实施改制的用人单位外，延期支付工资不得超过三十日。超过三十日的，应当向当地劳动和社会保障行政部门备案。由于原告未举证证明其延期支付程序符合法定，因此应按《劳动合同法》第三十八条之规定支付被告经济补偿金。大连市中级人民法院对一审法院认定被上诉人以欠付工资为由向被上诉人提出解除劳动合同并无明显不妥及认定上诉人应向被上诉人支付解除劳动合同经济补偿金并无不当予以确认。二审结果为驳回上诉，维持原判，且为最终判决。

案情评析

本案的争议焦点是用人单位在疫情期间通过民主程序协商一致延期支付工资，劳动者是否应得到解除劳动合同经济补偿金的认定。本案中公司关于未如期支付被告2020年4月份至6月份工资一事符合对受疫情影响导致企业生产经营困难的，鼓励企业通过协商民主程序与职工协商采取调整薪酬、轮岗轮休、缩短工时等方式稳定工作岗位。对暂无工资支付能力的，企业经与工会或职工代表协商，可以延期支付职工工资的情形，但原告形成延期支付工资的决议后应履行向所有员工告知的程序，原告未提供证据证明被告知晓该决议，应承担不利后果。如果用人单位在劳动合同期限内没有按照约定为劳动者提供相应的待遇和条件，依照《劳动合同法》第三十八条、四十六条的规定，劳动者有权提出解除劳动合同并获得经济补偿金。

案例二

吉林省某科技有限公司与员工劳动争议案

案情概况

李某某于2017年6月19日至吉林省某科技有限公司（以下简称"百旺

公司"）从事技术工程师工作，双方签订劳动合同期限为 2017 年 10 月 1 日至 2020 年 9 月 30 日，主要条款约定：单位有绩效考核制度，若百旺公司违反和解除、终止与李某某的劳动合同，应按法律法规向李某某支付法定经济补偿、赔偿。后李某某因与百旺公司解除劳动合同等发生争议，于 2020 年 8 月 18 日至白山市某劳动人事争议仲裁委员会申请仲裁。

  法院认为，劳动者在用人单位等级考核中居于末位等次，不等同于"不能胜任工作"，不符合单方解除劳动合同的法定条件，用人单位不能据此单方解除劳动合同。本案中，李某某提供的证据中其与公司下的某分公司经理郭某某谈话录音可知，郭某某已经向李某某明确表明公司依据 2020 年 6 月份业绩考核结果以末位淘汰的方式单方解除与李某某的劳动合同的意思表示，故致发生本案诉争，因此百旺公司系违法解除其与李某某的劳动合同，应依法向李某某支付赔偿金。根据《中华人民共和国劳动合同法》第八十七条"用人单位违反本法规定解除或者终止劳动合同的，应当依照本法第四十七条规定的经济补偿标准的二倍向劳动者支付赔偿金"、第四十七条"经济补偿按劳动者在本单位工作的年限，每满一年支付一个月工资的标准向劳动者支付。六个月以上不满一年的，按一年计算；不满六个月的，向劳动者支付半个月工资的经济补偿。劳动者月工资高于用人单位所在直辖市、设区的市级人民政府公布的本地区上年度职工月平均工资三倍的，向其支付经济补偿的标准按职工月平均工资三倍的数额支付，向其支付经济补偿的年限最高不超过十二年。本条所称月工资是指劳动者在劳动合同解除或者终止前十二个月的平均工资"的规定，公司应赔偿李某某违法解除劳动合同赔偿金。二审法院认为，李某某提供的微信截图及录音资料等证据能够充分证实，公司以末位淘汰考核结果为由单方违法解除与李某某的劳动关系，并已通知李某某，李某某也同意解除劳动合同关系，一审法院判决百旺公司支付李某某赔偿金并无不当，适用法律正确，应予维持；上诉人某公司的上诉请求不能成立，应予驳回；且为最终判决。

案情评析

末位淘汰制一直是实务中较为敏感的话题。末位淘汰制被认为是一项有效激励员工和提升企业效能的管理机制，已在企业得到广泛运用。但是，只要企业有考核，排名就有末位，用人单位仅凭排名末位就可以解除劳动合同，将严重损害劳动者合法权益。解除劳动合同必须依法进行。

本案焦点为用人单位等级考核中居于末位等次，是否等同于"不能胜任工作"，用人单位单方面解除劳动合同书是否合乎法定。"末位淘汰制"虽然属于用人单位的规章制度，但并不意味着用人单位对业绩居于末位的劳动者可以单方面解除劳动合同。用人单位不能以末位淘汰为依据单方面解除劳动合同，为全国解决相似案件提供指导和参考。

案例三

聂某等与某建筑工地劳动争议、人事争议纠纷案——法律援助讨薪情暖农民工

案情概况

2020年2月28日，聂某等5人来到辽宁省兴城市公共法律服务中心法律援助窗口，就被拖欠工资一事申请法律援助。接待人员了解到，聂某等87名务工人员经人介绍，从2019年4月起在一家建筑工地干电工、瓦工、木工等，与承包商约定楼房主体工程施工完毕后支付部分人工费，可一年过去了却没有拿到任何报酬。进一步询问聂某等人情况后，公共法律服务中心立即为其开启农民工法律援助"绿色通道"，简化受理审批手续，并指派韩律师承办该案。

4月7日，为避免新冠肺炎疫情防控期间人员聚集，聂某等5人在经过体温检测、做好防护措施的前提下，代表87名务工人员参加了兴城市人民法院的案件审理。4月25日，案件审结，兴城市人民法院下达了《民事判决书》。法院采纳了法律援助律师意见并作出支持聂某等人诉讼请求的判决。聂某等人在法律援助中心的帮助下要回了被拖欠的158万元，87名务

工人员的合法权益得到了有效维护。

案情评析

在我国，农民工是一个庞大的社会群体，他们依靠辛勤的劳动创造社会财富，为我国的经济社会发展作出了巨大贡献。作为回报和价值体现，他们理应得到与付出的劳动相对应的劳动报酬。长期以来，拖欠农民工工资问题一直是备受关注的社会焦点问题，农民工能否顺利拿到工资，不仅关系他们本人的切身利益，更直接影响到社会的稳定。但大部分农民工因自身受教育程度的限制及法律知识的相对匮乏，他们在工资被拖欠、合法权益受到侵害时，往往处于弱势、不利地位。

该案涉及人数众多，涉案数额大。疫情防控期间，法律援助人员根据案情实际情况，一方面依法有序开展法律援助，为农民工提供热情周到的法律服务；一方面合理安排工作，积极稳妥地做好疫情防控，迅速办理法律援助手续。在法援律师的帮助下，法律诉讼帮助农民工讨回了被拖欠的劳动报酬，有效维护了农民工的合法权益，维护了社会稳定。

案例四

李某某与吉林省某网络科技有限公司劳动合同纠纷

案情概况

2019年4月3日，李某某与吉林省某网络科技有限公司签订劳动合同，约定李某某在公司从事司机岗位工作，李某某按照公司的要求与长春某村镇银行签订借款合同，约定李某某向银行借款23.5万元用于购车。2019年4月24日，李某某按公司要求购买汽车用于网约车运营。2019年4月3日，双方签订劳动合同《补充协议》，约定在劳动合同期限内，公司承担李某某驾驶车辆正常运营产生的燃油费、保养费、修理费；公司保证在劳动合同履行期间为李某某安装相应的技术软件；李某某工资由底薪、日业绩、团队业务提成等部分组成，其他各种福利、津贴均包含在其中不再另行计发，星期天及国家法定节假日不再计发加班工资；甲乙双方劳动合同期限内，公司协助李某某偿还每月贷款，劳动合同期限届满，公司协助李某某完成贷款结清及抵押手续；双方解除劳动合同的，车辆剩余贷款本息由公司承担且车辆归公司所有，与李某某无关；合同任一方逾期履行，未完全履行或拒绝履行合同约定义务，或违反承诺与保证的，即构成违约，守约方有权解除《劳动合同》及本协议，并要求违约方承担违约责任；违约方承担赔偿责任的范围包括直接损失、间接损失及因此支出的有关费用（包括但不限于催收费、诉讼费、财产保全费、强制执行费、公证费、鉴证费、律师费等）。自2019年11月起，公司开始拖欠李某某工资，不再偿还涉案网约车车贷，2020年5月28日，李某某作为申请人向长春市某区劳动人事争议仲裁委员会提起申诉，要求与公司解除劳动关系、给付拖欠的工资及经济补偿金、承担剩余车贷、律师代理费，仲裁委作出不予受理通知书，李某某不服从仲裁结果提起上诉。公司认为，李某某与银行贷款是公司工作人员陪同，是李某某自愿贷款，因疫情单位的行政部门人员是2020年3月陆续复工，网约车是7月1日开始复工，李某某未上班没有请假，属于无故旷工，因此拒绝支付李某某在疫情期间的工资。

一审判决认为，公司拖欠李某某工资，支持李某某解除劳动关系的请求。公司自2019年11月开始拖欠工资，因李某某主张自2020年1月起给付拖欠的工资，按李某某的主张的日期予以支持。李某某于2020年5月28日到仲裁委要求解除劳动关系，故应保护李某某自2020年1月至2020年5月的工资，公司的网约出租汽车因疫情于2020年7月1日开始复工，2020年2月至5月，李某某未提供劳动，故此期间的工资应按长春市最低工资的标准1780元的80%予以支付，2020年6月后，因李某某要求解除劳动合同且未到单位工作，此阶段公司不必支付工资。李某某以拖欠工资为由提出解除劳动合同，并主张经济补偿金的请求合理，李某某自2019年4月3日至2020年5月28日在公司工作，公司应给付李某某经济补偿金2141.33元。

关于车辆剩余贷款争议，双方签订的《补充协议》虽然是基于《劳动合同》所签订，但《补充协议》约定的内容不是对双方之间劳动合同的补充，而是对网约车的约定，不属于劳动法和劳动合同法调整范围，李某某应另案告诉。律师代理费的请求于法无据，不予支持。李某某对一审判决中车辆贷款及律师费的结果仍有争议，提起上诉，二审维持原判。

案情评析

此案例为疫情背景下新业态司机与网约车平台的劳动纠纷。平台因疫情停工拖欠司机李某某工资，李某某想与其解除劳动关系但因工资以及贷款等相关事宜产生争议。受疫情影响，停工停产引致的工资拖欠问题时有发生，突发公共卫生事件带来的系列新状况使劳动者维权更为艰难。除此之外，此案例还包含双方因贷款事宜产生的合约纠纷，这类现象在网约车平台经济中也较为常见。此案例为疫情下工资拖欠类问题以及网约车平台中司机以个人名义代替公司贷款及后续还款纠纷提供了实践依据，此推荐案例较具代表性。

六、西部地区典型案例

案例一

劳动合同是否违法解除案

案情概况

原告贺某某系中国能源建设集团西北电力建设某工程有限公司（以下简称"中能建公司"）职工。2019年1月因中能建公司解除劳动合同发生争议。原告贺某某不服被告解除合同理由——"旷工"，并提供多份录音证据。录音证据证明原告离开单位时已经按照规定履行了请假手续并得到单位批准，之后被告又安排人收走原告的假条并销毁，销毁之后以"旷工"为由解除了其与原告之间的劳动关系。

原告还提交了两份开会录音。该证据显示：被告在其办公室召开会议参会人员有被告单位管理人员。开会过程中被告提出解除劳动合同，但是与原告未能就解除合同的补偿问题达成一致。

另外原告还认为被告公司通过邮寄方式送达书面的《解除劳动关系的决定》是有预谋的，系被告解除劳动合同做铺垫。原告称如若被告真正希望原告上班，通过电话告知原告必然按期返工，而被告从未电话通知原告，而是选择邮寄书面通知至原告老家。其目的就是留取证据，以此为解除其与原告之间的劳动关系做铺垫。

法院经过调查发现：原告在上诉状中所述与事实不符。被告解除与原告的劳动关系的起因，系原告在收到被告书面通知其限时前往项目部上班后，仍长期旷工引起的。原告混淆了事情发展的因果关系，将被告寄出的书面上班通知视为所谓的"有预谋的违法解除合同的铺垫"，而不能正视自身的问题。原告擅自离开工作岗位旷工多日，对公司发出的通知置之不理，显然会造成项目施工进度的滞后，也必然给被告的正常工作管理造成严重的影响。在上述情形下，被告依据相关法律规定及公司规章制度，当然具有依法解除劳动合同的权利。

法律解释：劳动者有遵守国家劳动法律法规和企业规章制度的义务，用人单位有按照法律规定保障劳动者享有合法劳动权利的职责。

本案中，被告中能建公司于2014年8月15日通过职代会联席会议修订的《请销假管理规定》，程序民主、内容合法，且履行了公示告知义务，对双方均具有约束力。在双方未解除劳动合同的情况下，原告贺某某应当遵守单位规章制度，正常提供劳动，在无法提供劳动时，也应当按规章制度履行请假手续。原告贺某某擅自离岗的行为已构成违反劳动纪律。被告中能建公司书面要求原告贺某某前往新疆北一项目部报到，贺某某在收到该通知后，仍未去报到，也未履行请假手续。原告贺某某称已向项目负责人请假，但其并未提供充分证据予以证明。被告中能建公司依据《请销假管理规定》，在征求工会部门意见的情况下对原告贺某某作出解除劳动合同的决定依据充分，程序合法，并无不当。故对于原告要求确认被告解除劳动关系的行为违法并要求支付违法解除劳动合同赔偿金的诉请，依法不予支持。

案情评析

本案的焦点在于原告劳动合同的解除是否违法。从原告提供的证据来看，原告所提供的证据并非被告公司解除其劳动合同的关键所在，且具有严重主观臆断成分，无法作为接到被告公司书面通知后仍长期旷工的正当理由。故法院认为被告公司解除原告劳动合同程序合法，并无不当。该案表明劳动法仅会保护劳动者合法权益，对于因个人主观原因违反企业劳动纪律的行为不予保护。在该案中体现出劳动法公平性、合理性。

案例二

工人疫情隔离期间突发心脏病离世，工伤判定案

案情概况

2020年春节过后，贵州省正安县某煤矿企业复工复产。2月18日，四川省民工陈某经人介绍到该煤矿企业务工，在按规定进行疫情隔离观察期间，于2月23日突发心脏病经抢救无效去世。陈某家属要求享受工伤保险待遇，索赔130万元。煤矿方对此持异议，双方陷入僵局。

某律师接到煤矿电话求助，第一时间赶到殡仪馆帮助煤矿处置善后事宜。律师建议企业立即向煤矿主管部门、属地乡镇电话汇报事情经过，请求相关部门派员处理，同时请煤矿及时通知陈某直系亲属前来处理后事。经调查，律师了解到陈某系首次前来务工，因在疫情隔离观察中，无法进行体检，尚未缴纳工伤保险；同时从陈某居住的房间内找到了其平时吃的药物，经核实该药物系治疗心脏病所用。2月24日陈某亲属4人来到煤矿处理后事，律师通过亲属了解到陈某确实患有心脏疾病。

陈某家属要求煤矿按工伤处理，如不认定工伤就一次性赔偿130万元，煤矿则认为陈某系自身疾病导致死亡，不是工伤，且煤矿因技改已投入大量资金尚未收益，无力支付130万元赔偿，双方协商陷入僵局。陈某系家中顶梁柱，亲属情绪激动，而煤矿正处于复工复产关键时期，生产经营压力大，处理稍有不慎将会激化矛盾。

针对这种情况，律师耐心细致地向亲属解释了《工伤保险条例》相关规定，让亲属接受了陈某死亡在认定工伤上存在法律障碍的情况，同时与煤矿管理层深入沟通、分析利弊，最终促成双方达成谅解，同意按照工伤死亡赔偿标准的50%进行赔偿，陈某抢救医药费、火化费、死者亲属住宿交通等费用由企业另行承担。经过调解，双方于2月25日达成协议，由煤矿一次性支付陈某近亲属人民币52.8万元。2月26日煤矿通过银行转账方式支付了陈某亲属赔偿款，陈某亲属将陈某尸体火化后运回老家安葬，煤矿全力投入生产经营。

案情评析

本案律师深知疫情期间妥善化解矛盾纠纷的重要性，既详细阐明相关法律规定，又耐心细致地做好双方当事人的思想工作，促成双方互相谅解，达成赔偿协议，依法稳妥处理了员工突发死亡事件，在维护员工亲属合法权益的同时，有力保障了企业顺利复工复产。

案例三

员工上班期间兼职"微商"被开除案

案情概况

2016年7月27日，李某入职成都某科技股份有限公司（简称"某科技公司"），双方订立书面劳动合同，某科技公司制定的《集团内控基本法》通过公司内部系统进行了公示，并组织李某进行了学习和考试。2019年10

月 10 日，公司内控中心稽核部对李某及其直属上司赵某进行了面谈：李某确认从 2019 年 7 月开始做"微商"售卖减肥产品，在上班期间从事售卖减肥产品，曾利用公司的电脑进行售卖产品，也将产品卖给过公司的同事；赵某确认知晓李某在做"微商"，并且告知过李某不能在上班期间从事"微商"工作，2019 年 8 月曾经看到李某将减肥产品带到公司，也告诫了李某在公司不能出现与工作无关的东西。事业部总经理饶某也曾告诫李某不要在上班期间售卖减肥产品。

2019 年 10 月 12 日，某科技公司发布《关于成都分公司会计事业部李某违反公司"十大红线"的处罚通报》：李某在工作时间从事个人经营活动的行为，公司多次予以制止和告诫，但是李某未听从上级的告诫，未遵照上级提出的要求，我行我素，利用公司平台资源，于工作时间内从事个人经营活动，从而损害公司利益，根据《集团内控基本法》判定，其违反基本法第三条第二项，诚信廉洁类，对李某予以开除。

2019 年 10 月 20 日，某科技公司将《解除李某同志劳动合同通知函》发送给了公司职工代表委员会。2019 年 11 月 8 日，某科技公司通过邮箱向李某送达了《解除劳动关系通知书》，与李某解除了劳动关系，工资结算至 2019 年 11 月 10 日。2019 年 11 月 21 日，李某向仲裁委申请劳动仲裁，要求某科技公司支付违法解除劳动关系的经济赔偿金。

审理该案件法院认为，本案中的用人单位显然已经制定了规章制度约束员工从事第二职业的行为。根据《最高人民法院关于审理劳动争议案件适用法律若干问题的解释（一）》第十九条规定："用人单位根据《中华人民共和国劳动法》第四条之规定，通过民主程序制定的规章制度，不违反国家法律、行政法规及政策规定，并已向劳动者公示的，可以作为人民法院审理劳动争议案件的依据。"某科技公司通过民主程序制定的《集团内控基本法》没有违反国家法律、行政法规及政策规定，并已向劳动者公示，可以作为审理劳动争议的依据。李某明确知晓《集团内控基本法》相关规定，知晓上班期间从事"微商"工作属于被申请人《集团内控基本法》规定的红线行为及重大违规行为，并在其上司告诫之后，仍然售卖减肥产品，违反单位规章制度，应该承担相应的责任。某科技公司依据《集团内控基本法》第三条第（二）项的规定及《中华人民共和国劳动合同法》第三十九条的规定，与李某解除劳动合同关系，没有违反相关法律规定，不属于违法解除劳动关系的情形，故不应向李某支付赔偿金。

案情评析

在本案中焦点在于企业在职职工进行个人经营活动解除劳动合同是否合法。本案中，李某明知企业管理规定并在领导多次警告下仍从事微商活动，该企业依据规章制度解除李某劳动合同，程序合理，并无不当。该案件中，企业在职职工劳动工作与个人经营活动的矛盾是近年来出现的新问题，该案件中企业利用合法规定禁止在上班期间从事经营活动是解决本次争议的关键所在。为此，企业在今后若想妥善解决此类矛盾，应根据《中华人民共和国劳动法》制订完善的企业管理规章制度，依法维护企业权益。

后 记

劳动关系问题，目前已经成为影响中国经济社会发展的突出问题。习近平总书记指出："劳动关系是最基本的社会关系之一。要最大限度增加和谐因素、最大限度减少不和谐因素，构建和发展和谐劳动关系，促进社会和谐。"随着经济体制改革和社会经济的发展，中国企业劳动关系的变迁呈现出阶段性推进的特点。和谐稳定的劳动关系是维护个人和企业单位之间的桥梁，而劳动关系的和谐作为建设和谐社会的重要组成部分，也是国家治理体系和治理能力现代化的重要内容。

本报告从逻辑和内容上厘清习近平总书记关于工人阶级和工会工作重要论述的发展脉络，重点梳理了中国劳动关系领域政策法律法规，系统地整理了近年来国内外构建中国特色社会主义和谐劳动关系、新时代工会组织建设、劳动文化与劳动教育、新业态下劳动关系以及国际经济新形势下劳动关系新变化等相关领域的最新成果，综合评价了中国劳动关系研究领域的学术论文影响力，最后针对近年来劳动过程中发生的典型纠纷、争议与维权案例等，进行了深入的剖析。

《中国劳动关系发展研究报告（2020）》是在2019年《中国劳动关系发展研究报告（1949—2019）》的基础上的又一部力作，吉林大学天和劳动关系研究院计划未来将持续出版《中国劳动关系发展（年度）研究报告》，为丰富新时代中国特色社会主义劳动关系理论，构建和谐稳定的劳动关系以及实现劳动关系领域国家治理体系和治理能力现代化贡献力量。

本报告由吉林大学天和劳动关系研究院邵彦敏、郭喜武编著，吉林大学天和劳动关系研究院的纪明、孙贺、刘洋、徐景一、付淳宇、李佩瑶、尹希文、支继超、李泓祎、白兮以及张嘉昕（中国民航大学）、张志元（东北大学）、黄龙（中华全国总工会）等参与了本报告的编写，吉林大学的刘柏桥、朱禹璇、刘芙彤、李浩源、张严续、何柏岐、张曼、费佳文等为本报告的材料搜集作出了重要贡献，在此对他们的辛勤付出表示真诚的感谢。本书在撰写过程中力求做到言必有据、论必有出，为此参考了不少专家学者的著作、文章及相关资料，受益匪浅，甚为感谢。报告中引用他人著作和文章中的原文，力求标注。报告中还有一些参考资料和观点，有的列入参考文献，有的未注明出处，对此深表感谢。在此对学习出版社的有关领导和编辑为本书的出版给予的大力支持亦表示感谢。由于本报告是对年度劳动关系领域研究成果的总结和梳理，一定存在着诸多不足，恳切期望本领域的专家、学者批评指正！